D1725670

DON BOSCO
VERLAG

99 Wörter Theologie konkret

Sabine Pemsel-Maier

Grundbegriffe

der Dogmatik

Don Bosco

Bibliografische Information Der Deutschen Bibliothek

Die Deutsche Bibliothek verzeichnet diese Publikation in der
Deutschen Nationalbibliografie; detaillierte bibliografische
Daten sind im Internet über http://dnb.ddb.de abrufbar.

1. Auflage 2003 / ISBN 3-7698-1337-5
© 2003 Don Bosco Verlag, München
Umschlag: Alexandra Paulus, Ensdorf
Layout: Margret Russer
Satz: undercover, Augsburg
Produktion: Druckerei Gebr. Bremberger, München

Gedruckt auf umweltfreundlichem Papier.

Inhalt

Vorwort der Herausgeberinnen der Reihe »99 Wörter Theologie konkret«

DIE THEOLOGISCHE KOMMISSION des Katholischen Deutschen Frauenbundes hat sich mit der Herausgabe der Reihe »99 Wörter Theologie konkret« zur Aufgabe gemacht, die theologischen Disziplinen, die zu einer universitären Ausbildung gehören, darzustellen für Frauen und Männer,

- die an Theologie interessiert sind,
- die schnell eine theologisch gut begründete Auskunft brauchen,
- die für ihre haupt- oder ehrenamtliche Arbeit nach verständlichen Formulierungen theologischer Sachverhalte suchen,
- die ihr theologisches Studium auffrischen oder ergänzen wollen.

Wir Herausgeberinnen haben nach einem Reihentitel gesucht, der nichts Unmögliches verspricht. Wir bieten zusammen mit den Teilherausgeberinnen und Autorinnen, denen wir für ihre engagierte und kluge Arbeit herzlich danken, theologisches Grundwissen der jeweiligen Disziplin an und erwarten keine Spezialkenntnisse. Wir versuchen, Ihre Fragen als Benutzerinnen und Benutzer der Reihe vorauszusehen. Aus der eigenen Praxis rechnen wir jedoch auch mit der Möglichkeit, dass genau jenes Stichwort fehlen kann, das aktuell für Sie drängend ist. Deshalb sind wir bei der Zahl der Vorläufigkeit – der 99 – stehen geblieben. Denn Sie finden als Suchende vieles, aber nicht alles. So ärgerlich das im Einzelfall sein mag – diese Leerstelle steht für den Platz zum Luftholen und zum Weiterdenken, ist Raum zum Atemholen, ist Ort zum Ausschauen nach dem »Neuen«, das letztlich allein Gott, dessen Geschichte mit uns Menschen die Theologie zu buchstabieren versucht, geben kann.

Die Theologie bleibt in ihrer Entwicklung nicht stehen, weil sie auf den Erfahrungen der Menschen mit Gott in ihrer Zeit gründet. Dieser Erfahrungsschatz ändert sich, erweitert sich, bekommt neue Akzente, kann in Teilen in Vergessenheit geraten – und so auch die Theologie. Mit dieser Leerstelle der 99 Wörter möchten wir Sie anregen, sich am Theologietreiben zu beteiligen.

Unser Dank gilt dem Don Bosco Verlag für die Aufnahme der Reihe in sein Programm.

München, 25. November 2002
am Fest der Hl. Katharina von Alexandrien

Margit Eckholt, Vorsitzende der Theologischen Kommission
zusammen mit
Regina Ammicht Quinn
Marianne Heimbach-Steins
Aurelia Spendel OP

Vorwort zu den
99 Grundbegriffen
der Dogmatik

INNERHALB DER verschiedenen theologischen Disziplinen sieht sich die Dogmatik mit einer Reihe von Vorbehalten konfrontiert. So hat das Wort »dogmatisch« in der Umgangssprache einen eindeutig negativen Beigeschmack – meint es doch so viel wie »unflexibel«, »borniert«, »strikt festgelegt«. Darüber hinaus wird der Disziplin der Dogmatik eine gewisse Lebensfremdheit unterstellt – geht es ihr scheinbar doch in erster Linie um die Verteidigung alter Glaubensformeln. Schließlich steht sie bei vielen unter dem Verdacht, weit entfernt von jeglicher Praxis zu sein.

Diese und andere Vorbehalte versuchen die 99 Wörter zur Dogmatik auszuräumen. Sie wollen zeigen, dass es in der Dogmatik nicht um einengende Glaubenswahrheiten, sondern um das Verständnis des Glaubens im Ganzen und als Ganzheit geht, nicht um überholte Formeln, sondern um die Auslegung des Glaubens im Heute, nicht um bloße intellektuelle Theorie, sondern um die Grundlage für eine gelebte Glaubenspraxis. Mit dieser Intention sollen zentrale Begriffe der Dogmatik in einer möglichst verständlichen, welthaften und erfahrungsgesättigten Sprache ausgelegt werden.

Dass der Glaube heute nicht ohne einen Blick in die Dogmengeschichte und nicht ohne Bezug auf die eigene Tradition zur Sprache gebracht werden kann, liegt auf der Hand. Nur auf diesem Weg werden Begriffe aus der Vergangenheit verständlich, nur auf dieser Grundlage können sie neu interpretiert werden. Freilich wurde dieser Blick in die Tradition so knapp wie möglich gehalten. Dogmengeschichtliche Entwicklungen wurden vielfach stark vereinfacht oder nur im Ausschnitt dargestellt.

Unverzichtbar für die dogmatische Theologie ist der Rekurs auf das Alte und Neue Testament als Quelle des christlichen Glaubens. Aus diesem Grund werden die notwendigen biblischen Bezüge hergestellt, nicht im Sinne von »Schriftbeweisen«, sondern im Sinne einer Vergewisserung des eigenen Fundaments. Ebenso wird dort, wo es erforderlich ist, auf die Dokumente des Zweiten Vatikanischen Konzils verwiesen. Auf die weitere Zitation kirchlicher Dokumente und Quellen wurde bewusst verzichtet.

Notwendig für eine katholische Dogmatik erscheint die Einbeziehung der ökumenischen Diskussion, im Blick auf die deutsche Kirchengeschichte insbesondere der evangelischen Perspektive. So werden unter den dafür relevanten Begriffen sowohl die in der katholisch-evangelischen Ökumene erzielten Annäherungen als auch die noch trennenden Fragen kurz skizziert. Notwendig erscheint auch die Einbeziehung einer frauenspezifischen Perspektive. Sie ist nicht nur im Blick auf die Vergangenheit ein Korrektiv und eine wichtige Ergänzung zu einer von Männern dominierten Tradition, sondern leistet im Blick auf die Zukunft einen wesentlichen Beitrag, damit die Theologie kommunikationsfähig bleibt.

Freiburg, im März 2003
Sabine Pemsel-Maier

Abendmahl

ABENDMAHL wird das letzte Mahl genannt, das Jesus Christus am Abend vor seinem Tod gehalten hat (vgl. *Mk 14,12–25; Mt 26,14–29; Lk 22,7–18; 1 Kor 11,24–26*). Es war kein Zufall, dass er die Form des Mahles wählte, nachdem er während seines Lebens immer wieder Menschen, nicht zuletzt die Ausgegrenzten, an seinen Tisch geholt hat, um so die Zuwendung Gottes und die damit verbundene Vergebung der Sünden konkret erfahrbar werden zu lassen. Das Reich Gottes verglich er mit einem Festmahl; von sich selbst sprach er als »lebendiges Brot« (*Joh 6*).

Jesus gestaltete dieses Mahl bewusst als Abschied, denn er wusste um die Feindschaft ihm gegenüber und musste mit seinem Tod rechnen. Angesichts dessen verlieh er dem Mahl durch seine Worte und sein Handeln eine ganz neue Dimension. Brot und Wein deutete er als seinen »Leib« und sein »Blut«, im Hebräischen jeweils Bezeichnungen für den ganzen Menschen. Auf diese Weise brachte er zum Ausdruck: »Das bin ich selbst«. Er unterstrich dies durch das Brechen des Brotes und das Vergießen des Weines, Zeichenhandlungen für die Hingabe des eigenen Lebens, und zwar im Sinne eines gewaltsamen, blutigen Sterbens. Jesus verstand seinen Tod als Tod »für euch« (*Lk und 1 Kor*) bzw. »für viele« (*Mk und Mt*), wobei »viele« im Hebräischen synonym für »alle« steht.

Beim Abendmahl machte Jesus Brot und Wein zum Inbegriff seiner eigenen Person, das Brechen und Vergießen zum Inbegriff seiner freiwilligen Lebenshingabe, das gemeinsame Essen zum Inbegriff der Gemeinschaft mit ihm. Auf diese Weise stiftete er ein bleibendes Zeichen der Verbindung mit den Menschen zu allen Zeiten und an allen Orten. Aus dem letzten Mahl heraus erwachsen ist die Feier der Eucharistie, auch Feier des Abendmahls oder des Herrenmahls genannt. Verschiedene neutestamentliche Texte, insbesondere *Lk 24,13–35*, erzählen, wie unmittelbar nach dem Tod Jesu die Jüngergemeinschaft diese Mahlgemeinschaft fortsetzte und in ihr die Anwesenheit und »Lebendigkeit« des Auferweckten erfuhr.

 Verweise

Christus; Eucharistie; Realpräsenz; Sühne; Stellvertretung; Transsubstantiation

Ablass

DER ABLASS hat seinen Sitz im katholischen Bußwesen. Auch wenn er heute noch praktiziert wird, war er vor allem im Mittelalter von Bedeutung. Die Kirche rief ihn im 11. Jh. aus der Einsicht heraus ins Leben, dass Sünde allein durch die Vergebung von Gott her noch nicht aus der Welt geschafft wird. Sündhaftes Verhalten – wie begangenes Unrecht oder die Zerstörung von Beziehungen – hat Folgen, in der Theologie »Sündenstrafen« genannt, die nach Wiedergutmachung verlangen. Während für manche Taten diese Wiedergutmachung sogleich bzw. zu Lebzeiten geschehen kann, ist dies für andere nicht möglich. In diesem Fall, so die Überzeugung der mittelalterlichen Bußtheologie, bleiben die Sündenfolgen über den Tod hinaus bis zur Reinigung im Fegfeuer wirksam. An dieser Stelle setzte der Ablass an: Er sollte ein angemessener Ersatz für die anderweitig nicht mögliche Wiedergutmachung sein, indem er den Nachlass der »Sündenstrafen« bewirkte.

Der Ablass konnte nicht nur für sich selbst, sondern stellvertretend auch für andere und auch für bereits Verstorbene erwirkt werden. Dieser Gedanke ist auf dem Hintergrund des christlichen Stellvertretungs- und Solidaritätsprinzips nur konsequent: So wie die Sünde eines Menschen alle betrifft und es eine Solidarität im Unheil gibt (vgl. *1 Kor 12,26*), so gibt es auch eine Solidarität auf dem Weg zum Heil. Sie fand in der damaligen Zeit ihren Ausdruck in der gegenseitigen Fürbitte, im Gebet für die Verstorbenen, in stellvertretenden Bußleistungen und eben auch im Ablass.

Während der Ablass zunächst durch konkrete Taten und geistliche Übungen erwirkt wurde, traten später vermehrt Geldspenden für karitative und auch andere Zwecke an seine Stelle. In der Volksfrömmigkeit erfreute sich das Ablasswesen immer größerer Beliebtheit und entwickelte eine gewisse Eigendynamik. Mit gutem Grund entstand der Eindruck, man könne sich so bequem von seiner Schuld loskaufen und die Zeit im Fegfeuer verkürzen nach dem Prinzip: »Wenn das Geld im Kasten klingt, die Seele aus dem Feuer springt.« So wurde der Ablass für die Reformatoren zum Stein des Anstoßes schlechthin und zum Anlass – nicht zum Grund – für die Kirchenspaltung.

In der Folge wurde der Ablass in der katholischen Kirche zwar nicht abgeschafft, aber doch grundlegend reformiert. Zudem hat sich sein Stellenwert gegenüber der Zeit der Reformation deutlich verändert: Er ist keine Verpflichtung und kein Gebot, sondern ein Angebot der Kirche an die Glaubenden, das ihnen freigestellt ist. In manchen Teilen der Weltkirche wird er kaum mehr praktiziert.

Heute führen nicht Geldzahlungen zum Erwerb des Ablasses, sondern Gebet und liturgische Vollzüge. Entscheidend ist die innere Haltung der Buße, Umkehr und Wiedergutmachung, die hier sichtbaren Ausdruck findet. Wo sie fehlt, bleibt er ein veräußerlichtes Ritual. Wo sie gegeben ist, kann er für einen Menschen Hilfe und sichtbare Stütze sein im täglichen Angehen gegen die Sünde. Keinesfalls aber ist er eine Ersatzleistung für die konkrete Wiedergutmachung von Schuld oder die Versöhnung mit den anderen.

Ein Ablass, der für andere, auch für Verstorbene erwirkt wird, ist Ausdruck christlicher Solidarität, die alle Glieder der Kirche umfasst und auch an der Grenze des Todes nicht Halt macht. Er ist Zeichen der Verbundenheit mit den Betreffenden und eine besondere Form des fürbittenden Gebetes. In diesem Sinne ist der Ablass nicht nur ein individueller, sondern ein zutiefst kirchlicher Akt.

() | *Verweise*

Buße; Fegfeuer; Heil; Hierarchie der Wahrheiten; Kirche; Sünde

Absolutheitsanspruch
(des Christentums)

DAS CHRISTENTUM erhebt mit einer For-
mulierung von G. W. F. Hegel (1770–1831) den Anspruch, die
»absolute« Religion zu sein. Dieser Begriff ist zweifelsohne
missverständlich und darum erläuterungsbedürftig. Er trifft
keine Aussage über die Bedeutungslosigkeit anderer Religionen,
sondern über die Einzigartigkeit und Einmaligkeit des Christusereignisses.

Der Anspruch des Christentums auf »Absolutheit« ist Folge
des Glaubens, dass Gott sich in Jesus von Nazaret auf einmalige,
einzigartige und darum unüberbietbare Weise selbst mitgeteilt
hat. Diese Gottesoffenbarung wird nach christlicher Überzeugung durch keine andere Religion überboten. Denn mehr kann
Gott nicht tun, weiter kann er sich unter den Bedingungen dieser
Welt nicht offenbaren, als Mensch zu werden und als Mensch in
diese Geschichte einzugehen. Darum ist Rettung und Heil für die
Menschen allein in Jesus Christus.

Der Absolutheitsanspruch des Christentums bedeutet zweifelsohne eine Provokation, damals wie heute. Dabei ist die Überzeugung von der Einzigartigkeit und Einmaligkeit der Christusof-
fenbarung in verschiedenen Aussagen des NT grundgelegt (vgl.
Joh 3,16; 14,2; Apg 4,12; Röm 8,32; Eph 3,19). Sie war auch der
Grund für die vehement einsetzende urchristliche Missionsbewegung und fand ihren Ausdruck im Anspruch des Christentums auf
Universalität: Die christliche Religion wendet sich nicht nur an
bestimmte, sondern ausnahmslos an alle Menschen.

Innerchristlich war der Absolutheitsanspruch viele Jahrhunderte hindurch unbestritten. In der Aufklärung führte dann der
Widerstreit zwischen dem historischen Ursprung des Christentums und der Geschichtlichkeit seiner Offenbarung einerseits
und seinem Anspruch auf Universalität und universale Heilsbedeutsamkeit andererseits zu ersten Zweifeln am Absolutheits-
gedanken. Der Anspruch anderer Religionen, die Begegnung und
die Aufnahme des Dialogs mit ihnen haben in diesem und im
letzten Jahrhundert zu einer weiteren Infragestellung des Abso-

lutheitsanspruches geführt. Hinzu kommt die Befürchtung, das Festhalten an diesem Anspruch führe zwangsläufig zu fundamentalistischer Intoleranz und religiösem Fanatismus.

Auf diesem Hintergrund lehnt die sog. pluralistische Religionstheologie den christlichen Anspruch auf Absolutheit ab. Ihr entscheidendes Argument lautet, dass Gott den Menschen sein Heil auf vielen Wegen zuteil werden lässt und nicht exklusiv an Jesus Christus als Heilsbringer oder die Kirche als heilsvermittelnde Instanz bindet. In diesem Sinne versteht sie die unterschiedlichen Religionen als gleichberechtigte Wege zu Gott.

Diese Auffassung weist die offizielle Lehre der Kirche als Leugnung der einzigartigen Bedeutung Jesu Christi zurück: Nicht Buddha, Konfuzius oder Mohammed verdanken wir Erlösung und Heil, sondern allein Jesus Christus. Das Christentum als absolute Religion schließt allerdings die anderen Religionen nicht im Sinne eines Exklusivismus aus, sondern im Sinne des Inklusivismus ein, insofern auch sie Heilswege zu Gott sind. Die katholische Lehre bestreitet nicht, dass Menschen auch ohne ausdrücklichen Glauben an Jesus Christus, mit dem bestimmte Kulturen unter Umständen gar nicht in Berührung treten, zum Heil kommen können. Gott allein kennt die konkreten Heilswege, auf denen er Menschen zu sich führen will. Allerdings stellt die Zugehörigkeit eines Menschen zu einer bestimmten Religion einen Anruf Gottes an ihn dar, der nicht einfach beliebig und darum auch verpflichtend ist, wenn er als solcher erkannt wird.

Auf jeden Fall bedarf das Verhältnis des Christentums zu den anderen Religionen und damit auch sein Absolutheitsanspruch der weiteren Klärung. Dabei gilt es, zum einen das Verbindende, zum anderen das Einzigartige und Spezifische der christlichen Botschaft in den Blick zu nehmen.

Verweise

Christologie; Christus; Gott; Mission; Offenbarung; Theologie

Allmacht

DIE GLAUBENSBEKENNTNISSE, Gebete und Kirchenlieder sprechen von Gott als dem »Allmächtigen«. Auf diese Weise soll zum Ausdruck gebracht werden, dass seine Macht größer ist als jedes menschliche Vermögen. Allerdings birgt diese Rede das Missverständnis in sich, als könne Gott in dieser Welt alles bewirken und jegliches Leid verhindern. Angesichts dessen gilt es, die Allmacht Gottes in der rechten Weise zu verstehen.

Bezeichnenderweise gibt es im AT kein Wort für »Allmacht«. Wohl aber spricht es in vielfältigen Metaphern von der Macht seines Wortes, seines Armes, seines Atems und seines Geistes (vgl. *Ps 77,16*). Dahinter stehen konkrete Erfahrungen, die Israel mit seinem Gott macht: Er hat Macht, sein Volk aus Ägypten herauszuführen, Macht über die Feinde, über die anderen Götter, über die Geschichte, über die Schöpfung, schließlich im NT auch über den Tod. Kein anderes wirkmächtiges Prinzip steht ihm entgegen. Dabei wird Gott keineswegs als Despot, sondern positiv als Urheber und Erhalter der Schöpfung und Gestalter der Geschichte erfahren.

Die griechische Übersetzung des AT (3./2. Jh. v. Chr.) übersetzt die Gottesnamen »Jahwe Sebaoth« – »Gott der Heerscharen« und »El Schaddai« – »Gottesschreck« mit »Pantokrator« – »Allesherrscher, Allmächtiger«. Dieses Wort begegnet auch in *2 Makk 8,18*. Auf diese Weise wurde die Überlegenheit Gottes über alle menschliche Macht, insbesondere über die übermächtig erscheinenden Fremdherrscher beschworen. In gleicher Weise spricht *Offb 19,15* vom allmächtigen Gott, während ansonsten das NT diesen Begriff niemals verwendet.

Durch die Parallelisierung der göttlichen mit menschlicher Macht wurde übersehen, dass Gottes Macht anders zu denken ist als menschliche bzw. kreatürliche. Weil Gott kein räumlich-gegenständliches Wesen ist, ist auch seine »Allmacht« nicht im räumlich-gegenständlichen Sinne zu denken. Darum ist sie keine Über-Macht oder Allein-Macht, die nichts anderes neben sich duldet, menschliche Macht verdrängt und zu ihr in Konkurrenz tritt. Gottes Allmacht liegt auf einer anderen Ebene. Menschliche Macht verwirklicht sich als Durchsetzungsvermögen gegenüber anderen, Gottes Macht hingegen als Liebe. Deutlich wird dies in der Verkündigung Jesu, besonders in den Gleichnissen vom barmherzigen Vater, vom verlorenen Schaf, von der verlorenen Drachme oder vom barmherzigen Samariter. Auch wenn er von der »Herrschaft« Gottes spricht, versteht er darunter gerade nicht menschliche Machtausübung oder gar Unterdrückung und Zwang, sondern die Herrschaft durch Liebe. Bezeichnenderweise weist auch Jesus selbst die Inanspruchnahme weltlicher Macht für sich zurück, wie die Versuchungsgeschichte (*Mt 4,1–11*) zeigt.

Weil Gott seine Macht nicht in der Weise menschlicher Durchsetzung verwirklicht, sondern als Liebe, nimmt er sie um der Freiheit des Menschen willen zurück; an ihr hat Gottes Macht ihre Grenze. Denn Gott »vergewaltigt« den Menschen nicht, setzt sich nicht gewaltsam über ihn und seine Freiheit hinweg, sondern respektiert ihn. Im Blick auf die menschliche Freiheit ist Gott in der Tat nicht allmächtig, und zwar nicht, weil er schwach wäre oder weil seine Macht durch eine andere Gegenmacht außer Kraft gesetzt würde, sondern weil er sich hier selbst – menschlich gesprochen: als Resultat seiner eigenen freiheitlichen Entscheidung – eine Grenze setzt. Weil es aber zugleich das Höchste ist, ein Wesen frei zu machen, ist dieses »Freilassen« des Menschen nicht nur Grenze, sondern zugleich der höchste Ausdruck von Allmacht.

Weil die Allmacht Gottes sich als Liebe erweist, geht sie mit der Ohnmacht Hand in Hand. Denn Liebe ist allmächtig und ohnmächtig zugleich: Sie ist stärker als alle Mächte dieser Welt, ja allmächtig, dort wo sie angenommen und erwidert wird. Und zugleich ist sie ohnmächtig, weil sie nichts erzwingen, sondern nur eindringlich-stumm werben kann. Liebe kann alles bewirken, aber sie kann nichts erzwingen – und würde sie es gewaltsam versuchen, so wäre sie keine Liebe mehr, sondern geriete zu sich selbst in Widerspruch. Die Ohnmacht Gottes, die von seiner Liebe herrührt, zeigt sich in der Geschichte Gottes mit den Menschen auf unterschiedliche Art und Weise: im Abfall des Volkes Israel vom Bund, in der Verweigerung der Gemeinschaft mit Gott, in der Ablehnung seines Sohnes, schließlich am Kreuz. Hier wird endgültig offenbar, was Gottes Allmacht heißt: grenzenlose Liebe, die bis ans Kreuz geht.

Gott begrenzt seine Macht nicht nur durch die menschliche Freiheit, sondern gleichermaßen auch durch die Eigengesetzlichkeit und Eigendynamik der Schöpfung. Weil er sich an sie gebunden hat, kann er das Eigensein der Schöpfung nicht einfach außer Kraft setzen, etwa wenn ein Erdbeben oder eine Flutkatastrophe Menschenleben bedroht. Er kann nicht verhindern, dass die der Schöpfung geschenkte Dynamik an einzelnen Stellen immer wieder »verunglückt«. Darum gibt es Krankheiten, angeborene Behinderungen, fehlinformierte und entartete Zellen. Gott kann das Verunglücken der Eigendynamik der Schöpfung ebenso wenig verhindern wie den Missbrauch und die Pervertierung menschlicher Freiheit.

Die Rede von der Allmacht Gottes darf nicht aufgegeben werden. Sie muss aber in der rechten Weise verstanden werden: als Macht, die sich als Liebe verwirklicht und die an der Freiheit des Menschen und an den Gesetzlichkeiten der Schöpfung ihre selbstgesetzte Grenze hat. Gottes Allmacht bedeutet darum nicht, dass er tun kann, was er will.

( ) | *Verweise*

Gott; Gotteslehre; Leid; Schöpfung; Theodizee; Wirken Gottes

Amt

DAMIT EIN DIENST in der Kirche Amt genannt wird, bedarf es bestimmter Kriterien: Er dient einem »geistlichen Zweck«, wird von der Kirche übertragen, öffentlich ausgeübt, ist auf eine bestimmte Dauer eingerichtet und mit besonderen Aufgaben und Pflichten sowie mit Autorität verbunden. Darüber hinaus werden die Ämter von Bischof, Priester und Diakon durch eine besondere Weihe verliehen. Während die Dogmatik die Tendenz hat, mit dem Begriff »Amt« nur die Weiheämter zu bezeichnen, wird er im Kirchenrecht und auch innerhalb der Praktischen Theologie im oben skizzierten weiteren Sinne auch auf die Ämter von Laien sowie auf Ehrenämter angewendet.

Sowenig wie Jesus die Kirche im Sinne eines rechtlich-greifbaren Aktes gegründet hat, sowenig hat er Ämter in der Kirche gestiftet. Die ersten Gemeinden waren geprägt durch die Vielfalt verschiedenster Charismen; das der Leitung war dabei eines unter vielen (vgl. *1 Kor 12, 28; 1 Thess 5,12f*). Da die Gemeinden in der festen Überzeugung der Naherwartung lebten, nach der Jesus Christus in Kürze wiederkommen und endgültig die Gottesherrschaft in dieser Welt aufrichten werde, bestand gar keine Notwendigkeit, einzelne Aufgaben als Ämter zu institutionalisieren und der Kirche eine dauerhafte Struktur zu geben. Als sich an der Wende vom 1. zum 2. Jh. das Ausbleiben der Naherwartung immer deutlicher abzeichnete, wurde das Bemühen um bleibende Ämter und Strukturen zunehmend wichtiger. Hinzu kam das Bestreben, angesichts aufkommender Irrlehren die Treue zum Ursprung zu wahren und das Evangelium gegen Verfälschungen zu schützen. Im Amt sah man den Garanten der rechten Lehre.

Zur Bezeichnung der Ämter griff man auf Dienst- und Funktionsbezeichnungen aus dem profanen Alltagsleben oder aus der jüdischen Gemeindeordnung zurück. So begegnen in den Gemeinden des NT Episkopen (wörtlich: Aufseher), Presbyter (wörtlich: Älteste) und Diakone (wörtlich: Diener). Die Herausbildung der Ämter verlief an den verschiedenen Orten keineswegs einheitlich (vgl. z.B. *Apg 14,23; 20,17*); einige Spätschriften des NT (*Hebr, 1 Petr, 1 und 2 Joh sowie Jak*) wissen überhaupt nichts davon. Auch die verschiedenen Aufgaben waren zunächst noch nicht eindeutig zugeordnet; Gemeindeleitung wurde in der Regel im Kollektiv wahrgenommen.

Je mehr die verschiedenen Charismen und Aufgaben in der Kirche als Ämter mit Öffentlichkeitscharakter verstanden wurden, desto mehr wurden die Frauen in den Hintergrund gedrängt. Waren sie in den neu gegründeten christlichen Gemeinden präsent in Mission und Verkündigung, als Prophetinnen und Vorsteherinnen von Hausgemeinden, so war es in der antiken Gesellschaft undenkbar, dass sie öffentliche Ämter innehatten oder Gemeindeleiterinnen waren.

Im Lauf des 2. Jh. kristallisierte sich die Dreigestalt des Amtes mit dem einen Bischof an der Spitze heraus. Verbunden war damit eine unterschiedliche Aufgabenverteilung: Der Bischof hatte vor allem für die Wahrung der rechten Lehre Sorge zu tragen und Leitungsaufgaben wahrzunehmen; die Presbyter sollten ihn darin und in der Liturgie unterstützen; die besondere Aufgabe der Diakone war der sozial-caritative Dienst. Voraussetzung für die Übernahme eines Amtes war die Bewährung im alltäglichen Leben, in Beruf und Familie. Wer geeignet schien, wurde von der Gemeinde gewählt oder vorgeschlagen und dann unter Gebet und Handauflegung, dem alten Ritus zur Übertragung von Vollmacht, in das Amt eingesetzt (*Apg 14,23; 1 Tim 4,14; 2 Tim 1,6*).

Ab dem 4. Jh. wurde das dreigestaltige Amt zunehmend mit Hilfe priesterlicher Kategorien gedeutet und ab dem 5. Jh. mit einer Weihe verbunden. Amt war ab jetzt identisch mit Weiheamt, Amtsträger mit Kleriker. Erst das Zweite Vatikanische Konzil führte zu einer Schaffung neuer kirchlicher Laienämter, die nicht durch Weihe, sondern durch eine besondere Sendung bzw. Beauftragung verliehen werden: die hauptamtlichen Ämter der Pastoral- und Gemeindereferent/inn/en, die ehrenamtlichen Dienste im Pfarrgemeinderat oder als beauftragte Kommunionhelfer/innen.

Die Herausbildung des dreigliedrigen Amtes ist nach katholischer Auffassung kein Zufall und auch nicht nur eine von Menschen gesteuerte geschichtliche Entwicklung. Vielmehr erfuhr die junge Kirche in ihrem eigenen Wirken Gottes Geist am Werk. In diesem Sinne wird die dreigliedrige Amtsstruktur der Kirche als unaufgebbares Wesenselement qualifiziert. Innerhalb sind freilich Veränderungen möglich und de facto auch immer wieder geschehen. So hat das Konzil von Trient (1545) die Ämter des Subdiakons und die vier sog. niederen Weihen eingeführt, die das Zweite Vatikanum wieder abgeschafft hat.

Gegenwärtig stellt sich im Blick auf die Zukunft der Kirche die Frage, inwiefern es nötig ist, die bestehende Ämterstruktur im Rahmen des theologisch Möglichen umzugestalten und in diesem Kontext auch neue Ämter zu schaffen. So gibt es Überlegungen, bestimmte Aufgaben aus den bestehenden Ämtern herauszulösen, um neue Ämter zu schaffen; manche schlagen die Gestaltung neuer Caritasämter vor oder die Einführung eines sog. Koinonates (von Griech.: »koinonia« = »Gemeinschaft«), das nicht in der Gemeinde verortet sein, sondern die Kirche in verschiedenen gesellschaftlichen Bereichen repräsentieren soll.

Die grundsätzliche Frage, die sich in diesem Kontext stellt, ist die nach der Zuordnung von Weihe- und Laienämtern. Angesichts des Priestermangels nehmen Laien mehr und mehr Aufgaben wahr, die traditionell dem Weiheamt vorbehalten waren, so dass das Spezifische des Weiheamtes nicht mehr eindeutig zu bestimmen ist. Weitere Fragen stellen sich im Kontext der Ökumene: Wie ist mit den Kirchen der Reformation Kirchengemeinschaft möglich, die ein ganz anderes Amtsverständnis haben? So ist aus evangelischer Sicht eine viel größere Variationsbreite in der Ausgestaltung der Ämter denkbar und die Dreigestaltigkeit keineswegs zwingend. Die evangelischen Kirchen kennen zudem keine Weihe, sondern begründen das Amt sehr viel stärker funktional, als Dienst von der und für die Kirche. Nicht zuletzt der ökumenische Dialog konfrontiert auf diese Weise das katholische Amtsverständnis mit seinen eigenen Voraussetzungen.

 Verweise

Apostolisch; Bischof; Charisma; Diakon; Diakonat der Frau; Evangelisch; Kirche; Konzil; Laie; Ökumene; Priester; Priestertum der Frau; Weihe(sakrament)

Apostolisch/Apostolizität

APOSTOLIZITÄT oder »das Apostolische« ist ein wesentliches Merkmal des christlichen Glaubens, wie etwa die Rede von der apostolischen Kirche oder vom apostolischen Glaubensbekenntnis zeigt. Gemeint ist damit, dass die Kirche auf dem Fundament der Apostel aufgebaut ist (vgl. *Eph 2,20*), auf ihr Zeugnis zurückgeht und dieses in Treue bewahrt. Das griechische Wort »apostolos« heißt wörtlich »Gesandter«.

Das NT kennt keinen einheitlichen Apostelbegriff: Lukas bezeichnet damit nur die Zwölf, die Jesus als Repräsentanten der 12 Stämme Israels beruft. Für Paulus sind alle diejenigen Apostel, die durch die Begegnung mit dem Auferstandenen zur Verkündigung des Evangeliums ausgesandt sind. Daneben existiert noch ein weiteres, ursprünglich in Antiochien beheimatetes Verständnis, das alle missionarischen Verkünder/innen Apostel nennt (vgl. *1 Kor 12,28; 14,4.14*). Unter den Aposteln waren somit auch Frauen. So handelt es sich bei dem in Röm 16,7 erwähnten Junias ursprünglich wohl um eine Apostelin Junia, da dieser Frauenname in der Antike häufig, ein entsprechender Männername jedoch gar nicht auftritt.

Trotz seiner Unterschiedlichkeit weist der urchristliche Apostelbegriff gemeinsame Elemente auf: das Bewusstsein, durch Jesus Christus ausgesandt zu sein zur Verkündigung des Evangeliums und zur Gründung von Gemeinden, sowie als ureigene Aufgabe die Wahrung der Kontinuität vom irdischen Jesus mit dem Auferstandenen und mit der Kirche. Die Apostel markieren somit die Nahtstelle zwischen dem Leben und Wirken Jesu auf der einen Seite und den sich bildenden Gemeinden auf der anderen.

Das »Weiterbauen« auf dem »Fundament« der Apostel wird auf unterschiedliche Art und Weise realisiert. So sah die junge Kirche die Treue zu Jesus Christus und zum Evangelium in der apostolischen Überlieferung, d.h. im Bewahren und unverfälschten Weitergeben des Zeugnisses der Apostel, gewährleistet. Eben weil die Kirche ihre Identität durch den bleibenden Bezug auf das Zeugnis der Apostel gewinnt, kann sie sich selbst als »apostolisch« bezeichnen. Und weil das apostolische Zeugnis in Form eines Glaubensbekenntnisses seinen Niederschlag gefunden hat

– das freilich nicht von den Aposteln selbst verfasst wurde –, gilt auch dieses als »apostolisch«. Die außerordentliche Autorität der Apostel wird bestätigt durch das Phänomen der Pseudepigraphie, also der Tatsache, dass Briefe unter ihrem Namen geschrieben wurden – so die Deuteropaulinen, die Pastoralbriefe usw. Hier zeigt sich, wie die ersten Gemeindeleiter sich ganz auf das Fundament der Apostel verwiesen wussten und das weitergeben wollten, was sie von ihnen empfangen hatten.

Als besondere, wenngleich nicht einzige Weise der apostolischen Überlieferung erwies sich bald das Prinzip der Amtsnachfolge. Die urchristlichen Apostel hatten sich noch nicht als Amtsträger verstanden. Auf dem Hintergrund ihres Selbstverständnisses als »Gesandte« sah die frühe Kirche in ihnen jedoch im Rückblick die Urbilder der sich allmählich herausbildenden Ämter in der Kirche. Als Nachfolger der Apostel, nicht im Sinne der Person, sondern im Sinne der Funktion bzw. der Sendung, die die einzelnen Personen überdauert, gelten die Inhaber des Episkopenamtes und damit die späteren Bischöfe. Die Nachfolge im Bischofsamt gewährleistet somit auf konkret-sichtbare Weise die Rückbindung der Kirche und ihrer Lehre an Jesus Christus als ihren Ursprung. Besondere Bedeutung erhielt auf diesem Hintergrund die apostolische Sukzession: die lückenlose Abfolge der Bischöfe in der Kirche, die die kontinuierliche Weitergabe des Glaubensgutes garantieren soll.

( ) *Verweise*

Amt; Apostolische Sukzession; Bischof; Glaubensbekenntnis; Kirche; Lehramt

Apostolische Sukzession

DIE APOSTOLIZITÄT der Kirche wird in besonderer Weise konkret in der sog. apostolischen Sukzession (Lat.: »successio« = »Folge«). Mit diesem Begriff wird die lückenlose Abfolge der Bischöfe in der Kirche bzw. ursprünglich in einer Gemeinde bezeichnet.

Die Sukzession der Bischöfe erwies sich in der Frühzeit der Kirche als besonders wichtig: Wo ein nahtloses Aufeinanderfolgen der Bischöfe, wenn möglich bis zurück auf einen bestimmten Apostel, nachgewiesen werden konnte, galt dies als Gewährleistung für die unverfälschte Bewahrung der Glaubensbotschaft.

Diese wurde vor allem in der Auseinandersetzung mit der neu auftretenden Irrlehre der Gnosis immer wichtiger, die sich auf angebliche geheime Überlieferungen der Apostel berief. Aufgrund der Sukzession kam den Kirchen von Antiochien, Alexandrien und nicht zuletzt Rom besondere Autorität zu, weil sie sich auf die Autorität der Apostel Paulus, Barnabas und Petrus stützen

konnten. Zur Demonstration erstellten die einzelnen Gemeinden Bischofslisten. Historisch waren diese zwar bisweilen fragwürdig, zumal die Gemeinden zunächst nicht von einem einzigen Bischof, sondern in der Regel von einem Kollegium geleitet wurden. Sie müssen jedoch von ihrem Anliegen her verstanden werden, den authentischen Ursprung und die unverfälschte Weitergabe der apostolischen Verkündigung aufzuweisen.

Bald diente die Berufung auf die apostolische Sukzession über den Nachweis der Kontinuität mit dem apostolischen Ursprung hinaus zur Begründung der Leitungsautorität der Bischöfe. Mit der Eingliederung ins Bischofskollegium als dem Nachfolgegremium des Apostelkollegiums wird der einzelne Bischof in die apostolische Sukzession hineingestellt. In diesem Sinne wird sie den Bischöfen mit der Weihe übertragen; im weiteren Sinne kommt sie der ganzen Kirche zu.

Die heutige Theologie macht die apostolische Sukzession nicht einfach an der linearen Abfolge der Bischöfe fest. Vielmehr unterscheidet sie zwischen diesem ihrem formalen bzw. personalen Aspekt und ihrer materialen bzw. inhaltlichen Dimension, nämlich der Treue zum apostolischen Ursprung und dem Bleiben in der apostolischen Lehre. In dem Zusammenhang stellt sich die Frage, ob der Inhalt der Sukzession ausschließlich an eine bestimmte Form, nämlich die Abfolge der Bischöfe gebunden ist, oder ob die Treue zur apostolischen Überlieferung auch durch ein anderes äußeres Zeichen gewährleistet werden kann.

Diese Diskussion ist wichtig im Blick auf die Ökumene. In den Kirchen der Reformation wurde die apostolische Sukzession im Bischofsamt unterbrochen, da keiner der damaligen Bischöfe sich der Reformation angeschlossen hatte. So sahen sich die Reformatoren gezwungen, die Einsetzung ihrer Pfarrer anstatt durch Bischöfe durch andere Pfarrer vornehmen zu lassen. In diesem Sinne stehen die Amtsträger in den Kirchen der Reformation nicht in der apostolischen Sukzession, was bislang ein Hindernis für eine Übereinkunft in der Frage des Amtes bedeutet. Allerdings wird diskutiert, ob nicht die »presbyteriale« Sukzession, die in den betreffenden Kirchen die bischöfliche ersetzt hat, auch eine legitime Gestalt der apostolischen Sukzession darstellt.

() | *Verweise*

Apostolisch; Bischof; Evangelisch; Kirche; Lehramt; Ökumene

Atheismus

»A-THEISMUS« ist das Gegenteil vom Glauben an Gott (Theismus), die Bestreitung der Existenz Gottes. Während der theoretische Atheismus Gottes Existenz argumentativ zu widerlegen sucht und darum philosophisch begründet ist, handelt es sich beim praktischen Atheismus um eine Lebenspraxis, die sich so verhält, als ob Gott nicht existierte – er kann sogar die Existenz Gottes theoretisch anerkennen, ohne jedoch Konsequenzen daraus zu ziehen. Die verschiedenen Spielarten des Atheismus können sich tolerant oder militant-kämpferisch verhalten, können reflektiert oder eher unbewusst gelebt werden.

Eine besondere Form des Atheismus, nämlich keine Weltanschauung, sondern eine methodische Notwendigkeit und zugleich Ausdruck der Anerkennung der eigenen Grenzen, ist der methodische Atheismus der Naturwissenschaften: Die Naturwissenschaften reflektieren und erklären innerweltliche Abläufe, ohne auf Gott als Begründung zu rekurrieren.

Die Antike kennt im Grunde keinen Atheismus, weil sie die Existenz von Gott bzw. von Göttern als selbstverständlich voraussetzt. Auch für die Bibel ist die zentrale Frage nicht die nach der Existenz Gottes, sondern die nach dem wahren Gott im Unterschied zu den Göttern der anderen Völker. Die Leugnung Gottes gilt ihr schlichtweg als Torheit (*Ps 10,4; 14,1; 53,2*). Wenn später in der Geschichte des Christentums atheistische Überzeugungen aufkamen, wurden sie jedenfalls nicht öffentlich geäußert, da die Betreffenden auf jeden Fall mit einer massiven Ausgrenzung hätten rechnen müssen. Praktisch gelebten Atheismus hat es daneben immer gegeben, ohne dass er freilich immer greifbar gewesen wäre.

Der theoretische Atheismus ist ein typisches Kind der Neuzeit und erst seit dem 19. Jh. eine Massenerscheinung. Seine wichtigsten Vertreter sind Ludwig Feuerbach (1804–1872), der im Gottesgedanken eine reine Projektion menschlicher Sehnsüchte vermutete, Karl Marx (1818–1883), der in Religion und Gottesglaube »Opium für das Volk« sah, dessen betäubende Wirkung von der Verbesserung der irdischen Verhältnisse ablenke, Friedrich Nietzsche (1844–1900), der Gott als Zugeständnis an die menschliche Schwachheit und Hindernis bei der Entwicklung des Menschen zum »Übermenschen« verdächtigte, und Sigmund Freud (1856–1939), der die Gottesvorstellung aus dem kindlichen Wunsch nach einem beschützenden Übervater zu erklären suchte. Der existentialistisch begründete Atheismus, vor allem vertreten von Albert Camus (1913–1960) und Jean-Paul Sartre (1905-1980), protestiert gegen den unfrei machenden Gottesglauben im Namen der menschlichen Freiheit. Der Neopositivismus, der von den gegebenen (Lat.: »positum«) innerweltlichen Tatsachen und Gesetzesmäßigkeiten ausgeht, hält die Rede von Gott für sinnlos, weil sie weder verifiziert noch falsifiziert werden kann. Kein Atheismus im streng genommenen Sinne ist der Agnostizismus, weil er nicht Gott an sich, wohl aber seine Erkennbarkeit leugnet. Schließlich war und ist immer wieder die Erfahrung von Leid und die Theodizeefrage Anlass für einen existentiell verankerten Atheismus. Gegenwärtig stellt der praktische Atheismus in der Gestalt des Indifferentismus eine große Herausforderung an Theologie und Christentum dar.

Theologie und kirchliches Lehramt betrachten seit dem 20. Jh. das Phänomen Atheismus insofern differenziert, als sie die Schuld dafür nicht einfach den betreffenden Menschen zuweisen. Er kann gesellschaftliche und soziokulturelle Ursachen haben, psychologisch bzw. biografisch verursacht oder durch ein falsches Gottesbild bedingt sein. Bisweilen tragen auch die Christen selbst durch Praxis und Lehre dafür Verantwortung, dass der wahre Gott anderen unzugänglich und verstellt bleibt. Das Zweite Vatikanische Konzil betont, dass Atheisten, die nach der Wahrheit suchen, aber nicht zum Glauben kommen, nicht vom Heil ausgeschlossen sind (LG 16).

() *Verweise*

Gott; Gotteslehre; Glaube; Konzil; Säkularisierung; Theodizee

Auferstehung

Zᴜᴍ Kᴇʀɴ des christlichen Glaubens gehört die Hoffnung auf die Überwindung des Todes. Ihr Gegenstand ist nicht eine Wiedergeburt oder eine Art Fortsetzung des irdischen Lebens im Jenseits, sondern die Auferweckung vom Tod zum ewigen Leben bei Gott. Diese Hoffnung gründet nicht in der Überzeugung von der Unsterblichkeit der Seele, sondern einzig und allein in der Auferweckung Jesu Christi.

Das AT kennt lange Zeit keinen Glauben an ein Weiterleben nach dem Tod. Weil Gott als Gott des Lebens erfahren wurde, brachte es die Toten mit ihm nicht in Verbindung, sondern schrieb ihnen ein Schattendasein in der Unterwelt zu (vgl. *Jes 14,10; 26,14; Ps 63,10; Ps 88,7–13*). Erst im Lauf des 2. vorchristlichen Jh. wuchs die Hoffnung, dass Gottes Macht über den Tod hinausreicht. Unter der unerträglichen Fremdherrschaft der Perser bildete sich die Überzeugung heraus, dass diejenigen, die für ihren Glauben gestorben sind, Gottes Einflussbereich nicht entzogen sind, sondern am Ende von Welt und Zeit ein neues Leben bei ihm empfangen (vgl. *1 Sam 2,6; Weish 16,13; Ps 49,16; 73,23f; 139,8; Spr 15,11*). Die Auferweckung eines Einzelnen unter den Bedingungen dieser Zeit und Welt war für den alttestamentlichen Zukunftsglauben undenkbar.

Die Botschaft von der Auferweckung Jesu wird untermauert durch das leere Grab, das auch anders erklärt werden könnte, durch die Erscheinungen, die im Sinne einer Gottesoffenbarung gedeutet werden und den radikalen Wandel der Jünger/innen, die dadurch zu neuem Mut und zum engagierten Zeugnis befähigt werden. Dass Jesus tatsächlich von den Toten auferweckt wurde, ist freilich nicht zu beweisen, und zwar nicht nur, weil es dafür keine Zeugen gibt. Die Auferweckung ist auch deswegen nicht beweisbar, weil sie die Ebene der historischen Ereignisse übersteigt und einer metahistorischen Dimension der Wirklichkeit angehört, die über das empirisch Erfahrbare und geschichtlich Greifbare hinausgeht. Das NT stellt sie darum als einmaliges und unvergleichliches Ereignis dar, das die Dimensionen von Raum und Zeit und damit den innerweltlichen Erfahrungshorizont übersteigt. Weil die Auferstehung keine Tatsache ist, die sich als Beweis für den Glauben anführen lässt, ist sie selbst Gegenstand des Glaubens. Dabei ist sie kein Zusatz zum Glauben an Gott, sondern Inbegriff des Gottesglaubens, nämlich Glaube an den Gott, der Macht hat über Leben *und* Tod. Das NT versteht sie darum als die Heilstat Gottes schlechthin (*Joh 5,21; Röm 4,17; 10,9; 1 Kor 15,57; Hebr 11,19*).

Was hier geschehen ist, lässt sich mit den herkömmlichen Mitteln der Sprache nicht aussagen. Mit gutem Grunde greift das NT zu bildhaften Umschreibungen und Metaphern: »Auferweckung« erinnert an das »aufgeweckt werden« vom Schlaf, »Auferstehung« an das »Aufstehen« aus dem Grab; daneben findet sich eine Vielzahl weiterer bildhafter Wendungen (vgl. *1 Petr 3,18; Joh 14,2.28; 16,10.17.28; Apg 2,33; 5,31; Phil 2,9; Röm 10,7; Hebr 13,20; Joh 7,39; 12,16.23.28; 17,1.5; 1 Kor 15,53; 2 Kor 5,2; 1 Kor 15,54*).

Die Auferstehung Jesu begründet die Hoffnung auf unsere eigene Auferweckung vom Tod. Jesus Christus ist nicht der einzige, sondern der »Erste der Entschlafenen« (*1 Kor 15,20*). Alle, die sich auf ihn einlassen, dürfen darum für sich die Überwindung des Todes er hoffen (vgl. *1 Thess 4,13f; 1 Kor 15,12–14.20; 2 Kor 4,14; Röm 8,11; 14,9*).

Mit der Auferstehung steht und fällt jedoch nicht nur die christliche Zukunftshoffnung, sondern das Christentum überhaupt; ohne sie wären der Glaube sinnlos und die Christen »falsche Zeugen« (*1 Kor 15,14f*). Hätte Gott Jesus im Tod gelassen, wären nicht nur sein Anliegen, die Botschaft vom Reich Gottes, sondern auch sein Anspruch und damit er selbst für gescheitert erklärt worden. Demgegenüber bedeutet die Auferweckung die Bestätigung seines Anspruchs, der Bote Gottes schlechthin und damit der »Christus« und Sohn Gottes zu sein.

Verweise

Christologie; Christus; Eschatologie; Gott; Himmel; Seele; Vollendung

Aufnahme Marias in den Himmel

DAS JÜNGSTE MARIENDOGMA, 1950 formell durch Papst Pius XII. erlassen, war schon seit vielen Jahrhunderten im Glauben der Kirche präsent, wie verschiedene Darstellungen der bildenden Kunst bezeugen. Es sagt aus, dass Maria, »mit Leib und Seele zur himmlischen Herrlichkeit aufgenommen wurde«. Über die Art ihres Todes wird keine Angabe gemacht. Auch wird damit nicht, in Parallele zu Jesus, ihre »Himmelfahrt« im Sinne eines aktiven Tuns behauptet; vielmehr geschieht etwas passiv an ihr. Der Grundgehalt dieser Glaubensaussage lautet: Maria kommt nach ihrem Tod zu Gott und geht in die Herrlichkeit Gottes ein – nichts anderes meint ja Himmel.

Für die Aufnahme Marias in den Himmel lässt sich kein spezielles Bibelwort anführen. Vielmehr ergibt sie sich aus dem Gesamtzeugnis der Schrift über Maria. So ist sie die innere Konsequenz ihres Lebens, das ganz auf Gott ausgerichtet und »voll der Gnade« war. Wo sonst sollte ein Mensch, der so gelebt hat, nach seinem Tod hinkommen, wenn nicht in den Himmel? Darüber hinaus ist die Aufnahme in den Himmel die konsequente Fortführung der Glaubensaussage von der Bewahrung vor der Erbschuld: Wenn Gott Maria bereits am Beginn ihres Lebens seine besondere Gnade schenkt, überlässt er sie am Ende nicht irgendeinem ungewissen Schicksal, sondern führt sein heilvolles Handeln weiter bis zu ihrer Vollendung. In diesem Sinne gehören die beiden jüngsten Mariendogmen zusammen: Gottes Gnade und Zuwendung zu Maria erstreckt sich von der Empfängnis bis zum Tod. Was alle anderen Glaubenden für sich *erhoffen*, wird hier von Maria *mit Gewissheit* ausgesagt.

Die überzeitlich gültige Aussage vom Sein Marias in der Herrlichkeit Gottes wird im Wortlaut des Dogmas verbunden mit der Aussage, sie sei »mit Leib und Seele« in den Himmel eingegangen. Dahinter steht das alte eschatologische Vorstellungsmodell, nach dem die Seele unmittelbar nach dem Tod zu Gott kommt, der Leib jedoch verwest, bis er am Jüngsten Tag auferweckt und wieder mit der Seele vereinigt wird. Auf dem Hintergrund dieser

Lehre erscheint die Aufnahme nicht nur von Marias Seele, sondern auch von ihrem Leib in den Himmel als gewisses Privileg: An Maria geschieht das sofort und auf einmal, was bei allen anderen zeitlich getrennt ist.

Dieses Modell wird allerdings heute nicht mehr von allen Theolog/inn/en vertreten. An seine Stelle ist vielfach die Vorstellung von der Auferstehung des ganzen Menschen – mit Seele und Leib – unmittelbar im Tod getreten. Demnach ist der Eingang Marias in den Himmel mit Leib und Seele kein Privileg, sondern das, was allen Glaubenden verheißen ist – ohne dass dadurch freilich die besondere Bedeutung Marias in der Heilsgeschichte geschmälert würde. Eine solche Neuauslegung von der Aufnahme Marias in den Himmel ist insofern legitim, als bei jedem Dogma zwischen der eigentlichen Glaubensaussage und ihrer geschichtlich bedingten Gestalt bzw. dem Denkmodell, durch das sie zur Sprache gebracht wird, unterschieden werden muss. Beide Auslegungen bestehen gegenwärtig in der Theologie nebeneinander.

Unabhängig von dem dahinter stehenden Vorstellungsmodell macht das Dogma in jedem Fall nicht nur eine Aussage über Maria, sondern ebenso eine grundlegende Aussage über die Zukunft der Christen: Wer an Gott glaubt und sich an ihm ausrichtet, hat nach dem Tod eine Zukunft bei Gott. In Maria ist diese Zukunft bereits wirklich geworden.

() | *Verweise*

Dogma; Eschatologie; Himmel; Himmelfahrt; Maria; Seele; Unbefleckte Empfängnis

Befreiungstheologie

B E F R E I U N G S T H E O L O G I E ist eine Weise des Theologie-Treibens, die das Befreiungspotenzial des christlichen Glaubens in den jeweiligen gesellschaftlichen Verhältnissen zur Geltung bringen möchte, insbesondere unter den Bedingungen von Unfreiheit, Unterdrückung, Ungerechtigkeit und Diskriminierung.

Ihren Anfang nahm sie in den sechziger Jahren des 20. Jh. in Lateinamerika, als sich die Bevölkerung zunehmend ihrer wirtschaftlichen Ausbeutung sowie der daraus resultierenden Diskrepanz zur Botschaft der Bibel bewusst wurde. Getragen wurde sie wesentlich von Basisgemeinden; entsprechend ist hier ihre Breitenwirkung am größten. Mittlerweile hat sie sich darüber hinaus in vielen anderen Kontexten der sog. »Dritten Welt« etabliert, wobei sie je nach Situation variiert und unterschiedliche inhaltliche und methodische Akzente setzt – so in der »Schwarzen Theologie« in Amerika und Afrika, einer Reaktion auf die Apartheid, in den sich eigenständig herausbildenden afrikanischen Theologien, der »theology of struggle« auf den Philippinen, in Sri Lanka und Indien.

Ihr biblischer Bezugspunkt ist die Befreiungsbotschaft des Alten und Neuen Testaments, die mit dem Exodusgeschehen ihren Anfang nimmt und in der Reich-Gottes-Botschaft Jesu gipfelt. Gottesherrschaft bedeutet für die Menschen Freiheit und Befreiung – von gesellschaftlichen Zwängen, vom Gesetz, von Ausgrenzung, von vorgeprägten Rollen, von Krankheit, von Sünde und von der Macht des Todes (vgl. exemplarisch *Lk 4,18; Mt 25,31–45; Gal 4,4ff; 5,1*).

In Anknüpfung daran trifft die Befreiungstheologie gezielt eine »Option für die Armen«, nimmt bewusst ihre Perspektive ein, stellt sich parteiisch auf die Seite der Unterdrückten und Machtlosen. Dabei legt sie Wert darauf, dass dies nicht »an ihnen« oder »über sie hinweg«, sondern mit ihnen geschieht und sie als mündige und handelnde Subjekte ernst genommen werden. Ihre Situation soll nicht, wie bisweilen in der Geschichte des Christentums geschehen, als gottgewollt und darum unabänderlich legitimiert, sondern aktiv verändert und gestaltet werden. Dahinter steht die Überzeugung, dass das Befreiungspotenzial des christlichen Glaubens ansatzhaft in den konkreten Lebensverhältnissen erfahrbar werden muss. Im Sinne des Mottos »Sehen – Urteilen – Handeln« verbinden sich in der Befreiungstheologie Reflexion und Engangement, Theologie und Politik.

Die Befreiungstheologie versteht sich als Erfahrungstheologie und damit zugleich als kontextuelle Theologie, weil sie aus ganz konkreten Erfahrungen und einem bestimmten gesellschaftlichen Kontext heraus erwachsen ist. Diesen Erfahrungshorizont bzw. diesen Kontext bezieht sie als bestimmend für die theologische Erkenntnis ein. Er bestimmt auch ihre Methoden. Unerlässlich ist die jeweilige Situationsanalyse, die sich der Methoden der Sozialwissenschaften bedient. Demnach ist Unfreiheit und Armut in den betreffenden Ländern nicht einfach Rückständigkeit, sondern die Kehrseite der Entwicklung der Industrienationen, nicht einfach ein ökonomisches Problem, sondern Ausdruck struktureller Sünde und darum vom Glauben her zu bekämpfen.

Wegen ihrer Kapitalismuskritik und ihrer Verwendung marxistischer Begrifflichkeit zog die Befreiungstheologie rasch Kritik auf sich, sowohl von seiten staatlicher Machthaber als auch von seiten des kirchlichen Lehramtes. Beide verdächtigten sie des Kommunismus und der Revolution. Nach einer Phase in den achtziger Jahren, die geprägt war von Entzügen der Lehrerlaubnis, Schließung entsprechender Ausbildungsstätten und Unterbindung von befreiungstheologischen Projekten, liegt mittlerweile ein differenzierteres Urteil vor. Die »Option für die Armen« und die Rede von der »strukturellen Sünde« sind inzwischen auch fester Bestandteil der kirchlichen Soziallehre.

Grundsätzlich zielt die Befreiungstheologie nicht nur auf soziale oder ökonomische Ungerechtigkeit, sondern auf alle Formen von Unfreiheit, auch auf diejenigen, die kulturell, rassistisch oder sexistisch bedingt sind. Von daher ergeben sich im Ansatz und in den Methoden vielfache Verbindungen zur Feministischen Theologie, die sich ja gleichermaßen als Frauenbefreiungsbewegung versteht.

○○ | *Verweise*

Christus; Feministische Theologie; Lehramt; Sünde; Theologie

Beichte

BEICHTE WIRD DAS Sündenbekenntnis im Kontext des Bußsakramentes genannt. In den verschiedenen Epochen der Kirchengeschichte hat es höchst unterschiedliche Gestalt angenommen.

In Anknüpfung an *1 Joh 1,9* und *Jak 5,16* wurde in den ersten sechs Jahrhunderten ein öffentliches Schuldbekenntnis vor der ganzen Gemeinde abgelegt. In der Regel geschah dies erst kurz vor dem Tod, um so die Sicherheit zu haben, keine schweren Sünden mehr zu begehen. Da sich diese Kirchenbuße mehr und mehr zu einem Sakrament der Sterbenden entwickelte, wurde im täglichen privaten Leben die Aussprache von Schuld im Rahmen eines geistlichen Gespräches immer wichtiger. Je mehr die strengen Bußwerke an Bedeutung verloren, desto mehr rückte dieses Schuldbekenntnis in den Mittelpunkt. Dies war der Anfang der Beichtpraxis. Vom 6. Jh. an breitete sie sich durch irische und schottische Wandermissionare über ganz Europa aus. Je größer

und anonymer die Gemeinden, desto weniger konnten Verfehlungen der Einzelnen bekannt und das langwierige öffentliche Bußverfahren praktiziert werden, so dass die Beichte nun zur üblichen Form der Buße wurde. Während sie ursprünglich auch von Laien abgenommen wurde, blieb sie nun dem Priester bzw. Bischof vorbehalten. Im 15. Jh. wurde ihr endgültig der sakramentale Charakter zugesprochen.

Der Sinn der Beichte besteht nicht darin, quantitativ möglichst viele Sünden möglichst erschöpfend aufzuzählen, sondern sich die grundlegenden Störungen in der Beziehung zu Gott, zu den Mitmenschen und auch zu sich selbst bewusst zu machen und diese dann auch auszusprechen. Auf diese Weise erfährt sich der sündige Mensch in die Verantwortung vor Gott gestellt. Dem ausdrücklichen Formulieren und Bekennen kommt dabei eine ganz wesentliche Bedeutung zu.

Unzweifelhaft ist die Beichte gegenwärtig in die Krise geraten. Von vielen wird sie nicht mehr als Befreiung, sondern als unnötige Belastung erfahren und entsprechend nicht mehr wahrgenommen. Die Gründe dafür sind vielfältig: schwindendes Bewusstsein von persönlicher Schuld und Sünde, das Bedürfnis, die persönliche Schuld lieber »mit Gott allein« auszumachen, die Verlagerung der Aufarbeitung von Schuld aus der Kirche heraus in die psychologische und therapeutische Praxis. Schwierigkeiten mit der Beichte haben nicht zuletzt Frauen, entweder weil sie traumatische Erfahrungen in vergangenen Beichtgesprächen gemacht haben, oder weil sie es als problematisch empfinden, mit einem Mann über ihre spezifische Lebenssituation und Schuld ins Gespräch zu kommen.

Einen neuen Zugang zur Beichte kann ein veränderter äußerer Rahmen bewirken: die Verlegung vom Beichtstuhl in einen normalen bzw. dafür reservierten Raum und vor allem die Ausweitung der oft formelhaft ablaufenden Beichte zu einem wirklichen Gespräch. Auf diese Weise fühlen sich die Betreffenden nicht nur als Sünder/innen, sondern als Menschen wahrgenommen. Ein Gespräch bietet auch am ehesten die Möglichkeit, nicht nur die punktuelle Schulderfahrung, sondern die persönliche Geschichte mit ihren Verwirrungen und Verwicklungen, die eigenen Schwierigkeiten und auch Stärken zur Sprache zu bringen. Im Idealfall erwächst so die Beichte aus einem begleiteten Prozess der Selbsterkenntnis heraus und hat im geistlichen Gespräch ihren festen Ort. Andere allerdings schätzen gerade die Anonymität des Beichtstuhles oder einer großen Beichtkirche mit vielen verschiedenen Priestern.

() *Verweise*

Buße; Sakrament; Sünde; Priester

Bischof

DER BISCHOF, (von Griech.: »episkopus« = »Auf-
seher«) ist Vorsteher einer Diözese. In ihr übt er im Namen Jesu
Christi das Amt des Priesters, Lehrers und Hirten aus. Er ist Mitglied des weltweiten Bischofskollegiums, das zusammen mit dem
Papst die höchste Leitungsautorität in der Kirche innehat.
Das bischöfliche Amt bildete sich um die Mitte des 2. Jh.
heraus. War Gemeindeleitung bis dahin vorwiegend durch ein
Kollegium wahrgenommen worden, trat an dessen Stelle nun die
Leitung durch den Einzelbischof, dem die Priester und Diakone
zu- bzw. untergeordnet waren. Die liturgische Rolle des Bischofs
als Vorsteher der Eucharistie und die Notwendigkeit eines Spre-
chers für das Kollegium spielt dabei ebenso eine Rolle wie angesichts auftretender Irrlehren das Bemühen um die Bewahrung
und unverfälschte Weitergabe der rechten Lehre. Deutlichen
Spuren dieser Entwicklung begegnen wir im Titusbrief und in
den Timotheusbriefen (vgl. *1 Tim 6,2; 2 Tim 1,13f*). Im Blick
auf ihre Funktion und Sendung wurden die Bischöfe theologisch
als Nachfolger der Apostel und ihr Amt als apostolisches Amt
verstanden.

In der frühen Kirche wurde der Bischof durch die Gemeinde
gewählt. Nachdem den Bischöfen durch die Konzilien immer größere Verantwortung und später auch beachtlicher gesellschaft-
licher Einfluss zugewachsen war, kam es zwischen den Päpsten
und den verschiedenen politischen Kräften zu Auseinandersetzungen um das Recht ihrer Ernennung. Heute hat, von wenigen
Ausnahmen abgesehen, der Papst das Recht der Ernennung oder
der Unterbreitung von Vorschlägen, aus denen eine Wahl getroffen werden muss.

Während das Bischofsamt in der Theologie des Mittelalters
eher in den Hintergrund trat, weil viele Theologen darin keinen
wesentlichen Unterschied zum Priester sahen und die Bischofsweihe nicht als Sakrament anerkannten, erfuhr es auf dem Zweiten Vatikanum besondere Aufmerksamkeit und Aufwertung. Das
Konzil erklärte es zur Vollgestalt des Weiheamtes und sprach
von den Bischöfen als »Stellvertretern und Gesandten Christi«
(vgl. CD). Dieses Verständnis ist konsequent, weil ursprünglich

der Bischof der Amtsträger schlechthin war. Neben dem Einzelbischof richtete das Konzil sein besonderes Augenmerk auf das
Bischofskollegium. Als Mitglied des Bischofskollegiums erhält
der einzelne Bischof die ihm eigene Vollmacht und hat teil an
der apostolischen Sendung und Sukzession.

Innerhalb der katholischen Kirche erwies sich in den letzten
Jahren die Verhältnisbestimmung von bischöflicher und päpstli-
cher Gewalt und damit von Ortskirche und Gesamtkirche als Problem. Manche Bischöfe empfanden päpstliche Bestimmungen als
Eingriff in ihre Autorität; einige Bischofsernennungen stießen
auf Widerstand, weil sie ohne Berücksichtigung oder gegen den
Willen der betreffenden Ortskirche vorgenommen wurden. Auf
diesem Hintergrund wird in der Theologie diskutiert, inwieweit
das alte Prinzip »Wahl durch die Gemeinde« sich ansatzweise
wiederbeleben lässt.

Im Dialog mit den Kirchen der Reformation ist umstritten, ob
das Bischofsamt unverzichtbar zum Wesen der Kirche gehört,
oder ob ein gemeindeübergreifendes Leitungsamt auch in anderer Form ausgeübt werden kann. Da in der Zeit der Reformation
keiner der Bischöfe zum evangelischen Glauben übertrat, gingen
in den betreffenden Kirchen die bischöflichen Aufgaben aufs
Pfarramt über. Wo später das Amt des Bischofs wieder eingeführt wurde, wurde es nicht als »Fülle des Amtes«, sondern eher
pragmatisch als besondere Verantwortung und Leitung verstanden. Für die katholische Kirche ist ein solches Verständnis nicht
ausreichend und darum ein Hindernis auf dem Weg zur Kirchengemeinschaft. Als mögliche Lösung wird in dem Zusammenhang
der Vorschlag vorgebracht, dass auch die Kirchen, die bislang
keine bischöfliche Verfassung kennen, diese um der Einheit der
Gesamtkirche willen übernehmen.

() | *Verweise*

Amt; Apostolisch; Apostolische Sukzession; Apostolizität; Kirche; Konzil;
Lehramt; Papst; Priester

Bittgebet

DASS MENSCHEN ihre Bitten vor Gott bringen, gehört zu den Grundvollzügen jeder Religion. Dies gilt auch für das AT (vgl. z.B. *Dtn 26,7; Ri 16,28; 1 Kön 3,6–9; 8,23–53; 2 Chr 20,6–12*) und die neutestamentliche Verkündigung (vgl. *Mk 11,22–26; 14,36; Mt 6,5–15; 7,7–11; Lk 11,1–8; 18,1–8; Joh 14,14*). Das Bittgebet ist Ausdruck des Glaubens an einen personalen Gott, an den sich die Menschen mit allen ihren Anliegen wenden können. Bitten und Beten sind letztlich eins. Wer mit Gott im Dialog steht, kann gar nicht anders, als auch seine Bitten vor ihn bringen, wohl wissend, dass Gott längst um sie weiß. Andererseits ist das Bittgebet heute vielen fragwürdig geworden: Warum muss ich ausdrücklich bitten, wenn Gott doch immer schon weiß, was mir fehlt? Kann Gott dadurch beeinflusst und ggf. »umgestimmt« werden? Und was ist mit den vielen Bitten, die unerhört bleiben?

Auf dem Hintergrund der christlichen Vorstellung vom Wirken Gottes in dieser Welt kann negativ abgegrenzt werden, was das Bittgebet nicht ist: kein Mittel zum Zweck, keine Möglichkeit, Gott und sein Handeln in den Griff zu bekommen und für die eigenen Wünsche und Bedürfnisse verfügbar zu machen. Das gilt erst recht für den Versuch, durch besonders langes oder intensives Bitten sich die Erhörung zu sichern (vgl. auch *Mt 6,7; Mk 12,40*). Das Bittgebet ist auch kein Ersatz für das eigene Handeln und den persönlichen Einsatz. Wo es diese Funktion erhält, wird es zur Ausrede und Flucht und Gott zum Lückenbüßer.

Wenn gilt, dass Gott sein Handeln in dieser Welt an die Gesetzlichkeiten der Schöpfung und an die Freiheit der Menschen gebunden hat, dann kann er nicht einfach »machen«, was Menschen gerne hätten. Dass Kriege aufhören oder dass der Hunger in der Welt ein Ende hat, steht nicht allein in Gottes Macht. Wenn gilt, dass Gott in dieser Welt durch die Zweitursachen, d.h. durch die Schöpfung und durch den Menschen wirkt, kann die Erfüllung solcher Bitten nicht einfach von Gott verfügt werden, sondern nur mit den und durch die betreffenden Menschen geschehen. Die Reflexion auf das Handeln Gottes in der Welt und die Grenzen dieses Handelns vermag darum vor falschen Erwartungen und Enttäuschungen bewahren. Im Sinne der Schrift können Menschen um alles bitten (vgl. *Joh 14,13*); eine inhaltliche Einschränkung wird nirgendwo gemacht. Aber sie müssen sich bewusst sein, dass Gott in dieser Welt anders wirkt als durch das »Herbeizaubern« der ersehnten Lösung oder des erwünschten materiellen Gegenstandes.

Dennoch macht es Sinn, um die Beendigung eines Krieges oder des Hungers in der Welt zu bitten. Denn dies ist eben nicht nur und ausschließlich vom Menschen abhängig. Wenn Gott Möglichkeiten hat über das rein Menschliche hinaus, wenn er auf die Herzen der Menschen einzuwirken und sie zu erweichen vermag, dann geht das Bittgebet über die Selbstreflexion oder die Aufforderung zum Handeln hinaus.

Von diesen Überlegungen fällt Licht auf die Frage, auf welche Art und Weise Menschen bitten sollen. Aus ihrer existentiellen Not und aus tiefstem Herzen heraus werden Menschen immer wieder formulieren: »Mach, dass in Afrika alle zu essen haben«; »hilf, dass der Krieg aufhört«. Aus dieser Betroffenheit heraus formulieren auch die Psalmen ihre Bitten oder Jesus am Ölberg: »Lass diesen Kelch an mir vorübergehen« (*Mk 14,36*). Eine solche Weise des Bittens ist menschlich und darum auch legitim. Sie wird allerdings dann problematisch, wenn sie den Eindruck erweckt oder wenn damit die Vorstellung verbunden wird, als brauche Gott nur zu »machen« und in die Welt einzugreifen. Bitten im liturgischen Kontext versuchen darum häufig, der Art des Wirkens Gottes durch die Zweitursachen Rechnung zu tragen: »Gott, bewege die Herzen der Menschen, dass sie etwas für die vom Hungertod bedrohten Völker in Afrika tun.« – »Gib den Verantwortlichen Einsicht, damit sie mit dem Krieg aufhören!«

Von hier aus fällt auch Licht auf die Frage, wie es denn zu verstehen ist, wenn Bitten unerhört bleiben. Wenn keine Bitte allein in Gottes Macht steht, dann ist auf jeden Fall ihre Nichterfüllung nicht eine Abwendung oder ein Rückzug Gottes. Wenn das Erbetene nicht eintritt, etwa die Heilung von einer Krankheit, heißt dies gerade nicht, dass Gott dem oder der Betreffenden seine Gnade entzieht. Umgekehrt ist das »Erhört-Werden« eines Bittgebetes nicht einfach damit identisch, dass das Gewünschte auch eintritt. Schon gar nicht ist seine Wirksamkeit statistisch erfahrbar, so als müssten z.B. gut christliche Landstriche, in denen regelmäßig um gedeihliches Wetter gebetet wird, von Naturkatastrophen verschont bleiben. Gebets- und Spiritualitätstradition zeigt vielmehr, dass Betende ihre Bitte dann als erhört erfahren, wenn ihre Notsituation verwandelt wurde. Diese Verwandlung kann in der Erfüllung ihrer Bitte bestehen. Sie kann aber auch darin bestehen, dass einem Menschen Trost, Kraft und Hoffnung zuteil werden (vgl. *2 Kor 4,8*), dass er in einer scheinbar sinnlosen Situation neuen Sinn erfährt, dass er sein Schicksal annehmen kann, dass er seine Enttäuschung und Bitterkeit ablegen kann, dass er Gelassenheit bekommt und sich selbst in anderem Licht sieht. Eine Notsituation kann sich auf diese Weise wandeln, auch ohne dass sich die äusseren Ereignisse verändern.

Hinzu kommt, dass Menschen in einer bestimmten Situation, in der sie um etwas Bestimmtes bitten, niemals ihr ganzes Leben überschauen können. Der Sinn einzelner Ereignisse erschließt sich oft erst in der Rückschau oder in einem größeren Gesamtzusammenhang; was ursprünglich sinnlos erschien, kann auf diesem Hintergrund ganz andere Bedeutung gewinnen. Dass es gut war, dass etwas nicht so gekommen ist, wie wir es ursprünglich gewollt haben, zeigt sich freilich in vielen Fällen erst später. Und dann wird deutlich, dass Gott eine Bitte »erhört« hat, indem er ihr auf ganz andere Weise nachkommt, als wir dies erbeten haben.

() | *Verweise*

Allmacht; Gebet; Glaube; Gott; Leid; Theodizee; Wirken Gottes

Buße

Es ist eine tiefe Sehnsucht im Menschen, Schuld zu bereinigen und sich wieder zu versöhnen, nicht nur mit seinen Mitmenschen, sondern auch mit Gott. Eben dies geschieht in der Buße (Mittelhochdeutsch: »Besserung«). Wenngleich die entscheidende Initiative von Gott selbst ausgeht, indem er die Sünden vergibt, fordert Versöhnung zugleich die Initiative des Menschen, nämlich seine je neue Ausrichtung auf Gott hin.

Im AT galt dies als eine Angelegenheit des ganzen Volkes, weil auch Sünde nicht nur als individueller Akt verstanden wurde. Buße wurde darum in kultisch-ritueller Gestalt öffentlich vollzogen, im Kontext von Bußfeiern im Tempel, an eigenen Feiertagen wie dem Versöhnungstag und anlässlich besonderer Ereignisse. Im NT ist die Notwendigkeit der Buße ein wichtiger Bestandteil der Botschaft Jesu, wenngleich er sich im Unterschied zu Johannes dem Täufer nicht als Bußprediger verstanden hat. Ein zentrales Moment seiner Verkündigung ist jedoch der Aufruf zur Umkehr – und mit ihm nimmt alle Buße ihren Anfang.

Die frühe Kirche sah die Ernsthaftigkeit dieser Umkehr nur in der Verrichtung schwerer Bußauflagen erfüllt. Die Sünder wurden zudem von der Eucharistie ausgeschlossen und mussten in der Öffentlichkeit ein Büßergewand tragen. Im Lauf der Zeit wurden dann die harten Bußauflagen durch einfachere ersetzt: Gebete, Messstiftungen, Wallfahrten, Dienste am Nächsten. Heute hat sich das Bewusstsein durchgesetzt, dass der Sinn der Buße nicht in besonderen Leistungen besteht, sondern in der erneuten Hinwendung zu Gott. Diese kann ihren Ausdruck im Gebet finden, in vertiefter Besinnung und Meditation, aber auch in der zeichenhaft-sichtbaren Ausrichtung des eigenen Lebens auf seinen Willen und im Handeln nach seinen Geboten.

Diese Neuausrichtung betrifft nicht nur die gestörte Gottesbeziehung, sondern hat wesentliche Konsequenzen für die »Wiedergutmachung« des Verhältnisses zu den Mitmenschen, zur Schöpfung, zur Kirche und letztlich auch zu sich selbst. Es wäre darum eine Engführung, ausschließlich die Gottesbeziehung im Blick zu haben. Ausdruck von Buße kann die Beilegung eines ständig schwelenden Konfliktes sein, die gezielte Zuwendung zu einem anderen Menschen, die Bereitschaft, anderen zu verzeihen, aber auch der materielle Schadensausgleich etwa im Fall eines Betruges. So unterschiedlich menschliche Verfehlungen sind, so unterschiedliche Formen kann und muss die Buße annehmen.

Um Buße und Versöhnung nicht auf den privaten Bereich zu beschränken, hat die Kirche ihr unterschiedliche kultische und liturgische Gestalt gegeben und sie ausdrücklich in den gottesdienstlichen Raum hineingeholt. So ist der Bußakt ein festes Element am Beginn jedes Wortgottesdienstes und jeder Eucharistiefeier. Daneben gibt es eigene Bußgottesdienste, insbesondere zur Vorbereitung auf die kirchlichen Hochfeste.

Die »Höchstform« der Buße ist das Bußsakrament, das im Unterschied zu den anderen Formen auch die schweren Sünden vergibt. Wenngleich es zur Vergebung der sog. lässlichen Sünde nicht erforderlich ist, empfiehlt die Kirche wenigstens einmal jährlich seinen Empfang, da ein Mensch sich niemals sicher sein kann, ob die von ihm begangenen Sünden nur leicht oder tatsächlich schwer sind. Damit das Bußsakrament wirksam werden kann, bedarf es dreier Elemente: 1. Reue über die begangenen Sünden – also Einsicht in die eigene Schuld und den Schmerz darüber; 2. Schuldbekenntnis (Beichte); 3. Wiedergutmachung im oben beschriebenen Sinn. Im Bußsakrament bekommt der sündig gewordene Mensch die Vergebung Gottes zugesprochen durch den Priester, der stellvertretend die Lossprechung (Absolution) erteilt. Immer wieder wird gegenwärtig der Ruf laut, die Kirche möge auch den Bußgottesdiensten sakramentalen Charakter zusprechen. Dies hängt nicht zuletzt mit der Krise der Beichte zusammen, die Menschen nach neuen, sie mehr ansprechenden Formen suchen lässt.

() | *Verweise*

Beichte; Christus; Gott; Sakrament; Sünde

Charisma

CHARISMA (von Griech.: »charis« = »Gnade«) heißt Gnadengabe. Paulus bezeichnet damit jene Fähigkeiten und Begabungen, die Gott bzw. Gottes Geist Menschen schenkt, damit diese sie für die Kirche einsetzen und fruchtbar werden lassen. Nicht jede Begabung ist also schon ein Charisma. Zu seinem Spezifikum gehört zum einen, dass es weder verdient noch erzwungen werden kann, sondern sich dem Wirken der Gnade Gottes bzw. des Heiligen Geistes verdankt, zum anderen, dass die Betreffenden es in den Dienst der Gemeinschaft bzw. in den Dienst der Gemeinde stellen. Grundsätzlich ist das Auftreten von Charismen nicht auf einige wenige besonders herausragende Persönlichkeiten beschränkt, sondern alle Christinnen und Christen können Träger von Charismen sein.

Charismen sind für Paulus nicht nur außergewöhnliche Erscheinungen wie Zungenreden und seine Deutung (*1 Kor 12,20; 14,2–32*), Prophetie (*1 Thess 5,20*) und Krankenheilung (*1 Kor 12,9*), sondern auch ganz alltägliche christliche Grundhaltungen und Fähigkeiten: Trost und Mahnung (*Röm 12,8*), Hoffnung (*1 Kor 13,13*), Glaubenskraft (*1 Kor 12,9*) und Liebe (*1 Kor 13*). Zu den Charismen rechnet Paulus auch die Fähigkeit zur Lehre (*1 Kor 14,7*) und zur Leitung (*1 Kor 12,28*). Damit zählen auch jene Aufgaben und Funktionen, die später dem Amt in der Kirche zuwachsen, zu den Gnadengaben.

Das Wirken der Charismen ist nicht auf die Anfangszeit der Kirche beschränkt, sondern sie werden ihr zu aller Zeit unvorhersehbar gegeben. So haben im Mittelalter die Armutsbewegung oder in den letzten Jahrzehnten die Entstehung neuer geistlicher Gemeinschaften, wie die von Taizé, die charismatische Erneuerungsbewegung oder die Focularbewegung, den Charakter von neu aufbrechenden Charismen. Es gilt in jeder Situation der Kirche neu, solche Charismen zu entdecken und fruchtbar zu machen, aber auch auf ihre Herkünftigkeit vom heiligen Geist zu prüfen. Grundsätzlich sind sie Zeichen für die immer wieder neue Ausrichtung auf Gott und die Bereitschaft, sich von ihm erfüllen zu lassen.

Immer wieder wurden – bis heute – Charisma und Amt einander entgegengesetzt. Oft wurden jene Personen und Gruppen, die sich auf besondere Charismen beriefen, wie etwa die Täufer in der Reformationszeit, eher zurückhaltend aufgenommen oder sogar bekämpft, wenn sie die herkömmlichen Kirchenstrukturen in Frage stellten. Andererseits hat die Kirche Charismen auch immer wieder gefördert, insbesondere im Zusammenhang mit dem Ordensleben. Dass zwischen Charisma und Amt eine Spannung besteht, ist unbestritten. Denn es ist die Aufgabe des Amtes, die Charismen zu prüfen; umgekehrt stellen diese mit ihren neuen Impulsen vielfach eine Herausforderung an das Amt dar. Das Amt darf die Charismen nicht auslöschen oder unterdrücken, denn es hat dem geistlichen Leben der Gemeinden zu dienen. Umgekehrt können die Charismen jedoch keinen Freiraum außerhalb jeglicher Amtsstruktur beanspruchen. Letztlich sind sie beide aufeinander verwiesen: Das Amt braucht die Charismen, um nicht zu erstarren; die Charismen bedürfen der Einbindung in die amtliche Strukturen, um wirklich der Kirche dienen zu können.

( ) *Verweise*

Amt; Gnade; Heiliger Geist; Kirche

Christologie

CHRISTOLOGIE ist die Lehre bzw. Rede von Jesus Christus. Sie antwortet auf die Frage, wer dieser Jesus ist (vgl. *Mk 4,41*), den wir als den Christus bekennen, und was er für das Heil der Menschen bedeutet. Damit ist die Christologie das zentrale Thema – wenngleich nicht das Ganze – der Theologie.

Aller Christologie liegt eine zweifache Erfahrung zugrunde: die vorösterliche Erfahrung der Jünger/innen mit dem irdischen Jesus und die Ostererfahrung, die ihn nochmals in ganz neuem Licht erscheinen lässt, weil hier offenbar wird, dass Gott sich mit ihm identifiziert und seinen Anspruch bestätigt, Heilsbringer aller Menschen zu sein. Christologie hat darum immer anzusetzen beim irdischen Jesus von Nazaret, seinem Reden und Handeln. Doch sie bleibt bei ihm nicht stehen, weil sich erst nachösterlich, von der Auferweckung her, voll und ganz erschließt, wer Jesus wirklich ist. Die Auferweckung markiert den Überstieg vom irdischen Jesus zum Christus des Glaubens bzw. vom verkündenden Jesus zum verkündigten Christus: Während Jesus nicht sich selbst, sondern die Botschaft vom Reich Gottes verkündet, wird er nun selbst zum Gegenstand der Verkündigung. Erst mit der Auferweckung gibt es also Christologie in einem vollen, ausdrücklichen, entfalteten Sinne, doch ihren Ausgangspunkt hat sie beim irdischen Jesus von Nazaret. Die Theologie unterscheidet darum zwischen der impliziten, indirekten Christologie, die aus der Botschaft und dem Tun des irdischen Jesus erwächst, und der expliziten, ausdrücklichen Christologie nach Ostern. Waren zu Lebzeiten Jesu die Versuche, seine Besonderheit ins Wort zu fassen, nur zögerlich und tastend – Jesus ist »mehr« als ein Lehrer (*Mk 1,22*), mehr als ein Prophet (*Lk 11,32; Mt 5,17*) –, kennzeichnet die nachösterliche Christologie das Bekenntnis zu Jesus als dem Christus und das Bemühen um die Versprachlichung dieses Geheimnisses.

Diese explizite Christologie schlägt sich im NT nieder in unterschiedlichen Bekenntnissen (z.B. *1 Kor 15,3–5*), in liturgisch geprägten Texten – Lobpreisungen und Anrufungen (z.B. *Eph 1,3–14; 1 Kor 16,22*), Hymnen und Liedern (z.B. *Phil 2,6–11; Kol 1,12–20*) –, in Taufkatechese und Missionsverkündigung (z.B.

Eph 5,14; Apg 13,16–41), schließlich in den christologischen Hoheits- oder Würdetiteln, die gängige Bezeichnungen aufgreifen und durch die Geschichte Jesu neu interpretieren.

Die junge Kirche bediente sich ihrer als Hilfsmittel, um die Bedeutung Jesu Christi möglichst anschaulich zum Ausdruck zu bringen. Im jüdischen Kontext griff man auf alttestamentliche Kategorien zurück, die durch sein Leben und Sterben mit neuem Inhalt gefüllt wurden: »Messias« = »Christus« (im NT ca. 500-mal), »Sohn Davids« (z.B. *Röm 1,3; Mt 21,9; Lk 1,32*); »Menschensohn« (v.a. bei Markus); Gottesknecht« (v.a. *Mt 12,18–21*). Im griechisch-hellenistischen Kulturraum, wo diese Titel nicht verstanden wurden, verwendete man statt dessen Bezeichnungen aus dem griechischen Kontext: »Logos«, ein wichtiger Begriff aus der Philosophie (v.a. bei Johannes), »Kyrios« = »Herr« (z.B. *1 Kor 12,3; Röm 10,9; Phil 2,11; Apg 2,36; 5.31*), beheimatet im Kaiserkult und in den heidnischen Mysterienkulten, »Sohn Gottes« (z.B. *Röm 1,3f; Mk 1,9–11; Mt 3,17; Lk 1,31*); die beiden letztgenannten haben zudem judenchristliche Wurzeln. Alle diese Titel sind ein Zeugnis der Inkulturation, insofern sie den Versuch darstellen, die Bedeutung Jesu Christi in ganz unterschiedlichen kulturellen Kontexten auszusagen. Weiter ist allen diesen Titeln gemeinsam, dass sie in der Anwendung auf Jesus durch sein Leben und Sterben neu interpretiert wurden, auf diese Weise einen neuen, spezifisch »christlichen« Inhalt erhielten bzw. christlich umgeprägt wurden. So wurde beispielsweise erst durch das Leiden und Sterben Jesu deutlich, wer der Messias wirklich ist.

Ein wichtiger Bestandteil der Christologie sind die frühen christologischen Dogmen, die das Geheimnis des Gott-Menschen Jesus Christus mit Hilfe der Denkform und Sprache der griechischen Philosophie zu erfassen suchten. Während das NT und dort besonders die Evangelien von Jesus Christus narrativ sprechen und seine Bedeutung durch das Erzählen bestimmter Ereignisse zum Ausdruck bringen, hielten mit der griechischen Metaphysik Wesensaussagen Einzug in die Christologie. 325 stellte das Konzil von Nizäa gegen entsprechende Irrlehren fest, dass Jesus Christus dem Vater wesensgleich und damit wirklich Gott ist: »aus dem Wesen des Vaters, Gott aus Gott, Licht aus Licht, wahrhaftiger Gott aus wahrhaftigem Gott, eines Wesens mit dem

Vater«. Gegen die Bestreitung seiner wahren Menschheit betonte das Konzil von Chalzedon (451), dass er »vollkommen in seiner Gottheit und (...) vollkommen auch in seiner Menschheit (war), wahrhaft Gott und wahrhaft Mensch (...), wesensgleich mit dem Vater nach seiner Gottheit und wesensgleich mit uns nach seiner Menschheit (...)«. Wenn Jesus ganz Mensch war, dann folgte daraus, dass er auch einen eigenen menschlichen Willen haben musste (vgl. 3. Konzil von Konstantinopel 680). Wie Gottheit und Menschheit in Christus zusammenkommen, beschrieb das Konzil von Chalcedon mit Hilfe der Zwei-Naturen-Lehre. Alle diese Aussagen wurden auch in die Glaubensbekenntnisse aufgenommen.

Bereits in der Urkirche begegnet eine überraschend große Vielfalt von Bekenntnisformen und -formeln, Würdetiteln und christologischen Konzeptionen. Dabei war es klar, dass keine einzige Christologie die Fülle Jesu Christi (vgl. *Eph 4,13*) zu fassen, kein Titel seine Bedeutung erschöpfend einzufangen vermochte. Die Vielfalt machten zum einen die Vieldimensionalität der Gestalt Jesu Christi nötig, zum anderen die vielen unterschiedlichen Situationen und Kontexte, in die hinein es Jesus Christus zu verkündigen galt. Schon am Anfang war es darum nicht nur legitim, sondern notwendig, die Gestalt und Bedeutung Jesu Christi in immer neuen Kontexten auf immer andere Weise zur Sprache zu bringen. Dies gilt auch für heutige christologische Versuche. Zum einen ist es nötig, die alten Bekenntnisse und Formeln aus der Sprache der griechischen Wesensmetaphysik in die Sprache unserer Zeit zu übersetzen, die sich stärker an geschichtlichen und Beziehungskategorien orientiert. Zum anderen stellt die Inkulturierung des Christentums in Lateinamerika, Afrika und Asien uns vor ganz neue Aufgaben. Angesichts massiver sozialer Ungerechtigkeit und Armut, angesichts von Heilungs- und Ahnenkult und angesichts des Reinkarnationsdenkens greifen die uns geläufigen Kategorien nicht, sondern muss Christologie in ganz neuen Kontexten betrieben werden.

Immer wieder wird die Frage erörtert, ob Christologie »von oben« oder »von unten« her entfaltet werden muss, d.h. ob sie beim ewigen Gottessohn und seiner Inkarnation anzusetzen habe oder beim geschichtlichen Jesus. Im Grunde handelt es sich hier um keine Alternative, denn beide Perspektiven sind nicht nur aufeinander hin offen, sondern notwendigerweise aufeinander verwiesen: Der geschichtliche Jesus (»von unten«) ist eben nicht nur ein außergewöhnlicher oder vorbildlicher Mensch, sondern er ist der, der er ist, gerade nur »von oben« als der Sohn Gottes. Umgekehrt wissen wir vom ewigen Sohn Gottes nur, weil er sich »unten«, im konkreten Menschen Jesus inkarniert hat. Da heute aber die Göttlichkeit Jesu Christi nicht selbstverständlich vorausgesetzt werden kann, sind die neueren christologischen Entwürfe de facto alle Christologien »von unten«, die am menschlichen Geschick und an der Geschichte Jesu ansetzen. Hier zeigt sich, dass die Geschichte Jesu mehr ist als rein menschliche Geschichte, sondern die Geschichte Gottes mit uns Menschen. Hier, im »Unten«, entdecken wir Gott, der sich uns »von oben« her mitteilt. Wenn Christologie gerade in heutiger Zeit nicht in den Verdacht geraten möchte, in die Person Jesu Christi etwas hineinzuinterpretieren, was ihm nicht zukommt, muss die menschliche Geschichte Jesu Ausgangspunkt und Maßstab aller christologischen Aussagen sein; umgekehrt müssen diese sich an ihr ausweisen und an sie rückbinden lassen.

 Verweise

Auferstehung; Christus; Dogma; Gott; Inkulturation; Sohn Gottes; Zwei-Naturen-Lehre

Christus

IM MITTELPUNKT des christlichen Glaubens steht keine abstrakte Idee, keine philosophische Lehre und kein Buch, sondern eine Person: Jesus Christus. Er ist die bleibende Grundlage und Mitte des christlichen Glaubens.

»Christus« ist kein Beiname zu Jesus, sondern vielmehr ein Bekenntnis: Jesus ist der Christus. Christus (von Griech.: »christos«) heißt wörtlich »der Gesalbte« und ist die griechische Übersetzung des hebräischen Wortes »Messias«. Ursprünglich handelte es sich dabei um eine Königstitulatur, denn die Salbung mit Öl war im AT der entscheidende Akt bei der Königsinthronisation. Sie symbolisierte das Durchdrungen-Werden mit dem Geist Gottes. Entsprechend galt der König als der Gesalbte Jahwes (vgl. *1 Sam 2,10.35; 12,3.5*). Aus der konkreten Erfahrung mit dem davidischen Königtum, das immer wieder auch von Versagen und der Abkehr von Gott bestimmt war, erwuchs im Lauf der Geschichte des Volkes Israel die Hoffnung auf einen idealen König, den Messias. Er, so die Überzeugung, werde ganz im Dienste Jahwes stehen und seine Herrschaft aufrichten. Damit erschien der Messias als der Heilsbringer schlechthin.

Im Lauf der Zeit bildeten die verschiedenen politischen und religiösen Strömungen im Volk Israel unterschiedliche Vorstellungen über das Kommen und Wirken des Messias heraus. Dies ist wohl auch der Grund dafür, dass Jesus sich selbst nicht so bezeichnete, um keine Missverständnisse hervorzurufen. Ob das Messiasbekenntnis des Petrus (*Mk 8,27–30*) als historisch gelten kann, ist umstritten. Auf jeden Fall aber hat die frühe Kirche nach Jesu Tod und Auferstehung sein Wirken und seinen Anspruch mit Hilfe der Bezeichnung »Messias« gedeutet und diese dann auch ins Griechische übersetzt. Damit bestand kein Zweifel: Jesus ist der erwartete Heilsbringer, der Heiland, der Erlöser, der endgültige Bote Gottes, die unüberbietbare und damit die letzte, die eschatologische Selbstmitteilung Gottes. Dabei wurde freilich nicht einfach die alttestamentliche Messias-Vorstellung auf Jesus übertragen, zumal ihr der Gedanke, dass der Messias leiden und gewaltsam sterben muss, fremd war. Vielmehr wurde der Messias-Titel durch die Geschichte Jesu, sein

Leben, Sterben und seine Auferweckung neu interpretiert: Wer der Messias ist, erweist sich am konkreten Geschick Jesu.

Als messianischer Heilsbringer ist Jesus mehr als ein Prophet (vgl. *Lk 11,32*), mehr als ein Rabbi oder Gesetzeslehrer (*Mk 1,22*). Diese Erkenntnis bringt das NT zum Ausdruck, indem es von Christus als »Abglanz von Gottes Herrlichkeit und Abbild seines Wesens« (*Hebr 1,3*) spricht, in dem »die ganze Fülle der Gottheit« wohnt (*Kol 2,9*) und der »die Erscheinung der Herrlichkeit unseres großen Gottes« ist (*Tit 2,13*). Sie gipfelt im Bekenntnis zu Jesus Christus als Gott (*Joh 20,28; Röm 9,5*). Gleichermaßen beschuldigen die Gegner Jesu ihn: »Du bist nur ein Mensch und machst dich zu Gott.« (*Joh 10,34*). In diesem Sinne ist das spätere christologische Dogma, dass Jesus als der Christus wirklich wahrer Gott ist, in den Texten des NT verankert.

Gleichzeitig gibt es für das NT keinen Zweifel, dass Jesus Christus zugleich wirklich Mensch ist: Er wurde von einer menschlichen Mutter geboren (*Gal 4,4*), lebte ein menschliches Leben (*Phil 2,7*), fühlte und litt wie jeder Mensch, kannte Lachen und Weinen (*Hebr 5,7; Joh 11,35f*), Zorn (*Mk 8,33; 10,14*) und Versuchung (*Mt 4,1–11*), starb schließlich einen menschlichen Tod. Von daher kann das NT sagen: Er ist »in allem uns gleich« – bis auf einen wesentlichen Unterschied: »ohne Sünde« (*Joh 8,46; 2 Kor 5,21; Hebr 4,15; 1 Petr 2,22; 1 Joh 2,1f*). Jesus war nicht deswegen ohne Sünde, weil er ein »Übermensch« gewesen wäre, sondern weil er so eng mit Gott verbunden war, dass er die Sünde, die nichts anderes ist als die Trennung und Abwendung von Gott, nicht kannte.

Das Bekenntnis zu Jesus als wahrem Gott und wahrem Menschen ist im NT bereits vorbereitet, ohne dass es jedoch auf den Begriff gebracht und spekulativ durchdrungen werden konnte. Diesen Versuch unternahmen die frühen christologischen Dogmen, zum einen mit Hilfe des Begriffes der Wesensgleichheit – Jesus Christus ist »wesensgleich mit dem Vater nach seiner Gottheit und wesensgleich mit uns nach seiner Menschheit« – zum anderen mit Hilfe der Zwei-Naturen-Lehre – Gottheit und Menschheit kommen in Jesus Christus »in zwei Naturen, unvermischt, unverwandelt, ungetrennt, ungesondert« zusammen.

Wenngleich die Sprache und Denkform nicht mehr die unsere ist, hat der zugehörige Inhalt doch nichts von seiner Relevanz verloren. Das Bekenntnis zu Jesus Christus als wahrem Menschen besagt: Er lebte sein Menschsein ganz in der Ausrichtung und Offenheit auf Gott hin. Seine Art, Mensch zu sein und menschlich zu leben, ist ein Modell für gelungenes, heiles Menschsein in der Beziehung zu Gott. Das Bekenntnis zu Jesus Christus als wahrem Gott besagt: Er offenbart das wahre Wesen Gottes. In ihm zeigt sich auf einzigartige Weise, wer und wie Gott ist – und darum ist er selber Gott. Weil sich seine Göttlichkeit in seiner Art, Mensch zu sein, ausdrückte, bzw. weil er Menschsein ganz in der Bindung und Ausrichtung an Gott lebte, sind Gottheit und Menschheit in Jesus Christus nicht getrennt, sondern bedingen einander. Jesus Christus ist Mensch ganz von Gott her und ganz auf Gott hin. In seinem Menschsein – nicht daneben oder darüber – zeigt sich ein »Mehr«, nämlich Gott selbst. So ist er Gott gerade in seiner Menschlichkeit.

Weil Jesus Christus Mensch und Gott zugleich ist, ist er der Erlöser und Heilsbringer schlechthin. Die Überwindung der Trennung und Entfremdung des Menschen von Gott kann nicht durch einen Menschen, sondern nur durch Gott selbst geschehen. In Jesus Christus kommt dieses Erlösungsangebot Gottes auf eine durch und durch menschliche Weise.

( ) | *Verweise*

Christologie; Erlösung; Gott; Heil; Sohn Gottes; Zwei-Naturen-Lehre

Diakon/Diakonat

DER DIAKONAT stellt neben dem Amt des Bischofs und des Priesters die dritte Stufe des Weiheamtes dar. Er existiert in zwei Formen: als Durchgangsstufe auf dem Weg zur Priesterweihe und als ständig ausgeübte Weihestufe. In beiden Fällen gehört der Diakon dem Klerus an.

Die Begriffe Diakon und Diakonat sind abgeleitet von Griech.: »diakonein« = »dienen«. Das NT versteht das gesamte Leben und Sterben Jesu Christi als »Dienst« an den Menschen (*Mk 10,45; Lk 22,27; Phil 2,7*), ebenso auch das Leben in der Nachfolge Christi (*Mk 10,43f; Lk 22,26; Joh 13,15; Phil 2,5*). Als sich die Ämter und Funktionen in der frühen Kirche herausbildeten, wurden diejenigen, denen der »Tischdienst« (*Apg 6,1–6*), also die Armenfürsorge, aufgetragen war, als »diakonoi« bezeichnet. Die Diakone waren dem Bischof der Gemeinde als unmittelbare Mitarbeiter zu- bzw. untergeordnet (*Phil 1,1; 1 Tim 3,8–13*). Sie sollten seine Arbeit ergänzen, bei Taufe und Eucharistie assistieren und vor allem soziale Dienste, insbesondere die Sorge um Kranke und Arme wahrnehmen. Inwieweit sie selbständige liturgische Handlungen vollziehen konnten, ist unklar. Im Lauf der Jahrhunderte wurden ihre Aufgaben mehr und mehr durch das priesterliche Amt übernommen und sie selbst ihm untergeordnet, bis der Diakonat gegen Ende des 1. Jahrtausends praktisch funktionslos wurde und zu einer bloßen Durchgangsstufe auf dem Weg zum Priestertum verkümmerte.

Demgegenüber hat das Zweite Vatikanische Konzil den Ständigen Diakonat als Aufgabe für die Kirche neu entdeckt und wieder eingeführt. Im Unterschied zu den Zugangsvoraussetzungen zum Priesteramt können auch verheiratete Männer, ab einem Mindestalter von 35 Jahren und mit Zustimmung der Ehefrau, zu ständigen Diakonen geweiht werden. Wer bei der Weihe ledig ist, ist dagegen zum Zölibat verpflichtet.

Der Ständige Diakonat kann hauptamtlich oder, was sehr viel häufiger der Fall ist, nebenamtlich neben einem Zivilberuf ausgeübt werden. Hier bietet sich die große Chance, als Inhaber des Weiheamtes mitten im alltäglichen Leben von Beruf und Familie wirken zu können. Für das Konzil war dies das vorrangige Motiv für die Wiedererweckung dieses Amtes. Die Ausübung eines Berufes, der keineswegs immer im Raum der Kirche angesiedelt ist, die Lebensweise mit Ehefrau und Kindern und das äußere Erscheinungsbild führen dazu, dass der Ständige Diakon von vielen stärker den Laien als dem Klerus zugeordnet wird.

Als problematisch erweist sich, dass das Zweite Vatikanum keine Theologie des Ständigen Diakonates entworfen hat. Weder ein Verständnis des Diakonates als bloße »Unterstützung« des Priesters noch als Dienst »in der Welt« wird dem Amt gerecht. Im ersten Fall hätte der Diakonat seinen Sinn nicht in sich selbst, sondern empfinge ihn nur vom Priester her; gegen die zweite Interpretation spricht, dass der Weltbezug gerade den Laien zu Eigen ist. So ist bis heute die Frage nach seinem Spezifikum nicht geklärt, zumal alle dem Diakon zukommenden Aufgaben im Notfall auch von Laien wahrgenommen werden können.

Ein möglicher Ansatz innerhalb der gegenwärtigen Diskussion um den Diakonat ist sein Verständnis als amtliche Repräsentanz des Dienstes Jesu Christi: Während der Priester das Gegenüber Jesu Christi zur Kirche repräsentiert, repräsentiert der Diakon den Dienst Jesu Christi an den Kranken, Armen und Notleidenden. Damit liegen seine Aufgaben weniger im Bereich von Liturgie, Verkündigung und Gemeindeleitung, sondern in erster Linie auf diakonischem bzw. sozial-karitativem Gebiet, was freilich die liturgische und sakramentale Betätigung in diesem Zusammenhang nicht ausschließt. Auf diese Weise könnte auch der diakonischen Dimension der Kirche mehr Gewicht verliehen werden. Auf diesem Hintergrund müssten dann auch die Gemeinsamkeiten und Unterschiede von Ständigem Diakonat und Diakonat als Stufe zum Priestertum neu geklärt bzw. neu bestimmt werden.

() | *Verweise*

Amt; Bischof; Christus; Diakonat der Frau; Priester; Weihe(sakrament); Zölibat

Diakonat der Frau

IN DER GESCHICHTE der Kirche ist die Existenz von Diakoninnen bezeugt. Umstritten ist allerdings, ob ihre Tätigkeit im Sinne eines Amtes zu verstehen ist, ob sie geweiht und zum Klerus gerechnet wurden. Von der Klärung dieser Frage ist abhängig, ob die Zulassung von Frauen zum Diakonat an ein früheres geistliches Amt anknüpfen kann, das nur wiederbelebt werden müsste, oder ob damit ein neues Weiheamt geschaffen werden müsste – was theologisch Probleme aufwirft.

Da das NT noch keine Amtsbezeichnungen kennt, kann die »Diakonin« Phoebe in *Röm 16,1* nicht als biblischer Nachweis für dieses Amt gelten. Wohl aber wird mit diesem Begriff die Aufgabe der Vorsteherin einer Hausgemeinde bezeichnet. Wichtig im Blick auf einen möglichen Frauendiakonat sind die ehelos oder verwitwet lebenden Diakoninnen ab dem 3. Jh. in der Kirche des Ostens. Ihre besondere Aufgabe war die Seelsorge an Frauen, die aufgrund der damaligen Geschlechtertrennung aus Schicklichkeitsgründen nicht durch Männer wahrgenommen werden konnte. Diakoninnen machten Hausbesuche, kümmerten sich um kranke und pflegebedürftige Frauen, brachten ihnen die Kommunion und spendeten die Krankensalbung. Sie nahmen den Türdienst sowie die Aufsicht über den Bereich der Frauen während des Gottesdienstes wahr, wirkten mit bei der Kommunionausteilung und bei der Beerdigung von Frauen, waren zuständig für die Mission und Katechese an Frauen und Kindern. Eine wichtige Funktion kam ihnen bei der Taufe zu: beim An- und Auskleiden vor dem Ritus des Untertauchens und bei der Ganzkörpersalbung. Nachdem die Erwachsenentaufe durch die Kindertaufe abgelöst wurde und sich die soziokulturelle Stellung der Frauen veränderte, wurde das Diakoninnenamt zunehmend zurückgedrängt, bis es im 10. Jh. endgültig an Bedeutung verlor.

In der Kirche des Westens waren Diakoninnen viel weniger verbreitet und hatten auch keinen so eindeutig umrissenen Aufgabenbereich. Da hier Frauen stärker in das gesellschaftliche Leben integriert waren, konnte Frauenseelsorge auch von männlichen Amtsträgern wahrgenommen werden. »Diakonin« war eher ein Ehrentitel denn eine Amtsbezeichnung. Ab dem

8. Jh. wurden Äbtissinnen, vereinzelt auch Ehefrauen von Diakonen damit bezeichnet. Gleichzeitig verschmolzen die Grenzen zwischen Diakoninnen-, Jungfrauen-, und Witwenweihe. Ab dem 11., spätestens ab dem 13. Jh. sind dann im Westen keine Diakoninnen mehr bezeugt.

In der gegenwärtigen Diskussion ist umstritten, ob die Diakoninnen des Ostens zum Klerus gerechnet und in ihr Amt durch eine Weihe eingesetzt wurden. Teilweise ist von einer Einsegnung die Rede, teilweise von Weihe, die unter Handauflegung erfolgte, sich im Ritus aber von der Weihe der männlichen Diakone unterscheidet. Die Frage ist insofern schwierig zu beantworten, da die Unterscheidung zwischen dem Weihesakrament und der Weihe als Sakramentale erst im 12. Jh. klar entfaltet wurde und sich heutige theologische Kriterien nur bedingt auf die alten Quellen anwenden lassen.

Befürworter/innen des Frauendiakonates berufen sich darauf, dass hier nur ein altes Amt wiederbelebt werden müsste. Mit Recht machen sie geltend, dass diakonische Aufgaben in der Kirche gerade von Frauen wahrgenommen werden. Dem steht allerdings das Argument entgegen, dass die Zulassung nur zum Diakonat Frauen auf ganz bestimmte, als »typisch weiblich« qualifizierte Aufgaben in der Kirche festlegen würde.

Das kirchliche Lehramt weist den Diakonat für die Frau zurück oder beurteilt ihn doch zumindest äußerst zurückhaltend. Ein wesentlicher Grund ist die Befürchtung, dass damit eine Vorentscheidung über die Zulassung zum Priestertum getroffen würde. In der Tat ist theologisch aufgrund der Einheit des Weiheamtes als auch praktisch fraglich, ob eine solche Trennung zwischen beiden Ämtern möglich ist.

() *Verweise*

Amt; Diakon; Priestertum der Frau; Sakramentalien; Weihe(sakrament)

Dogma

Eɪɴ Dᴏɢᴍᴀ (von Griech.: »dokein« = »lehren, glauben, meinen, beschließen«) ist eine von der Kirche für verbindlich erklärte Glaubenswahrheit mit verpflichtendem Charakter.

Das Wort wurde erst um 1850 in dieser Bedeutung in die kirchenamtliche Sprache übernommen und wenig später vom Ersten Vatikanischen Konzil präzisiert. Wenn das NT von »Dogma« spricht, tut es dies noch in einem ganz unspezifischen und vom heutigen Sprachgebrauch abweichenden Sinn (vgl. *Lk 2,1; Eph 2,15; Apg 16,4*). Seine Funktion, nämlich verbindliche Lehre zu formulieren, erfüllen zunächst die neutestamentlichen Bekenntnisformeln (vgl. *Mt 16,16; 1 Kor 12,3; 15,3–5*), dann die Glaubensbekenntnisse.

Nicht alle Aussagen des christlichen Glaubens haben verbindlich-dogmatischen Charakter. Damit ein Dogma vorliegt, müssen zwei Voraussetzungen erfüllt sein:

1. Die betreffende Glaubenswahrheit muss grundgelegt sein in die Heilige Schrift oder der Tradition. – Eine Aussage, die dort keine Verankerung hat, kann niemals Dogma sein.
2. Die betreffende Glaubenswahrheit muss von der Kirche und ihrem Lehramt als verbindlich vorgelegt werden. Ein Dogma fügt der Offenbarung also nichts hinzu, sondern stellt eine durch die Kirche vorgenommene Präzisierung und Verdeutlichung der Glaubensbotschaft dar. Dies wiederum geschieht auf zweifache Art und Weise:

a) Die Vorlage erfolgt durch das feierliche, außerordentliche Lehramt der Kirche: durch ein Konzil gemeinsam mit dem Papst oder durch eine Ex-cathedra-Entscheidung des Papstes. Dogmen, die auf diese Weise zustande kommen, bezeichnet man auch als definierte oder formelle Dogmen, bisweilen auch als Dogmen im engeren Sinne. Sie werden immer schriftlich formuliert und in der Regel feierlich verkündet. Erste Beispiele dafür sind die frühen christologischen Dogmen durch die Konzilien von Nizäa und Chalzedon, das zeitlich letzte Beispiel die Ex-cathedra-Verkündigung der leiblichen Aufnahme Marias in den Himmel durch Pius XII. im Jahre 1954.

b) Die Vorlage erfolgt durch die ordentliche, d.h. gewöhnliche und allgemeine Lehrverkündigung der Kirche: durch die lehrmäßige Übereinstimmung der Bischöfe, auch wenn sie nicht an einem Ort bzw. im Rahmen eines Konzils versammelt sind, oder durch das, was die Kirche täglich verkündet.

Dogmen, die auf diese Weise zustande kommen, bezeichnet man als nichtdefinierte oder materielle Dogmen, bisweilen auch als Dogmen im weiteren Sinne. Sie werden nicht in einem ausdrücklichen Akt als Dogma erlassen oder schriftlich formuliert. Sie *brauchen dies nicht*, weil sie ein selbstverständlicher Bestandteil der kirchlichen Verkündigung seit ihren Anfängen sind. In ihrem Verbindlichkeitscharakter unterscheiden sie sich nicht; auf keinen Fall sind sie Dogmen »zweiter Klasse«. Das wohl eindrucksvollste Beispiel dafür ist die Glaubenswahrheit von der Auferstehung Jesu Christi, die von einer kirchlichen Autorität niemals eigens definiert werden musste. Auch andere heilswichtige Lehren wie die Existenz Gottes oder die Erwartung der Gottesherrschaft waren niemals Gegenstand einer formellen Definition. An diesen Dogmen lässt sich ablesen, dass sich der christliche Glaube nicht in der Summe definierter Lehraussagen erschöpft und als gelebter Glaube mehr ist als ein Gefüge von Satzwahrheiten. Aus diesem Grund lässt sich die Gesamtheit der Dogmen auch nicht quantifizieren.

Die beiden Arten von Dogma verdanken sich unterschiedlichen Entstehungsbedingungen: Während die materiellen Dogmen als positiver Ausdruck der Glaubenssubstanz gelten können, sind die definierten Dogmen in vielen Fällen aus der Klärung von Streitigkeiten um die rechte Lehre erwachsen bzw. stellen eine Reaktion auf Irrlehren dar. In diesem Sinne sind sie eine Krisenmaßnahme der Kirche. Andere sind der Sorge entsprungen, bei der Neuformulierung der Glaubensbotschaft die Bindung an die Tradition zu gewährleisten.

Definierte Dogmen sind ungeachtet ihres Wahrheits- und Geltungsanspruches in verschiedener Hinsicht begrenzt: zum einen durch ihren lehrmäßigen und satzhaften Charakter, der die Fülle einer Glaubensaussage auf eine Formel reduziert oder unangemessen heraushebt; zum zweiten durch die Menschen, die sie formuliert haben und deren ureigene Interessen, Vorlieben und Abneigungen in die Dogmatisierung eingeflossen sind. Aus diesem Grund kann ein Dogma unter Umständen voreilig, von Machtstreben geprägt oder durch Druck motiviert sein.

Eine grundsätzliche Grenze ist schließlich ihre geschichtliche Situiertheit, ihre Verankerung in einer konkreten geschichtlichen Situation: Sie verwenden die Sprache, Denkmuster und Denkmodelle einer bestimmten Zeit, sie spiegeln deren Wissensstand und die vorherrschende Spiritualität ebenso wieder wie die jeweilige historische, politische und kulturelle Situation. Dies setzt den Inhalt und die Verbindlichkeit dieser Glaubensaussage freilich nicht außer Kraft.

Wo sich der geschichtliche Kontext grundlegend wandelt – wo eine andere Sprache gesprochen wird, wo alte Denkmuster durch neue abgelöst werden und vor allem wo neue Erkenntnisse auftreten –, ist die Neuformulierung eines Dogmas nicht nur erlaubt, sondern geradezu gefordert. Ein bisheriges Dogma kann zwar nicht für ungültig erklärt, doch es kann durch eine bessere und klarere Aussage ersetzt und überboten werden. So ist das auf dem Konzil von Trient ausgesprochene Dogma »Jesus Christus hat die sieben Sakramente eingesetzt« durch die Erkenntnis der Exegese, dass die einzelnen Sakramente keineswegs auf einen Stiftungsakt des historischen Jesus zurückgehen, präzisiert und geklärt worden.

Definierte wie nichtdefinierte Dogmen dienen der Identität der Kirche und der Selbstvergewisserung der Glaubenden. Da es dafür einer gemeinsamen Sprache, nämlich eines verbindenden Bekenntnisses sowie identischer Sätze und Formeln bedarf, haben sie die Funktion einer gemeinsamen Sprachregelung. In diesem Sinne kommt ihnen verpflichtende Geltung zu. Dagegen verstößt, wer ein Dogma explizit leugnet – nicht aber, wer Verständnis- oder Glaubensschwierigkeiten mit einer bestimmten Lehraussage hat.

Die nicht-dogmatische kirchliche Lehrverkündigung erhebt den Anspruch, ernst genommen und im Gehorsam gegenüber der Autorität der Kirche angenommen zu werden. Sie hat jedoch keinen absolut verbindlichen und verpflichtenden Charakter, so dass hier in Zweifelsfällen die Gewissensentscheidung des und der Einzelnen gefordert ist. Ein Beispiel dafür ist die umstrittene Enzyklika »Humanae vitae« (1968), in der das Verbot der künstlichen Empfängnisverhütung ausgesprochen wurde. Ihr

Verbindlichkeitsgrad wurde eigens von den Deutschen Bischöfen in der sog. Königsteiner Erklärung geklärt.

Für ein angemessenes Verständnis der Dogmen darf ihre Einbindung in das Gesamt des Glaubens nicht übersehen werden. Nur so entgeht man der Gefahr, sie in ihrem Stellenwert zu überhöhen, sie umgekehrt aber auch nicht in der richtigen Weise zu würdigen. Das Dogma gehört in die Reihe der sog. »Fundorte des Glaubens«. Dazu zählen Schrift und Tradition als Quellen des Glaubens, die allgemeine Glaubensverkündigung der Kirche, die Liturgie und das Zeugnis der Heiligen. Diese Dogmen haben auf diesem Hintergrund die Funktion von Wegweisern auf dem Weg des Glaubens und der Nachfolge. Sie sind weder der Ausgangspunkt – dies ist die Offenbarung Gottes, wie sie in Schrift und Tradition grundgelegt ist –, noch das Ziel dieses Weges – die Gemeinschaft mit Gott –, noch der Weg selbst – das ist die konkret gelebte Nachfolge. Vielmehr haben sie als Wegweiser die Aufgabe, den Reisenden Orientierung auf ihrem Weg zum Ziel zu geben. So wie Wegweiser ihre Bedeutung nur dadurch gewinnen, dass sie an einer bestimmten Stelle des Weges stehen, erhalten die einzelnen Dogmen ihre Bedeutung durch ihre Situierung in einer konkreten geschichtlichen Situation.

() **Verweise**

Dogmatik; Glaube; Konzil; Lehramt; Offenbarung; Papst; Tradition; Unfehlbarkeit

Dogmatik

DOGMATIK (von Griech.: »dokein« = »lehren, mei-
nen, glauben«) ist jene zentrale Disziplin innerhalb der Theologie, die die grundlegenden Inhalte des christlichen Glaubens für
die jeweilige Zeit erschließt. Auf wissenschaftlich begründete
Weise bringt sie zur Sprache, was und woran der christliche
Glaube glaubt. Gegenstand der Dogmatik ist darum der gesamte
Inhalt des christlichen Glaubens, wie er in der Kirche geglaubt
und gelehrt wird.

In diesem Zusammenhang unterscheidet die dogmatische Ausbildung ebenso wie die Gliederung der Lehrbücher verschiedene
Teilbereiche, die sog. Traktate. Entsprechend der Struktur des
Glaubensbekenntnisses stehen in ihrem Zentrum die Gotteslehr-
re, die Christologie und die Pneumatologie (Lehre vom Heiligen
Geist), die Anthropologie (Lehre vom Menschen), die Mariologie,
die Ekklesiologie (Lehre von der Kirche), als ihre Ausfaltung, die
noch nicht im Glaubensbekenntnis gegeben ist, aber in späterer
Zeit wichtig wurde, die Sakramentenlehre und schließlich die
Eschatologie (Lehre von den letzten Dingen). Hinzu treten vielfach noch eigens Schöpfungslehre und Gnadenlehre sowie eine
Einführung, bisweilen auch als Theologische Erkenntnislehre
bezeichnet, die Wesen und Methode der Dogmatik erschließt.

Die Grundlage der Dogmatik ist die Offenbarung Gottes, greifbar in der Heiligen Schrift und in der Tradition der Kirche. Diese
Offenbarung gilt es je neu in die jeweilige Zeit hinein auszulegen und verständlich zu machen. Es reicht nicht aus, die Worte
der Schrift oder die Glaubenssätze der Tradition einfach zu
wiederholen. Dies zeigt sich bereits im NT selbst: Damit Paulus
bei seiner Verkündigung des Evangeliums im griechischen Kulturraum überhaupt verstanden wurde, musste er zu einer von der
jüdischen unterschiedlichen Weise des Denkens und Sprechens
greifen.

Am Beispiel der paulinischen Theologie, die eine ganz andere
Gestalt hat als die der Evangelien, wird eine für die Begründung
der Dogmatik entscheidende Einsicht deutlich: Weil die Offenbarung Gottes immer nur in menschlicher Bezeugung zur Sprache
kommt, diese Bezeugung aber aus einer bestimmten Zeit heraus

erwachsen und in einer bestimmten geschichtlichen Situation entstanden ist, muss diese sich verändern, wenn die Zeit und die geschichtliche Situation sich verändern.

So wandelt sich die Sprache: Menschen von heute verstehen beispielsweise nicht mehr ohne Weiteres, was mit dem Wort »Sühne« gemeint ist. Es wandelt sich die Denkweise: Die Denkwelt der griechischen Philosophie, in der zahlreiche frühe Glaubensaussagen formuliert sind, ist heute längst nicht mehr vertraut. Es wandeln sich Fragestellungen und Interessen: So hatte die Schöpfungstheologie früherer Epochen Fragen der Ökologie ebenso wenig im Blick wie die Stellung der Frau. Aus all diesen Gründen muss die Offenbarungsbotschaft immer wieder neu ausgesagt werden.

Die Treue zur Offenbarung besteht gerade nicht in der wortgetreuen Überlieferung von Sätzen oder im Festhalten an bestimmten Formeln, sondern in der Treue zu den Glaubensinhalten. Die authentische Tradierung der Offenbarung ist darum nicht durch die Treue zum Buchstaben garantiert, sondern fordert geradezu, dass ein Glaubensinhalt auf neue Art und Weise und in neuer Sprache ausgesagt wird, wenn er nicht mehr verstanden wird. Dieser Vorgang des je neuen Bezeugens der Offenbarung muss sich durch den Nachweis legitimieren, dass die neu gefundenen Worte und Formulierungen inhaltlich das Gleiche aussagen wie das Urzeugnis von Schrift und Tradition. Dass dies in der Geschichte der Kirche nicht ohne Krisen abgehen konnte, liegt auf der Hand.

Auf diesem Hintergrund ist es die Aufgabe der Dogmatik, die Glaubensbotschaft in die jeweilige Zeit und in den jeweiligen Kontext hinein auszulegen. Dabei leistet sie eine regelrechte Übersetzungsaufgabe, so dass es sich bei ihr um eine hermeneutische Wissenschaft handelt – Hermeneutik ist die nicht auf eine bestimmte Disziplin beschränkte Wissenschaft des Auslegens und Interpretierens von Texten. Der eine Pfeiler, auf den sie sich dabei stützt, ist die in der Vergangenheit ergangene Offenbarung in Schrift und Tradition. Der andere Pfeiler ist die gegenwärtige Situation mit den jeweiligen »Zeichen der Zeit« – so eine Formulierung des Zweiten Vatikanischen Konzils. Die Dogmatik nimmt zwischen diesen beiden Pfeilern gewissermaßen eine Brückenfunktion wahr, indem sie die Verbindung vom einen zum anderen herstellt. Zugleich hat sie die Spannung zwischen den beiden Polen aufrechtzuerhalten und dafür zu sorgen, dass sowohl die Schrift- und Traditionsgemäßheit als auch die Zeitgemäßheit gewahrt bleiben.

Insofern sich der jeweilige geschichtliche Kontext und mit ihm die »Zeichen der Zeit« wandeln, gibt es nicht eine »zeitlose« bzw. für alle Zeiten gültige und ein für alle mal fertige Dogmatik. Entgegen der umgangssprachlichen Verwendung des Wortes »dogmatisch« im Sinne von »festgefügt«, »borniert«, ist die Dogmatik gerade keine »fertige« Wissenschaft, sondern muss immer wieder neu konzipiert und entfaltet werden.

Im Rahmen ihrer Aufgabe des »Neu-Sagens« hat es die Dogmatik auch, aber keineswegs nur mit den Dogmen als den letztverbindlichen Glaubenswahrheiten zu tun. Ihr Gegenstand ist der gesamte Glaube der Kirche, unabhängig davon, was davon ausdrücklich als letztverbindlich festgehalten und gelehrt wird. Die Dogmen stellen innerhalb dieses Kontextes gewissermaßen den »Höchstfall« einer Glaubensaussage dar.

Eine wichtige Teildisziplin ist die Dogmengeschichte, die Entstehung, Hintergründe und Wirkungsgeschichte von Glaubensaussagen der Vergangenheit untersucht. Die Dogmatik darf sich jedoch nicht nur in der Rückschau auf die Darstellung der Dogmengeschichte und die Aufarbeitung vergangener Glaubensaussagen beschränken, sondern hat mit der Entfaltung der Glaubensbotschaft eine auf die Zukunft hin gerichtete Aufgabe.

( ) | *Verweise*

Dogma; Glaube; Gott; Offenbarung; Tradition

Ehe

DIE EHE zwischen getauften Christen ist nach katholischer Überzeugung Sakrament. Wiewohl die Gemeinschaft von Frau und Mann bereits im AT grundgelegt ist (vgl. *Gen 2,23*), erhält sie durch Jesus Christus eine neue qualitative Dimension, die sie zum Sakrament macht: Das Miteinander von Mann und Frau wird in den Bund Jesu Christi mit den Menschen aufgenommen. Paulus bringt in *Eph 5,32* genau dies zum Ausdruck, wenn er darüber spricht, dass nach dem Willen Gottes Mann und Frau ein Fleisch werden sollen und dann fortfährt: »Dieses Geheimnis ist groß; ich beziehe es auf Christus und die Kirche.« So wie Gott und Christus die Menschen bzw die Kirche lieben, sollen Mann und Frau einander lieben; in ihrer Liebe wird die Liebe Gottes und Jesu Christi erfahrbar.

Die Ehe wird dadurch keineswegs ihrer Eigenbedeutung beraubt. Aber in der konkreten zwischenmenschlichen Liebe leuchtet eine höhere Wirklichkeit auf, über die der Mensch nicht verfügen kann; die menschliche Beziehung wird transparent, durchsichtig für das Göttliche. So wie sich Gott bei der Taufe die geschöpfliche Wirklichkeit des Wassers und bei der Eucharistie Brot und Wein dienstbar macht, um sich den Menschen mitzuteilen, so bedient er sich im Sakrament der Ehe der Beziehung zweier Menschen. Darum ist die Ehe nach christlichem Verständnis mehr als eine rein zwischenmenschliche Beziehung, nämlich ein Ort der Begegnung mit Gott und Jesus Christus. Wer seine Ehe als Sakrament versteht, darf hoffen, dass die Partner mit ihren Hoffnungen und Zweifeln, Leiden und Freuden nicht allein auf sich selbst gestellt sind, sondern dass Gott ihren Weg begleitet und sie auch durch schwierige Zeiten hindurch trägt. Wo Ehe in diesem Sinne gelebt wird, bleibt ihr sakramentaler Charakter nicht auf das Eheversprechen im Rahmen der Hochzeitsfeier begrenzt. Ehe erweist sich dann, ähnlich wie die Taufe, als »Lebensprojekt«, in dem die beiden Partner immer wieder neu versuchen, im anderen Gottes Liebe zu erkennen und die gemeinsame Beziehung als Abbild der Beziehung Jesu Christi zu den Menschen zu gestalten. Auf diesem theologischen Hintergrund wird verständlich, warum nicht der Priester das Sakrament spendet, sondern die Eheleute dies gegenseitig tun.

Anders ist das evangelische Eheverständnis: Hier gilt die Ehe nicht als Sakrament, weil sie bereits im AT verankert und nicht erst durch Jesus Christus gestiftet wird. Darum gibt es auch keine kirchliche Eheschließung im eigentlichen Sinne, wohl aber die Einsegnung einer Ehe. Wenn Martin Luther von der Ehe als »weltlich Ding« spricht, ist für ihn damit freilich nicht aus-, sondern gerade eingeschlossen, dass sie als von Gott gewollt und gestiftet ein »heiliger, ein gottseliger Stand« ist.

Zum christlichen Verständnis der Ehe gehört die Unauflöslichkeit. In der Schrift wird sie durchaus differenziert interpretiert. So kannte man in Israel die Möglichkeit der Scheidung (vgl. *Dtn 24,1–2*). Jesus distanzierte sich von dieser Praxis (vgl. *Mk 10,5–9; Lk 16,18*), nicht mit dem Ziel, dem Menschen eine sittliche Hochleistung abzuverlangen, sondern im Zuge seines Anliegens, den ursprünglichen Sinn des Gesetzes und damit den Willen Gottes wieder neu zu Geltung zu bringen. Das Wort Jesu erfährt in der Interpretation bei Markus und Paulus gewisse Konzessionen, im Bemühen, die Regel Jesu in der eigenen Gemeinde und unter den eigenen Bedingungen zu realisieren: Nach *Mt 5,32* und *19,9* ist im Falle von Unzucht eine Trennung der Ehepartner möglich. Nach *1 Kor 7,10f; 7,15* soll sich ein/e Christ/in, der/die in einer Mischehe mit einem heidnischen Partner lebt, der die Scheidung fordert, damit einverstanden erklären. In der kirchlichen Praxis wurde einerseits immer an der Unauflöslichkeit der Ehe festgehalten, andererseits wurde im Falle von Ehebruch oder anderen schwerwiegenden Gründen teilweise nach Verhängung einer Kirchenbuße eine Wiederverheiratung geduldet. Die Kirche war sich des Widerspruchs zum Wort Jesu wohl bewusst, sah in dem Zugeständnis jedoch eine Möglichkeit, Schlimmeres, z.B. das Konkubinat, zu verhindern.

Gegenwärtig lässt die offizielle Lehre der Kirche eine Wiederheirat nach Trennung bzw. Scheidung nicht zu. Sie begründet dies damit, dass es ihr nicht zukommt, über eine gültige geschlossene und vollzogene Ehe zu bestimmen bzw. diese zu trennen. Weil eine solche Ehe das Zeichen der Vereinigung Christi mit der Kirche ist, ist sie ebenso unauflöslich wie diese. Wer nach einer zivilen Scheidung dennoch erneut heiratet, lebt demnach im Ehebruch, weil ja die ursprüngliche Ehe noch besteht. Da das »fortwährende Verharren« im Ehebruch als schwere Sünde gilt und alle diejenigen, die sich einer schweren Sünde schuldig gemacht haben, von den Sakramenten ausgeschlossen sind, können die Betreffenden auch nicht zur Eucharistie zugelassen werden. Von vielen Glaubenden wird diese Regelung als pastoral unbefriedigend oder schlichtweg als unmenschlich empfunden. Vor allem vermag sie der jeweiligen individuellen Situation in keiner Weise Rechnung zu tragen.

Die evangelische Lehre bekennt sich ebenfalls grundsätzlich zur Unauflöslichkeit, lässt aber in bestimmten Fällen eine Wiederheirat, verbunden mit einer kirchlichen Einsegnung, zu. Sie begründet dies mit der grenzenlosen Vergebungsbereitschaft und Barmherzigkeit Gottes, der Menschen nicht gewaltsam zwingt, in einer zerbrochenen Ehe nur um der Ordnung willen zu verharren und ihnen wieder neue Wege ins Leben eröffnet.

Die katholische Theologie und Pastoral sind gleichermaßen gefordert, nach einer Regelung zu suchen, die die Unauflöslichkeit der Ehe nicht verdunkelt, Menschen umgekehrt aber keinen Neuanfang verweigert und sie nicht zwingt, in einer zerbrochenen Bindung zu leben. Nicht zuletzt die Geschichte zeigt, dass die Kirche immer schon in der Spannung zwischen dogmatischem Prinzip und pastoral notwendigen Ausnahmeregelungen lebte und Muster zur Bewältigung dieser Spannung suchte.

() | *Verweise*

Christus; Gnade; Gott; Kirche; Sakrament; Sünde

Ekklesiologie

E K K L E S I O L O G I E (von Griech.: »ekklesia« = »die Kirche«, wörtl.: »die Zusammengerufenen«) ist die Lehre von der Kirche und damit ein wichtiger Traktat innerhalb der Dogmatik. Das NT kennt keine »Lehre« von der Kirche. Vielmehr spricht es von ihr in verschiedenen Bildern. Auch in der Theologie der Kirchenväter war die Kirche weniger Gegenstand der theologischen Reflexion als vielmehr der Meditation. Im Mittelalter stand sie im Mittelpunkt von geistlichen Schriftauslegungen und Predigten. Systematisch umfassend wurde sie noch nicht behandelt, allenfalls kamen Einzelfragen zur Sprache. Im Zuge der Befreiung der Kirche von der weltlichen Herrschaft seit dem 11. Jh. wurde sie immer weniger von seiten der Theologie und stattdessen immer mehr unter kirchenrechtlicher Perspektive in den Blick genommen. Damit trat die »Außensicht« von Kirche, ihre institutionelle Verfassung und ihre Ämter, in den Mittelpunkt.

Die Auseinandersetzungen in der Reformationszeit und die einander ausschließenden Ansprüche, die Kirche Jesu Christi zu sein, ließen es verstärkt notwendig erscheinen, theologisch-systematisch über Kirche nachzudenken. Dies führte am Beginn der Neuzeit zur Herausbildung eines eigenen Traktates »Ekklesiologie«. Zunächst war er, bedingt durch die Reformation, stark kontroverstheologisch und apologetisch-verteidigend ausgerichtet. Das Zweite Vatikanische Konzil machte schließlich eine grundlegende Reflexion auf die Kirche, ihr Wesen, ihre Struktur und Aufgabe zu seinem zentralen Thema.

Die bisherige Ekklesiologie wurde hier aus ihren Engführungen befreit. Betrachtete das 19. Jh. die Kirche als Gegenpol zur modernen Welt, vor der es sich zu schützen galt, bestimmte das Konzil die Aufgabe der Kirche als Dienst für die Welt und die Kirche selbst als »Sakrament des Heils«. War bislang vor allem die institutionelle Dimension von Kirche im Blick, besann es sich neu darauf, dass die Kirche »mysterium« – »Geheimnis« ist, sowohl was ihren Ursprung im Handeln Gottes als auch ihre sakramentale Verfasstheit betrifft. War die Ekklesiologie bis dahin stark von der Trennung von Klerus und Laien geprägt, ja präsentierte sie sich bisweilen geradezu als »Hierarchologie«, wählte das Konzil mit seinem Ansatz beim »Volk Gottes« den entgegengesetzten Zugang. Sein Kirchenverständnis lässt sich darum als »Communio-Ekklesiologie« (von Lat.: »communio« = »Gemeinschaft«) charakterisieren. Es betonte die gleiche Würde aller Gläubigen vor aller Differenzierung in Dienste und Ämter, ohne diese in ihrer Bedeutung herabzustufen. Die konziliare Ekklesiologie bedeutete zwar einen unverkennbaren Neuansatz im Kirchenverständnis, jedoch keinen Bruch mit der Tradition, weil sie wesentlich durch das NT und die Patristik inspiriert war. Allerdings gelang es nicht immer, die traditionelle hierarchisch bestimmte und die Communio-Ekklesiologie miteinander zu vermitteln. Das Zweite Vatikanum nahm auch eine Verhältnisbestimmung der verschiedenen Ebenen von Kirche vor: Die Universalkirche ist mehr als eine Addition von Orts- bzw. Partikularkirchen; umgekehrt ist in diesen die Universalkirche verwirklicht.

Es stellt sich die Frage, in welchem Kontext die Ekklesiologie im Gesamt der dogmatischen Theologie angesiedelt werden muss. Einerseits bietet es sich an, sie im Kontext der Pneumatologie, der Lehre vom Heiligen Geist zu entfalten. Die ältesten Zeugnisse des NT (vgl. *1 Kor 12*) führen ihre Existenz auf das Wirken des Heiligen Geistes zurück. Auch im Glaubensbekenntnis ist das Bekenntnis zur Kirche im Kontext des Bekenntnisses zum Geist verortet. Andererseits bindet ihr Ursprung in Jesus Christus und die Frage nach der wahren Kirche Jesu Christi die Ekklesiologie an die Christologie. Je nachdem, ob die Ekklesiologie stärker christozentrisch oder stärker pneumatozentrisch begründet wird, bekommt sie andere Gestalt. Beide Ansätze stehen freilich nicht im Widerspruch zueinander, sondern sind komplementär und bewahren einander vor Vereinseitigungen.

Wo Kirche in erster Linie von Christus her begründet wird, wird vor allem ihre sichtbare, greifbare und damit auch ihre institutionelle Seite betont – ihre Strukturen und Ämter und zugleich auch ihre rechtliche Dimension. Dies ist einerseits berechtigt, andererseits birgt dieser Ansatz dort, wo er zur ausschließlichen Perspektive wird, die Gefahr, Ekklesiologie als Lehre vom kirchlichen Amt engzuführen. Wo Kirche stärker vom Geist her gedacht und begründet wird, liegt der Schwerpunkt nicht auf dem Amt, sondern auf den freien Charismen, die nicht allein dem Amt vorbehalten sind. Hier besteht umgekehrt die Gefahr, dass die institutionelle Dimension von Kirche eher aus dem Blick gerät.

Eine große ekklesiologische Versuchung ist die Gleichsetzung der Kirche mit Jesus Christus. Wenn sie auch in ihm ihren Ursprung hat, so ist sie doch keineswegs mit ihm identisch. Ein Verständnis von Kirche als der »in der Zeit fortlebende Christus« oder als »Fortsetzung der Inkarnation«, das u.a. im 19. Jh. für die Ekklesiologie prägend war, verschleierte diesen grundlegenden Unterschied und ließ die Kirche in ausschließlich göttlichem Licht erscheinen. Wo die Kirche so mit Christus in eins gesetzt wird, kann er ihr nicht mehr als ständiger Maßstab und kritisches Korrektiv entgegentreten. Dass sie »ecclesia semper reformanda«, eine immer wieder neu zu reformierende und darum selbstkritisch zu hinterfragende Kirche ist, gerät hier nur allzu rasch in Vergessenheit. Eine solche Identifizierung lässt auch in den Hintergrund treten, dass die Kirche niemals Selbstzweck ist, sondern dass sie einen Heilsauftrag in der Geschichte Gottes mit den Menschen zu erfüllen hat.

Die Frage nach dem Selbstverständnis der Kirche und nach der Ekklesiologie steht im Mittelpunkt des gegenwärtigen ökumenischen Dialoges. Das sakramentale Kirchenverständnis wird in den Kirchen der Reformation eher als fremd empfunden. Kirche wird dort stärker funktional verstanden; ihre Aufgabe ist es, Gottes Wort vernehmbar zu machen. Unterschiedlich ist auch die Beurteilung des Stellenwertes der Kirche im Heilsgeschehen, die sich zugespitzt auf die Formel bringen lässt: Kommen nach katholischer Sicht die Menschen zum Glauben an Gott durch die Kirche, kommen sie nach evangelischem Verständnis aufgrund ihres Glaubens in die Kirche.

() | *Verweise*

Christus; Evangelisch; Heil; Heiliger Geist; Inkulturation; Kirche; Konzil

Engel

»E N G E L « (von Griech.: »angelos«) heißt wörtlich
»Bote«. Von der Theologie werden ganz unterschiedliche Wesen
Engel genannt: der himmlische Hofstaat – der Engel Jahwes –
und schließlich die Boten im eigentlichen Sinne, die die Bibel
mit dem Begriff »angelos« belegt. Religionsgeschichtlich gehören sie ganz unterschiedlichen Vorstellungskreisen an.

Der Gedanke eines himmlischen Hofstaates (vgl. *Ps 103,20f;
1 Kön 22,19; Jes 54,5*) ist aus der alttestamentlichen Vorstellung
von Gott als mächtigem Herrscher und König erwachsen. Dieses
Gottesbild machte Anleihen beim konkret erfahrbaren, irdischen
Königtum. Der königliche Hofstaat ist dabei Ausdruck der Majes-
tät, Herrschergewalt und auch Heiligkeit Gottes.

Der Engel Jahwes begegnet vor allem in den älteren Schich-
ten des AT (vgl. *Gen 16,12; 18,1; Ex 23,20*). Er wird zwar »Bote«
genannt, doch gleichzeitig verschmilzt er mit Gott Jahwe selbst
und wird so zum Synonym für ihn. Am eindrucksvollsten zeigt
dies die Gottesoffenbarung an Mose im brennenden Dornbusch
(*Ex 3,2–4*; vgl. auch *Gen 48,15f*). In diesem Sinne ist der Engel
Jahwes eine besondere Offenbarungsweise Gottes.

Engel im eigentlichen Sinne sind jene geschöpflichen Boten,
durch die Gott in dieser Welt wirkt und durch die er mit den
Menschen in Beziehung tritt. Sie vermitteln einen konkreten
Auftrag oder eine neue Erkenntnis (*Ex 3,2ff; Dan 8,15–19; Mt
1,13; Lk 1,11.26*). Sie deuten ein Geschehen als Gottes Willen
oder Wirken (*Mk 16,1–8 par; Mt 28,1–8; Joh 20,12f; Lk 2,9*). Sie
üben Kritik am Verhalten von Menschen oder weisen drohend
auf die Folgen hin (*1 Chr 21,15–27; Mt 13,39.41f.49f; 24,31; Mk
13,27; 1 Thess 4,16*). Sie vermitteln Gottes Geborgenheit (*Gen
24,34–40; Ps 91*), Schutz und Errettung aus Gefahr (*Tobit; 1 Kön
19,1–13; Apg 5,19*). Ihr Auftreten ist immer überraschend; es
lässt sich nicht kalkulieren, einplanen oder durch menschliche
Bemühungen herbeiführen.

Immer handeln die Engel im Auftrag und im Dienst Gottes (vgl.
Hebr 1,13). Auch ist von ihnen niemals um ihrer selbst willen die
Rede, sondern immer nur um Gottes willen. Das machen auch
die symbolträchtigen Namen deutlich: Rafael = »Gott heilt«;

Michael = »Wer ist wie Gott?«; Gabriel = »Kraft Gottes«. Die Rede von den Engeln hat darum ihren theologischen Ort allein im Zusammenhang mit der Rede von Gott. Der Glaube an die Engel kommt nicht zusätzlich zum Glauben an Gott hinzu, schon gar nicht tritt er an dessen Stelle oder führt davon weg, sondern er ist ein Aspekt dieses Gottesglaubens. Damit ist er Bestandteil, aber im Sinne der Hierarchie der Wahrheiten nicht das Zentrum des christlichen Glaubens.

Das Wirken der Engel wird von den Betroffenen in der Weise einer Gotteserfahrung bzw. als »Einbruch der Transzendenz« in diese Welt gedeutet: als Ereignis, das erschüttert, aufrüttelt, mit Freude erfüllt, aber auch verstört oder Schrecken einjagt. Von dieser Erfahrung zeugen auf vielfältige Weise Dichtung, Literatur und Kunst.

Die Schrift erzählt an vielen Stellen vom Wirken der Engel, doch sie trifft keine Aussagen über ihr Wesen, ebensowenig wie über ihr Aussehen. Wenn die Kunst sie später mit »Flügeln« darstellt, so übernimmt sie damit nur die typische Ausstattung der heidnischen Götterboten; in der Bibel ist davon nicht die Rede. Für den Kirchenvater Augustinus (354–430) mündet dies in die Erkenntnis: »Engel ist die Bezeichnung für eine Aufgabe, nicht für ein Wesen oder eine Gattung.« Entsprechend kann die Theologie auch keine Wesensaussagen über Engel treffen. Dieses spärliche Wissen hat sie zu gewaltigen Spekulationen animiert, die freilich niemals verbindliche Lehre der Kirche waren. Dies gilt auch für die Aussage, dass Engel körperlose Geistwesen sind.

Immer sind es geschöpfliche Wirklichkeiten, die Gott in seinen Dienst nimmt: Zum einen sind es Menschen, wie Johannes der Täufer (*Mk 1,2*), die Apostel (*Lk 7,24; Jak 2,25*), die Vorsteher der Gemeinden (*Offb 2,1*), jene, »die wir ohne unser Wissen beherbergen (*Hebr 13,2*). An anderen Stellen sind es die Kräfte der Natur: Winde und Feuerflammen (*Ps 104,4; Hebr 1,7*); an wieder anderen Träume und Visionen (*Mt 1,20; 2,13*). Die verschiedenartigsten Wirklichkeiten, die Gott in seinen Dienst nimmt, um an den Menschen zu wirken, können zum Engel werden. Alles in der Schöpfung, was Gott in seinen Dienst nimmt, was Menschen eine Botschaft von ihm vermittelt, was etwas von seinem Willen, seiner Nähe und Zuwendung spürbar werden lässt, kann »Engel« sein – ein Mensch, der einem anderen eine wichtige Einsicht vermittelt, ebenso wie der Grashaufen, in den ein Kind vom Baum herunterfällt. In diesem Sinne sind die Engel eine Weise des Wirkens Gottes in der Welt.

Auf diesem Hintergrund ist auch der Schutzengelglaube zu verstehen. Die Tradition beruft sich dazu vor allem auf die persönlichen Begleiter im Buch *Tobit* und *Mt 18,10*. Die Bibel kennt jedoch den Begriff »Schutzengel« nicht, ebensowenig ermuntert sie dazu, zu ihnen zu beten. In der Rede vom Schutzengel findet die Überzeugung der Menschen ihren Ausdruck, dass Gott sie begleitet, sich um sie sorgt und sie beschützt. Gott kann sich dazu geschöpflicher Wirklichkeiten, bestimmter Menschen und auch geschöpflicher Energien – wie der Sorge von Eltern um ihr Kind auf seinem Schulweg oder der Fürbitte von Verwandten – bedienen. Falsch wird der Schutzengelglaube wie jeder Engelsglaube dort, wo er im magischen Sinne missverstanden wird.

Auf die vielgestellte Frage, ob es Engel »gibt«, ist zu antworten, dass es sie ebensowenig in der Weise einer objektivierbaren Tatsache »gibt«, wie es Gott »gibt«. Im Kontext des Gottesglaubens aber sind sie Wirklichkeit. Letztlich entscheidend ist die existentielle Frage »Glaubst du, dass Gott dir Engel gibt? Glaubst du, dass er dir Engel schickt und du sie in deinem Leben erfahren kannst?« Je weniger Menschen zu wissen meinen, wie diese Engel aussehen müssen, desto größer ist die Chance, den oder die von Gott geschickten Engel zu entdecken.

( ) | *Verweise*

Glaube; Gott; Hierarchie der Wahrheiten; Schöpfung; Wirken Gottes

Erbsünde

I<small>M</small> W<small>ORT</small> E<small>RBSÜNDE</small> steckt im Grunde ein Widerspruch: Während »Sünde« immer Verantwortung und Willensfreiheit voraussetzt und so gesehen nicht vererbt werden kann, kann sich ein Mensch sein Erbe nicht frei wählen. Die Wortkombination, die von Martin Luther verbreitet wurde, trägt einer zweifachen menschlichen Erfahrung Rechnung: Einerseits ist Sünde eine persönliche Tat, für die sich ein Mensch in Freiheit entscheidet – andererseits ist Sünde zugleich eine Macht, die den Menschen erfasst, ob er es will oder nicht. Einerseits wird jede und jeder in eine von Sünde geprägte Menschheit und Welt hineingeboren – andererseits macht sich jeder und jede im Lauf des Lebens persönlich schuldig. Einerseits verstricken sich Menschen in Sünde und Schuld, ohne es zu wollen – andererseits machen sie sich in Freiheit durch ihr Handeln die Schuld zu eigen. Diese Spannung zwischen der Sünde als bestimmender Macht einerseits und verantworteter Tat andererseits, die den Menschen zum Täter und Opfer zugleich macht, sucht der Begriff Erbsünde auf den Punkt zu bringen, ohne sie zugunsten der einen oder anderen Seite aufzulösen. In diesem Sinne bezeichnet »Erbsünde« die Schuldverfallenheit der menschlichen Existenz, die der persönlichen Entscheidung zur Sünde voraus liegt und der sich der Mensch nicht entziehen kann, so dass er selbst sündigt. Jeder Mensch wird in diesen allumfassenden – die Theologie spricht vom »universalen« – Sündenzusammenhang hineingeboren, der ihn von Geburt an negativ prägt und geradezu in die Sünde treibt.

Die Bibel kennt den Begriff Erbsünde nicht, erst recht nicht eine Erbsündenlehre. Aber bereits im Alten Testament taucht immer wieder die Überzeugung auf, dass alle Menschen gesündigt haben (*Gen 6,5; 8,21; 1 Kön 8,46; Ps 51,7; 130,1–4*). Die Herrschaft der Sünde über alle wird dann zentral für die Theologie des Paulus (vgl. *Röm 3,9.23; 5,12; Eph 2,3*). Sie entspringt keineswegs einer pessimistischen Sicht vom Menschen, sondern einer nach wie vor aktuellen Erfahrung: »Ich weiß, dass in mir, das heißt in meinem Fleisch, nichts Gutes wohnt; das Wollen ist bei mir vorhanden, aber ich vermag das Gute nicht zu verwirklichen. Denn ich tue nicht das Gute, das ich will, sondern das Böse, das ich nicht will. Wenn ich aber das tue, was ich nicht will, dann bin nicht mehr ich es, der so handelt, sondern die in mir wohnende Sünde.« (*Röm 7,18–21*) Deutlich erscheint bei Paulus die Sünde als überpersönliche Macht, die den Menschen in ihren Bann schlägt (*Röm 7,17*) Zugleich lässt Paulus aber keine Zweifel daran, dass jeder sich diese Macht durch die eigenen Sündentaten zu eigen macht.

Wo solche und ähnliche Erfahrungen aktiviert werden, gerät die Rede von der Erbsünde aus dem Verdacht, ein bloßes theologisches Konstrukt zu sein. Gerade heute machen Menschen immer wieder die Erfahrung, dass es ihnen auch bei aller guten Absicht nicht gelingt, nach Gottes Willen zu handeln und das Gute zu tun, sondern dass sie sich statt dessen immer wieder neu in Schuld verstricken. Menschen machen die Erfahrung, dass sie ungefragt in Lebensverhältnisse hineingeboren werden, die von der Schuld ihrer Vorfahren geprägt sind. Menschen erfahren sich in ungute und letztlich sündhafte Strukturen eingebunden, die sie nicht zu verantworten haben, denen sie sich aber auch nicht entziehen können und die sie gerade dadurch stützen.

Die traditionelle Erbsündenlehre sah die Erbsünde grundgelegt im Sündenfall bzw. in der »Ursünde« des ersten Menschenpaares, deren Unheilsfolgen auf die ganze Menschheit übergehen. Der Kirchenlehrer Augustinus (354–430) entwickelte daran anknüpfend die Theorie, die Erbsünde werde auf dem Weg der Zeugung und der sexuellen Begierde weitergegeben – eine höchst problematische Vorstellung, die wesentlich mit zur Negativbewertung von Sexualität beigetragen hat. Bei aller berechtigten Kritik darf jedoch das Anliegen Augustins nicht übersehen werden, die Universalität der Sünde gerade nicht in der Nachahmung bösen Verhaltens, sondern in der dem Einzelnen entzogenen Geschlechterfolge festzumachen. In der Aufklärung geriet die Erbsündenlehre in die Krise, weil in einer Zeit zunehmender Individualisierung die Vorstellung von einer Kollektivhaftung für fremde Schuld nicht mehr einleuchtete. Auf Ablehnung stieß auch die Lehre des Augustinus von einer quasi-biologischen Übertragung der Erbsünde. Mit der Durchsetzung der historisch-kritischen Bibelauslegung und der evolutiven Weltsicht wurden schließlich die einstigen Vorstellungen von einem Stammelternpaar und einem ursprünglich »heilen«, weil sündenlosen Zustand der Menschheit fragwürdig. Nicht nur diese Voraussetzungen, sondern die Erbsündenlehre an sich erschien nun vielen obsolet.

Demgegenüber hat die Theologie des 20. Jh. mehrere Versuche vorgelegt, die Lehre über die Erbsünde neu zu erschließen. Sie alle machen sie nicht mehr an der Ursünde durch das erste Menschenpaar fest und verzichten auf die biologische Kategorie der Vererbung. Im Einzelnen wird Erbsünde gedeutet als Kehrseite der Evolution, als Existential, durch das jedes Leben in einen Unheilszusammenhang hinein verflochten ist, als strukturelle Sünde, die in gesellschaftlichen und wirtschaftlichen Unrechtsstrukturen zutage tritt, schließlich tiefenpsychologisch als Grundangst des Menschen vor Gott.

Aus der erbsündlichen Verfasstheit des Menschen folgt seine grundsätzliche Erlösungsbedürftigkeit: Eben weil er sich durch sein Handeln immer wieder in Sünde verstrickt, kann er sich selbst aus seiner grundlegenden Schuldverfallenheit nicht befreien, sondern ist auf Erlösung angewiesen. Die Rede von der Erbsünde erschließt sich in ihrer vollen Bedeutung darum erst auf dem Hintergrund des Christusereignisses. Jesus Christus bricht durch sein Handeln bis hinein in seinen Tod den Kreislauf von Unheil und Schuld auf. Auf diese Weise ermöglicht er allen, die ihm nachfolgen, einen neuen Anfang. Von der Erbsünde zu reden, heißt darum zugleich, von Jesus Christus und der Erlösung zu reden – und umgekehrt. Die Menschheit ist der universalen Schuldbestimmung und Schuldverstrickung gerade nicht hilflos ausgeliefert, sondern wird durch Jesus Christus davon befreit. Exemplarisch geschieht dies an Maria.

Weil die Bereitschaft zur Christusnachfolge in der Taufe ihren Ausdruck findet, ist sie der Ort, wo die sakramentale Befreiung von der Erbschuld geschieht. Dies ist freilich nicht in einem magischen Sinne zu verstehen, sondern unter sakramententheologischer Perspektive: Die Taufe befreit deswegen von der Erbsünde, weil sie Ausdruck und Anfang eines neuen Lebens mit und in Christus ist. Was nach der Taufe nach wie vor bleibt und jeden Menschen zur Herausforderung wird, ist die Konkupiszenz – der Hang zur Sünde.

( ) *Verweise*

Christus; Erlösung; Gott; Sünde; Taufe; Unbefleckte Empfängnis

Erlösung

DAS CHRISTENTUM ist Erlösungsbotschaft. Es verkündet die Erlösung des Menschen durch Jesus Christus (vgl. *Hebr 9,12*). »Er-lösung« hängt sprachlich zusammen mit »lösen, losmachen« und meint so viel wie »Befreiung«. Sie bedeutet freilich nicht Befreiung vom Leid dieser Welt, auch nicht den automatischen Anbruch einer besseren Welt. Sie besteht vielmehr in der Aufhebung der Trennung von Gott und in der Gemeinschaft mit Gott (vgl. *Kol 1,13 Tit 2,14, Hebr 9,15*).

Diese Trennung von Gott nennt das NT »Sünde«. Dabei hat es nicht einzelne Tatsünden im Blick, sondern die Grundsituation der Menschheit: Sie ist von Gott getrennt, entfremdet, »gottlos«, wie Paulus in *Röm 1,18* formuliert, weil sie Gott losgeworden ist. Erlösung besteht darum für das NT in der Aufhebung dieser Entfremdung, in der Überwindung des Grabens und in der Versöhnung von Gott und Mensch.

Dies kann nicht allein durch Anstrengung und Bemühen vonseiten der Menschen geschehen. Sie sind aus eigener Kraft gar nicht in der Lage, auf die Liebe Gottes mit Liebe zu antworten und so das gestörte Verhältnis zu ihm wieder zu heilen. Erlösung kann nach christlicher Überzeugung nur von Gott her geschenkt werden. In dieser Hinsicht unterscheidet sich die christliche Erlösungsvorstellung grundlegend von der anderer Religionen, insbesondere von Buddhismus und Hinduismus. Nicht der Mensch schafft die Erlösung, sondern Gott. Nicht der Mensch sucht die Entfremdung von Gott durch Opfer oder besondere Sühneleistungen auszugleichen und Gott dadurch gnädig zu stimmen, sondern Gott stiftet Versöhnung. Nicht der Mensch geht zu Gott, sondern Gott kommt zum Menschen.

Eben dies geschieht in Jesus Christus. In ihm kommt Gott zu den Menschen, in ihm teilt er sich auf unüberbietbare Art und Weise mit, in ihm macht er seine Zuwendung konkret erfahrbar und erlebbar. Erlösung geschieht darum im Christentum personal, personifiziert in Jesus Christus. Jesu Leben und Botschaft sind ein einziges großes Angebot, eine einzige Einladung, mit Gott in Beziehung zu treten, Gemeinschaft mit ihm zu haben und sich dadurch erlösen zu lassen. Verengte die westliche

Theologie in der Vergangenheit die Erlösungstat Jesu Christi oft einseitig allein auf seinen Tod, macht sie heute mit Recht darauf aufmerksam, dass das Entscheidende nicht erst am Ende seines Lebens geschieht, sondern dass sein gesamtes Wirken erlösenden Charakter hat. Erlösung durch Jesus Christus geschieht dadurch, dass er in seinem Leben und Handeln die grenzenlose Liebe Gottes in allen Lebensbereichen sichtbar werden lässt.

Diese erlösende Gemeinschaft mit Gott wurde für die Menschen seiner Zeit in unterschiedlichen Dimensionen erfahrbar: als Lossprechen von der Sünde, als Gemeinschaft mit jenen, die sich von Gott getrennt wussten, wie Sünder, Zöllner und Huren, als Herausreißen der Aussätzigen aus der Isolation, als Heilung von Krankheit, als Entlastung vom Gesetz, wo es Menschen zur Last geworden ist, als Durchbrechen der Macht »des Bösen«, die sich in der Besessenheit durch Dämonen niederschlägt, als Zuwendung zu den Feinden, schließlich als Überwindung des Todes in der Auferweckung.

Wenngleich Erlösung im Christentum ganz von Gott und Jesus Christus her geschieht, geschieht sie doch niemals ohne den Menschen und vor allem nicht über seine Zustimmung hinweg. Wo Menschen sich auf das Erlösungsangebot Jesu Christi nicht einlassen, kann es auch nicht greifen (vgl. *Mk 6,5f*). So sehr Erlösung die Initiative Gottes ist, ist sie doch kein einseitiger Akt Gottes, sondern ein dialogisches Geschehen. Erlösung geschieht nur dort, wo Menschen offen sind für das Versöhnungsangebot Jesu Christi, wo sie es annehmen und sich persönlich zu eigen machen. Darum gibt es Erlösung nicht ohne Glauben. Darum gibt es Erlösung nicht ohne Bewusstsein der eigenen Entfremdung von Gott, der Verstrickung in Sünde und Schuld. Darum gibt es Erlösung nicht ohne Nachfolge und Liebe, nicht ohne die Bereitschaft, wie Jesus sein Leben für andere zu geben, was keineswegs einen grausamen Tod fordert, sondern ganz unscheinbar im Alltag geschehen kann.

Damit die christliche Rede von Erlösung heute verstanden werden und das christliche Erlösungsangebot greifen kann, müssen sie von den genannten Missverständnissen und Engführungen befreit und angesichts der heutigen Sehnsucht nach Erlösung zur Sprache gebracht werden. So hat für viele Menschen heute die Verheißung der Erlösung von der »Sünde« an Kraft verloren bzw. wird in ihrer Tragweite überhaupt nicht mehr verstanden. Erlösung bedeutet für sie viel eher, die innere Zerrissenheit zu überwinden und mit sich selbst identisch zu werden, sich von falschen Abhängigkeiten zu befreien, ein Leben frei von äußeren Zwängen zu führen, Sinn im Leben zu finden. Hier muss deutlich gemacht werden, dass dies keineswegs im Widerspruch zur christlichen Erlösungsbotschaft steht. Denn die Erlösung von der Sünde als Entfremdung von Gott schließt die Überwindung der Selbstentfremdung und die Identität mit sich selbst mit ein – eine Erfahrung, die Menschen im Umgang mit Jesus immer wieder machen konnten. Die erlösende Gemeinschaft mit Gott in Jesus Christus bedeutet gerade die Überwindung aller endlichen Mächte, der modernen »Dämonen«, die Menschen versklaven, wenn sie verabsolutiert werden – Machtstreben, Besitz, Leistung, Konsum, Genuss. Erlösung bedeutet schließlich Sinnfindung im Freiwerden für die Nächsten, in der gelebten Solidarität und Gemeinschaft mit anderen Menschen.

( ) | *Verweise*

Christus; Erbsünde; Gnade; Gott; Heil; Schöpfung; Sünde; Sühne

Eschatologie

ESCHATOLOGIE ist die theologische Lehre von den »letzten Dingen« (Griech.: »eschaton« = »das Letzte«). Sie spricht von jener Wirklichkeit, die den Menschen nach dem Tod erwartet: von der Hoffnung auf Auferstehung, von Himmel, Hölle, Gericht und Fegefeuer. Vielfach wird christliche Eschatologie missverstanden als Lehre, die eindeutige Aussagen über den Zustand nach dem Tod macht. Die eschatologischen Aussagen der Schrift nahm man lange Zeit als konkrete Beschreibungen, ja geradezu als »Physik der letzten Dinge«. Vieles davon erschien bzw. erscheint dann als Rest alten mythologischen Denkens oder als eine Form von Wahrsagerei.

Dabei haben alle eschatologischen Aussagen bildhaften Charakter. Nur im Modus bildhafter Redeweise kann über etwas gesprochen werden, das die uns bekannte Wirklichkeit überschreitet. Eschatologische Aussagen sind *Hoffnungsbilder*. Sie verfügen über *kein zusätzliches Wissen* über die Zukunft und auch keine »Sonderoffenbarungen«, sondern sind Ausdruck der Hoffnung, dass diese Welt ein gutes Ende finden wird. Diese Hoffnung ist nicht blind, sondern gründet in der Erfahrung des Heilshandelns Gottes und Jesu Christi in der Vergangenheit: Eschatologie ist die Verlängerung dieser Erfahrungen in die Zukunft: Eben weil Gott Welt und Mensch geschaffen hat, ist er auch die Zukunft seiner Schöpfung. Im Zentrum aller Eschatologie steht *Gott selbst*. Nicht auf Dinge, Orte oder Zustände setzt der Mensch seine Hoffnung, sondern auf Gott allein. Eschatologische Aussagen sind darum auch *nicht dinghaft oder räumlich* zu interpretieren, sondern *personal*. Himmel, Hölle, Fegefeuer etc. sind nicht verschiedene »Orte« nach dem Tod, sondern verschiedene Momente der Begegnung mit Gott. Eschatologie ist schließlich nur deshalb überhaupt möglich, weil die dem Menschen verheißene Zukunft hier und jetzt schon verwirklicht ist. Nur weil Menschen auf dieser Erde eine Ahnung davon haben, was »Himmel« und was »Hölle« ist, kann überhaupt davon gesprochen werden.

  Verweise

Auferstehung; Fegefeuer; Gericht; Gott; Himmel; Hölle; Schöpfung; Vollendung

Eucharistie

Das griechische Wort Eucharistie heißt wörtlich »Danksagung«. Es bezeichnet im weiteren Sinne die gesamte gottesdienstliche Feier, in der Menschen Gott anbeten, preisen und ihm danken, im engeren Sinn die Mahlfeier als Teil des Gottesdienstes. Damit knüpft die Eucharistie an die Feier des letzten Abendmahles Jesu an. Entsprechend werden »Abendmahl« (vor allem in der evangelischen Kirche) und »Herrenmahl« (vor allem in der katholischen Kirche) als synonyme Begriffe anstelle von »Eucharistie« verwendet.

Dass das letzte Mahl von Anfang an nicht als einmalige Zeichenhandlung Jesu verstanden wurde, sondern fortgeführt werden wollte, zeigt der Auftrag »Tut dies zu meinem Gedächtnis« (*1 Kor 11,25*). Entsprechend wurde die Mahlfeier vor allem am Sonntag, dem »Tag des Herrn«, dann aber auch an jedem Tag der Woche zu einem konstitutiven Element der Kirche (vgl. auch *Apg 2,42.46*). Die Person, die der Eucharistie vorstand, später dann der Priester spricht dabei die Einsetzungsworte »Dies ist mein Leib – dies ist mein Blut«.

Im Lauf der Jahrhunderte hat sich die äußere Gestalt der Eucharistiefeier gewandelt: War sie in der Zeit der frühen Kirche untrennbar mit einem wirklichen Sättigungsmahl verbunden, wurde ab dem 2. Jh. die »eigentliche« Eucharistie einschließlich der Lesung verschiedener alttestamentlicher Texte und Apostelbriefe getrennt entweder vor oder nach der gemeinsamen Mahlzeit, der sog. Agape gefeiert – bis die Agape angesichts der immer größer werdenden Gemeinden ganz aufgegeben wurde und heute nur noch im Rahmen von überschaubaren Gruppen gepflegt wird. Gehörten zur ursprünglichen Form der Eucharistiefeier Brot und Wein, blieb ab dem 13. Jh., nicht zuletzt aufgrund der Seuchengefahr, der Kelch allein dem Priester vorbehalten. Die Forderung nach dem »Laienkelch« wurde zu einem Kampfmittel der Reformatoren, bis das Zweite Vatikanische Konzil die Kommunion unter beiderlei Gestalten wieder möglich machte; von manchen wird diese Form heute bevorzugt.

Die Eucharistie wurde schon sehr früh als *der* Grundvollzug der Kirche und als Mitte kirchlichen Lebens verstanden. In der

Zeit des individuellen Fastfood, in der das gemeinsame Mahl im Alltag vielfach seine Symbolkraft eingebüßt hat, ist der Zugang zu diesem Sakrament für viele schwierig geworden. Andererseits ist die symbolische Dimension einer Mahlzeit auch heute nicht ganz in Vergessenheit geraten, ist das gemeinsame Essen nach wie vor Ausdruck von Gemeinschaft. Eucharistie geht freilich über die Ebene des bloßen Mahles weit hinaus.

Als »Gedächtnis« ist sie mehr als nur Erinnerung an Jesus Christus und sein heilvolles Handeln. »Gedächtnis« ist ein Kernbegriff der alttestamentlichen Kulttheologie und der Pessachfeier. Er meint gerade nicht nur das Gedenken an ein vergangenes Ereignis, wie wenn umgangssprachlich davon die Rede ist, dass »etwas im Gedächtnis haften geblieben ist«, sondern dessen Aktualisierung und Vergegenwärtigung. So wie die Juden im Pessach den vor über 3000 Jahren geschehenen Auszug aus Ägypten gegenwärtig setzen, wird im »Gedächtnis« der Eucharistie das einstige Heilshandeln Jesu als bleibende geschichtliche Wirklichkeit vergegenwärtigt und aktualisiert. In eben diesem Sinne – und nicht als »unblutige Wiederholung« des Opfertodes Jesu, wie von den Reformatoren einst unterstellt – ist die Eucharistie auch Opfer.

Durch die Vergegenwärtigung in der Weise des Gedächtnisses ist Jesus Christus in der Eucharistie nicht nur in der Erinnerung an ihn, sondern wirklich gegenwärtig. Seine Gegenwart in Brot und Wein bezeichnet die Theologie als Realpräsenz. Damit ist keine räumliche oder materiell-dingliche Gegenwart in der Weise eines Tisches oder eine Stuhles gemeint, sondern personale Gegenwart auf eine nicht mehr zu überbietende Weise.

Die Theologie deutet dieses Geschehen als Wandlung: Brot und Wein wandeln sich in Leib und Blut Jesu. Diese »Wesensverwandlung« meint keine Veränderung ihrer chemischen Substanz, sondern dass sie durch ihre Verbindung mit dem Leben und Sterben Jesu neuen Sinn und eine andere Bedeutung erhalten. Was die mittelalterliche Theologie mit Hilfe der Transsubstantiationslehre zu erklären versuchte, kann heute auf andere Weise verständlich gemacht werden. Nicht menschliche Bestimmung und menschliches »Dafür-Halten« bewirken die Wandlung, sondern allein das Wirken Gottes. Aus diesem Grund hat in der eucharistischen Feier die Epiklese, also die Herabrufung des Geistes Gottes auf Brot und Wein, einen zentralen Stellenwert.

Die Eucharistie ist als Sakrament nicht nur ein Zeichen, das auf Jesus Christus hinweist, sondern sie vermittelt wirkliche Gemeinschaft mit ihm. Sichtbar zum Ausdruck kommt sie im Gang zum gemeinsamen Tisch und im Essen des Brotes bzw. Trinken des Weines. Mit gutem Grund heißt dieser Teil »Kommunion« (von Lat.: »communio« = »Gemeinschaft«).

Ziel der Eucharistie ist nicht nur die Gemeinschaft mit Jesus Christus, sondern die Gemeinschaft der Menschen untereinander. Erst dort geschieht Kommunion im vollen Sinn des Wortes. Sinn der Kommunion ist darum nicht nur, das Brot miteinander zu teilen, sondern das Leben. Aus den vereinzelten Vielen wird auf diese Weise wirkliche Gemeinschaft. Zum »Leib Christi« gehört darum der »Leib Kirche« untrennbar dazu (vgl. *1 Kor 10,17*).

Die Gemeinschaft mit Jesus Christus will die Menschen, die an ihr teilhaben, ergreifen und verwandeln, sie hineinziehen in seine Existenzweise und teilhaben lassen an seinem Leben und Sterben. So wie Jesus für die Menschen gelebt hat und für sie in den Tod gegangen ist, so können und sollen wir ebenfalls füreinander da sein. Eucharistie erschöpft sich darum nicht im Essen des Brotes, sondern zu ihr gehört konstitutiv der Mit- und Nachvollzug der Hingabe und des Für-Seins Jesu Christi. Auch in diesem Sinne kann sie Opfer genannt werden.

Wo Eucharistie in diesem umfassenden Sinn verstanden wird, erschließt sich ihre Bezeichnung als »Danksagung«, ganz abgesehen davon, dass Jesus nach der Überlieferung von *Lk 22,19* und *1 Kor 11,24* beim letzten Mahl ebenfalls ein Dankgebet gesprochen hat. Menschen sagen Gott Dank für sein gesamtes Heilshandeln, dafür, dass er sich in Jesus Christus mitgeteilt hat, dass er ihnen die Gemeinschaft anbietet und sie erlöst.

Nachdem die Reformatoren die katholische Eucharistiefeier der »vermaledeiten Abgötterei« bezichtigt hatten, konnten inzwischen insbesondere im Dialog mit den lutherischen Kirchen eine Reihe von Missverständnissen und trennenden Fragen aufgearbeitet werden. Dies betrifft vor allem das Verständnis der Eucharistie als Opfer, die Lehre von der Transsubstantiation und die Übereinstimmung, dass die Eucharistie nicht menschliches Werk, sondern Gottes Gabe ist. Uneinigkeit besteht über die

Dauer der Realpräsenz, an der Luther ansonsten festgehalten hat. Die noch bestehenden Differenzen müssten im Verhältnis zu den lutherischen Kirchen nicht zwangsläufig kirchentrennend sein. Schwieriger gestaltet sich der Dialog mit den reformierten Kirchen, die die Realpräsenz bestreiten und eine symbolische Gegenwart Jesu Christi annehmen. Auch hier zeigen sich aber Ansätze für eine Annäherung.

Der wesentliche theologische Grund dafür, dass das Abendmahl (noch) nicht gemeinsam gefeiert werden kann, ist die Amtsfrage. Die katholische Kirche hält daran fest, dass nur der geweihte Priester der Eucharistie vorstehen und sie gültig feiern kann. Da sie die Ämter der anderen Konfessionen nicht anerkennt, ist eine Mahlgemeinschaft nicht möglich. Zudem ist für sie die gemeinsame Eucharistie Ziel und Ausdruck von Kirchengemeinschaft, während die evangelischen Kirchen sie als »Mittel« auf diesem Wege ansehen. In Zukunft werden beide Konfessionen die noch ungelösten Fragen angehen müssen.

( ) *Verweise*

Abendmahl; Christus; Gott; Heil; Kirche; Priester; Sakrament; Sühne; Trans-substantiation

Evangelisch

» EVANGELISCH « meinte ursprünglich in der Alten Kirche »evangeliumsgemäß«. In diesem Sinne spricht sie vom evangelischen Leben oder von den drei evangelischen Räten Armut, Keuschheit und Gehorsam. Die Reformation machte den Begriff zu ihrem Programm: Die Orientierung am Evangelium wurde zum Kriterium für den rechten Glauben und für die Reform der Kirche, die Rückkehr zum Evangelium zum ureigenen Anliegen der Reformatoren. In der Folge wurde »evangelisch« im Unterschied zu »katholisch« dann zu einer Konfessionsbezeichnung. Sie erfasst das Anliegen der Reformation besser als der Begriff »Protestantismus«, den die Anhänger Martin Luthers auf dem Reichstag zu Speyer (1529) verwendeten, um ihrem »Protest« gegen die bestehende Kirche Ausdruck zu verleihen. Bisweilen wird »Protestant« sogar als Schimpfwort empfunden.

Die Bezeichnung »evangelisch« umfasst als Sammelbegriff sowohl die Lutheraner, die sich auf die Theologie Martin Luthers berufen, als auch reformierte Christen, die sich an Jean Calvin (1509–64) und Huldrych Zwingli (1484–1531) orientieren. Aus diesem Grund gibt es nicht die evangelische Kirche, Theologie, Lehre, sondern es bestehen Unterschiede in Theologie und Kirchenstruktur, die eine differenzierte Betrachtung notwendig machen. Wie groß diese Unterschiede und auch die damit verbundenen Kontroversen waren, zeigt sich daran, dass Lutheraner und Reformierte erst seit 1972 Abendmahlsgemeinschaft haben.

Gemeinsam sind allen evangelischen Kirchen vier Prinzipien, die vier »sola« (Lat.: »nur, allein«): »allein Gott« – vor aller Initiative des Menschen, »allein Christus – vor aller Heilsmittlerschaft der Kirche, »allein der Glaube« – vor allen Werken, »allein die Gnade« – vor allem menschlichen Mittun. Wenngleich sie die evangelische Theologie nach wie vor prägen, müssen sie jedoch nach heutigem Verständnis nicht kirchentrennend sein.

() | *Verweise*

Glaube; Gnade; Katholisch; Kirche; Kirchen; Ökumene

Fegfeuer

BEIM WORT »Fegfeuer« assoziieren viele Menschen eine Art »Vorhölle« oder »Hölle auf Zeit«, wo der Mensch unter schlimmer Qual und Pein seine Sünden abbüßen, ja durch eigene Anstrengung abarbeiten muss. Diese Vorstellung entbehrt freilich jeglicher biblischen Grundlage.

Weder das Alte noch das Neue Testament kennen den Begriff »Fegfeuer«. Wohl aber kennen sie den Gedanken einer Reinigung bzw. Läuterung des schuldig gewordenen Menschen durch Gott. Dieser Gedanke wird in unterschiedlicher bildhafter Einkleidung zum Ausdruck gebracht: Da ist die Rede vom »Ausschmelzen der Schlacken« (*Jes 1,15*), von der Läuterung im »Brennofen« (*Jes 48,10*), von der »Lauge im Waschtrog« (*Mal 3,2–4*) und auch vom »Feuer im Schmelzofen« (ebd.). Im NT hat vor allem *1 Kor 3,13–15* das Bild vom Feuer entfaltet. In allen Fällen geht es um eine bildhafte und darum nicht wörtlich zu nehmende Redeweise. Dass gerade das Bild vom Feuer zum wichtigsten Ausdruck des Reinigungsgedankens (»Feg«-feuer) wurde, ist damit zu erklären, dass es in vielen anderen Zusammenhängen in der Schrift auftaucht. So ist es ein Bild für Gott selbst (vgl. *Ex 3,2; 13,21*), für sein Gericht über den Menschen (vgl. *Ez 22,20f; Jes 30,33; 2 Thess 1,7f*) und ein fester Topos im Zusammenhang der Rede von der Hölle – nicht zuletzt dadurch erhielt die Vorstellung vom Fegfeuer als »Hölle auf Zeit« ihre Nahrung.

Dass das biblische Motiv der Reinigung als regelrechter »Ort« verstanden wurde, hängt zusammen mit der alttestamentlichen Vorstellung vom Totenreich. Dieses wurde bereits im AT an einigen Stellen zu einem »Strafort« für die Sünder ausgestaltet; später entwickelten die Kirchenväter die Vorstellung, dass die Verstorbenen bis zur Auferstehung am Jüngsten Tag an einem eigenen Aufenthaltsort in der Unterwelt geläutert würden. Da sie einerseits davon ausgingen, dass nur ein sehr geringer Bruchteil der Verstorbenen unmittelbar in den Himmel kommen werde, andererseits aber die Hoffnung hegten, dass die Mehrzahl der Sünder nicht in die ewige Verdammnis eingehen werde, erschien ein Läuterungsort als die wahrscheinlichste Möglichkeit für die große Mehrheit der Verstorbenen und damit als »dritte

Kategorie« zwischen Himmel und Hölle. Im Kontext der mittelalterlichen Bußtheologie wurde das Fegfeuer zu jenem »Ort«, an dem die Sünder und Sünderinnen die sog. lässlichen Sünden sowie die Bußstrafen abzubüßen haben, deren Buße ihnen zu Lebzeiten nicht möglich war. Auf diesem Hintergrund wurde das Fegfeuer so gut wie für alle zu einer festen »Station« auf dem Weg in den Himmel. Dabei konnten die Lebenden den Büßenden im Fegfeuer zu Hilfe kommen durch ihre persönliche stellvertretende Buße in Form von guten Werken, Almosen und Messen.

Nicht mehr die mittelalterliche Bußtheologie, sondern die christliche Eschatologie gibt heute den Rahmen ab für ein angemessenes Verständnis des Fegfeuerglaubens. Sie erschließt das Fegfeuer als einen Aspekt der Gottesbegegnung im Tod. Damit ist es weder räumlich ein »Ort« noch zeitlich eine mehr oder weniger lange »Phase« zwischen dem Tod und dem endgültigen Eingehen in Himmel oder Hölle, schon gar kein Wartezustand auf die allgemeine Auferstehung. Gott selber ist in der Begegnung mit dem Menschen »Fegfeuer«, insofern diese Begegnung für den Menschen neben aller Glückseligkeit immer auch etwas Gewaltiges, Erschreckendes, ja Verzehrendes an sich hat (*Jes 6,5; Ez 1,18; Hebr 10,31*). Noch mehr ist sie für den sündigen Menschen eine erschreckende Erfahrung. Denn sie konfrontiert unerbittlich mit der eigenen Unvollkommenheit und Fehlerhaftigkeit. Wie in einem Spiegel hält sie das Bild vor Augen, wie ein Mensch hätte sein können, wenn er oder sie im Sinne Gottes gelebt hätte.

Diese Konfrontation hat etwas Schmerzliches an sich, eine Erfahrung, die Menschen schon zu Lebzeiten immer wieder machen, wenn sie ihre eigene Lieblosigkeit und Hartherzigkeit vor Augen gehalten bekommen. »Fegfeuer« heißt demnach: Der Mensch wird sich schmerzlich bewusst, dass er vor Gott nicht bestehen kann. An diesem Punkt wird die Verwobenheit von Fegfeuer und Gericht deutlich. Beides sind nicht zwei zeitlich aufeinander folgende »Phasen« oder voneinander getrennte »Orte«, sondern verschiedene Momente der Begegnung mit dem einen Gott. Selbsterkenntnis und Selbstgericht, Bewusstwerdung der eigenen Lieblosigkeit und die Beschämung durch Gottes Barmherzigkeit fließen ineinander.

Die Fegfeuer-Erfahrung erschöpft sich nicht im Bewusstwerden der eigenen Schuld. Die biblischen Texte haben gezeigt, dass der »Kern« der Fegfeuerlehre der Gedanke der Reinigung und der Läuterung ist. Aus diesem Grund sollte das Wort »Fegfeuer« auch besser durch »Reinigung« oder »Läuterung« ersetzt werden. Gott macht den Menschen bereit zur Begegnung mit ihm, indem er das ergänzt, was ihm und ihr noch fehlt – an Nächstenliebe, Barmherzigkeit, Vergebungsbereitschaft. Indem Gott die Schuld wegwäscht und vollendet, was an Gutem und Heilvollem angelegt ist, ereignet sich wahrhaft Verwandlung: Der Mensch wird verwandelt zu dem Bild, das er als Abbild Gottes hätte sein können. Dabei ist es Gott, der läutert – nicht die Menschen selbst müssen aus eigener Kraft mühsam ihre Schuld »abarbeiten«. Auf diesem Hintergrund ist der Glaubenssatz vom Fegfeuer wahrhaft frohe Botschaft: Gott kommt wirklich beim Menschen an – auch wenn dieser oft nur so wenig offen für ihn ist, auch wenn er ihm Hindernisse in den Weg stellt, auch wenn er sein Leben alles andere als in der Ausrichtung auf ihn geführt hat. In der Begegnung mit Gott und durch sie kommt der Mensch zu sich, wird mit sich selbst identisch; hier wird das vollendet, was als Möglichkeit in ihm angelegt war und was er aus eigener Kraft nicht erreichen konnte.

Verweise

Ablass; Auferstehung; Buße; Eschatologie; Gericht; Hölle; Sünde

Feministische Theologie

Feministische Theologie (von Lat.: »femina« = »Frau«) ist eine Weise der Theologie, die die Glaubens- und Lebenserfahrungen von Frauen zum Ausgangspunkt nimmt. Sie wird aus Frauenperspektive in der Regel von Frauen betrieben, ohne dass ihre Erkenntnisse deswegen nur für Frauen relevant wären oder sich auf ›Frauenfragen‹ beschränkten. Sie entstand zu Beginn der 80er Jahre des 20. Jh. in den Vereinigten Staaten, von wo aus sie sich rasch nach (West)Europa ausbreitete. Ihr Kontext ist die Frauenbewegung dieser Zeit, die sich als Frauenbefreiungsbewegung verstand, mit dem Ziel, nach der weitgehenden Erreichung von rechtlicher Gleichstellung in der westlichen Welt weltweit Rollenzuweisungen und Strukturen zu analysieren, die Frauen unfrei machen. Dieser Denk- und Handlungsansatz wirkte einerseits über die Gesellschaft in die Kirche hinein, andererseits wurden innerhalb der Kirche Impulse des Zweiten Vatikanischen Konzils und der nachkonziliaren Laiinnenbewegungen weiterentwickelt; beide Bewegungen trafen zusammen in Fragen nach Macht und Ohnmacht, Ausschluss und Einschluss, Frömmigkeitsgeschichte und Rollenzuweisungen. Feministische Theologie ist erfahrungsbezogene und kontextuelle Theologie. Sie ist erwachsen aus Erfahrungen von Diskriminierung, Unterdrückung und Ohnmacht: die Erfahrung, nicht gehört zu werden, Kirche nicht hinreichend mitgestalten zu können, auf bestimmte Aufgaben und Rollen festgelegt zu werden, im Gottesdienst mit der eigenen Lebenssituation nicht vorzukommen, keine eigenen liturgischen Formen entwickeln zu können, mit frauenfeindlichen Stellen der Bibel konfrontiert zu werden. Solche Erfahrungen und die damit verbundenen Strukturen werden als patriarchal (Lat.: »pater« = »Vater«) und androzentrisch (Griech.: »andros« = »Mann«; Lat.: »centrum« = »Mittelpunkt«) qualifiziert.

Feministische Theologie verfolgt einen zweifachen Ansatz: die kritische Infragestellung einer von Männern dominierten Glaubensartikulation, Theologie und Kirche; damit verbunden die Konzeption einer neuen Form von Theologie aus der Perspektive und der Lebenserfahrung von Frauen. Wichtig ist in diesem Zusammenhang der Rückbezug auf die Botschaft Jesu: Sein unbefangener Umgang mit Frauen, von dem die biblischen Schriften erzählen, die Übernahme von Verantwortung und Leitungsfunktionen in der frühen Kirche durch Frauen, und schließlich seine Botschaft der Befreiung werden zur Voraussetzung für Selbstwerdung und Identitätsfindung. Feministische Theologie versteht sich nicht als Ergänzung herkömmlicher Theologie, sondern als Neukonzeption; sie ist keine Teildisziplin unter anderen, sondern eine durchgehende Perspektive, die in allen theologischen Fächern verankert sein muss. Feministische Exegese nimmt mit ihrer spezifischen Hermeneutik nicht nur die biblischen Frauentraditionen, sondern alle biblischen Texte in den Blick, mit dem Ziel, patriarchale Einflüsse im Text und in der Rezeptionsgeschichte auszuweisen, frauenfreundliche Interpretationen herauszuarbeiten und frauenfeindliche Interpretationen zu korrigieren. Feministische Kirchengeschichte deckt die Beiträge von Frauen, Mystikerinnen, Theologinnen in den verschiedenen Epochen des Christentums auf. Feministische Ethik deckt frauendiskriminierende Strukturen in Gesellschaft und Kirche auf und bezieht die Erfahrungen von Frauen in das Nachdenken über Moral, Gerechtigkeit und Fragen des »guten Lebens« ein. Themen der feministischen systematischen Theologie sind das Menschen- bzw. Frauenbild, die Reflexion auf die Geschlechterdifferenz, die Suche nach weiblichen Gottesbildern sowie ein feministischer Zugang zu Maria; ein eigener Bereich ist die Frage nach einer Neugestaltung der Ämter und dem Zugang von Frauen zu Diakonat und Priestertum. Die feministische Liturgie ist gekennzeichnet von der Suche nach einer angemessenen Sprache und nach neuen liturgischen Formen. Sie möchte neue Zugänge eröffnen zu einem Glauben, bei dem die ganze Person mit Körper, Seele und Geist vorkommt und angesprochen wird. Feministische Religionspädagogik und Katechese richtet ihr Augenmerk besonders auf die Mädchen.

Als erfahrungsbezogene und kontextuelle, d.h. innerhalb eines bestimmten gesellschaftlichen Kontextes entstandene Theologie gibt es nicht die eine Feministische Theologie, sowenig wie es das Bild oder das Wesen der Frau gibt. Vielmehr existieren vielfältige theologisch-feministische Ansätze. Die Feministische Theologie in Nordamerika und Europa hat eine

andere Gestalt und auch andere Anliegen als die in Lateinamerika, Asien oder Afrika. Von Anfang an hatte die Entfaltung der
Feministischen Theologie eine ökumenische Ausrichtung, da die
Schwierigkeiten und Grunderfahrungen von Frauen quer durch
die Konfessionen gehen. Ansätze Feministischer Theologie
existieren mittlerweile auch in Judentum, Islam und anderen
Religionen.

In ihren Anfängen vielfach als »Kampfansage« verstanden,
hat sich die Feministische Theologie im theologischen Lehrbe-
trieb ein Stück weit etabliert. Ihren Charakter als Anfrage an die
herkömmliche Theologie, an das Selbstverständnis der Kirche
und nicht zuletzt an die Frauen hat sie jedoch nicht verloren.

( ) | *Verweise*

*Amt; Diakonat der Frau; Kirche; Konzil; Maria; Priestertum der Frau;
Theologie*

Firmung

FIRMUNG LEITET SICH HER vom lateinischen
»firmare« = »(be)stärken«. Sie gehört mit Taufe und Eucharistie zu den sog. Initiationssakramenten, durch die ein Mensch
Schritt für Schritt in die Kirche eingegliedert wird.

Die Firmung ist aus der Taufe heraus erwachsen: aus dem Ritus
der Handauflegung und der Salbung mit Chrisam, beides Zeichen
für eine besondere Geistmitteilung. Ursprünglich wurden in der
Alten Kirche die Taufen durch die Bischöfe vorgenommen. Als
sich das Christentum schließlich als Staatsreligion etablierte,
konnten sie den vielen Taufen nicht mehr nachkommen. Darum
sollten nun die Priester taufen; Handauflegung und Chrisamsal-
bung aber blieb dem Bischof vorbehalten, wenn er zu einem
späteren Zeitpunkt die Gemeinde besuchte. Die Entwicklung der
Firmung aus dem Taufsakrament heraus erklärt, warum sie sich
nicht unmittelbar im Handeln Jesu festmachen lässt. Biblisch
bezeugt ist allerdings die Handauflegung als Zeichen der besonderen Geistmitteilung (vgl. *Apg 8,14–17; 19,1–7*).

Allerdings wäre es ein großes Missverständnis, den Geist nur
mit der Firmung in Verbindung zu bringen – auch in der Taufe
geschieht Geistmitteilung. Weil das ganze christliche Leben im
Zeichen des Geistes Gottes steht, bedarf es aber immer wieder neu und unter verschiedener Perspektive der Mitteilung
des Geistes Gottes. In der Firmung ist es speziell der »Geist
der Weisheit und der Einsicht, des Rates, der Erkenntnis und
der Stärke«, der angerufen wird. Was die Firmworte bezeugen,
unterstreichen die Zeichen: Die Salbung mit Öl ist ein altes Zeichen für die Königswürde, die schon in der Taufe zugesprochen
wird. Der Handauflegung kommt eine doppelte Symbolik zu: zum
einen Besitzergreifung – die Gefirmten werden vollkommen von
Jesus in Besitz genommen – zum anderen Ausdruck des Segens
und der Bevollmächtigung.

Die zeitliche Trennung bzw. das Auseinandertreten von Taufe und Firmung erwies sich bald nicht nur als eine praktische
Regelung, sondern zugleich auch als theologisch sinnvoll, ja
geradezu geboten. Denn als die Kindertaufe immer mehr zur
Regel wurde, zeigte es sich, dass über das stellvertretende

Glaubenszeugnis hinaus eine bewusste und persönliche Entscheidung für den Glauben nötig wurde. Eben in der Firmung hat diese Entscheidung ihren Ort. Die evangelische Tradition hat mit der Konfirmation eine vergleichbare Feier, in der sie allerdings kein Sakrament sieht. Firmung wie Konfirmation will und soll im Glauben und in der Zugehörigkeit zur Gemeinschaft der Kirche bestärken. Damit verbunden ist die Sendung zur verantwortlichen Mitarbeit in der Kirche. In diesem Sinne ist die Firmung nichts anderes als die mündige Fortsetzung und Vollendung der Taufe, die persönliche Bejahung dessen, was damals andere stellvertretend bezeugt haben.

An diesem Grundsatz hat sich auch die Firmpraxis auszurichten. Dass es wenig Sinn macht, Jugendliche klassenweise zur Firmung zu führen, wie dies bis vor einigen Jahren zu einem großen Teil noch üblich war, ist mittlerweile bewusst geworden. Wenn es um eine individuelle Entscheidung gehen soll, kann dies nur über ein persönliches Ja zur Firmung erreicht werden. Konsequenterweise sollte sich dann auch niemand firmen lassen, der oder die nicht bereit ist, die damit verbundene Verantwortung zu übernehmen.

() *Verweise*

Bischof; Christus; Glaube; Heiliger Geist; Sakrament; Taufe

Fundamentalismus

D ER B EGRIFF »Fundamentalismus« ist abgeleitet von Lat.: »fundamentum« = »Grund, Grundlage«. Ursprünglich bezeichnete man damit zu Beginn des 20. Jh. eine Bewegung evangelischer Christen in Nordamerika, die sich gegen die moderne Bibelwissenschaft und ihre Interpretationsprinzipien zur Wehr setzte. Deren Erkenntnissen hielt sie die Verbalinspiration und ein wortwörtliches Bibelverständnis, das Bekenntnis zur Jungfrauengeburt, zu Jesu stellvertretendem Sühnetod, zu seiner leiblichen Auferstehung und seiner leiblichen Wiederkunft entgegen. Später wurden unter »Fundamentalismus« all jene christlichen Initiativen zusammengefasst, die Erkenntnisse der Moderne ablehnten: den Dialog mit den Naturwissenschaften, insbesondere mit der Evolutionslehre, die Vereinbarkeit von Glaube und Vernunft, ökumenische Bestrebungen und eine liberalere Ethik, vor allem im Bereich der Sexualität.

Seit den 70er Jahren des 20. Jh. wird der Begriff Fundamentalismus über das Christentum hinaus auch auf verschiedene Religionen und Weltanschauungen angewandt, wenn sie zur Ideologie werden und keine anderen Modelle der Wirklichkeitsdeutung als das eigene gelten lassen. In diesem Sinne begegnen fundamentalistische Strömungen auch bei vielen Sekten, im Judentum und im Islam.

So unterschiedlich sich der Fundamentalismus inhaltlich ausprägt, sind ihm doch eine Reihe von formalen Kennzeichen gemeinsam. Immer ist er der Versuch, die religiöse bzw. weltanschauliche Wirklichkeit in ihrer Komplexität auf einige wenige Grundlagen zu reduzieren. Im Prinzip denkt er dualistisch, im Schema von »entweder – oder«, »gut oder böse«, »Freund oder Feind«, »Glaube oder Unglaube«. Differenzierungen und Zwischentöne sind ihm fremd. Dahinter steht das Bedürfnis, die Wirklichkeit überschaubar zu machen, sie »in den Griff« zu bekommen – und damit zugleich die Angst vor ihr zu verlieren. Entsprechend haben fundamentalistische Strömungen eine starke Tendenz zur Vereinheitlichung. Vielfalt, auch fruchtbare Pluralität können sie nicht zulassen.

Damit wird auch jegliche Diskussion im Grunde unmöglich, ja überflüssig. Vielfach präsentieren sich fundamentalistische Strömungen als schlechterdings dialogunfähig. An die Stelle des Diskurses treten nicht weiter hinterfragbare Antworten, an die Stelle von Toleranz das rigorose Insistieren auf dem eigenen Standpunkt, an die Stelle von vernünftiger Einsicht der formale Gehorsam, an die Stelle der Freiheit die Unterwerfung unter Autoritäten und Führerpersönlichkeiten, von denen sich die Einzelnen oft gänzlich abhängig machen.

Schließlich klammert sich der Fundamentalismus an das Bewährte und präsentiert sich vielfach als Traditionalismus. Der Dialog mit der Moderne, das Eingehen auf die je neu und anders sich stellenden Probleme dieser Welt ist ihm suspekt. In diesem Sinne lehnt er auch das rationale Hinterfragen der modernen Wissenschaften ab.

Fundamentalistische Bewegungen bilden oft kleine, geschlossene Gruppen aus. Vielfach haben sie ein ausgeprägtes elitäres Bewusstsein, teilweise gepaart mit einem Sendungsbewusstsein, das auch militant werden kann und vor Gewaltanwendung nicht zurückschreckt.

Dass solche Strömungen durchaus auf Zulauf stoßen, ist wesentlich dadurch begründet, dass sie in einer komplizierten und unübersichtlich gewordenen Welt klare Antworten geben. Der Fundamentalismus sagt eindeutig, was gilt und was nicht sein darf. Darum vermag er besonders ängstlichen, unsicheren und orientierungslosen Menschen Sicherheit und Halt zu geben. Dies geschieht jedoch nur um den – zu hohen – Preis des Aufgebens der eigenen Freiheit und letztlich der Persönlichkeit.

( ) | *Verweise*

Glaube; Kirche; Theologie; Tradition

Fundamentaltheologie

FUNDAMENTALTHEOLOGIE ist jene theologische Disziplin, die aufzuweisen sucht, dass der christliche Glaube wahr und vernünftig ist. Damit leistet sie eine Grundlagenreflexion für die gesamte, insbesondere für die Systematische Theologie, der sie angehört. Für ihr Unterfangen beruft sie sich auf *1 Petr 3,15*: »Seid stets bereit, jedem Rede und Antwort zu stehen, der euch fragt nach dem Grund der Hoffnung, die euch erfüllt.« In diesem Sinne ist ihr zentrales Anliegen der Aufweis des christlichen Wahrheitsanspruches im Horizont der philosophischen Frage nach Wahrheit.

Glaube und Vernunft bzw. Glaube und Denken sind nach christlicher Überzeugung keine Gegensätze, sondern aufeinander verwiesen und angewiesen. Der Kirchenvater Augustinus (354–430) fasste dieses wechselseitige Verhältnis in die Formel: »Verstehe, um zu glauben, und glaube, um zu verstehen«. Im Anschluss daran spricht das Mittelalter von der »fides quaerens intellectum«, vom Glauben, der das Verstehen sucht. Der Einsatz der Vernunft ist darum kein Widerspruch zum Glauben, sondern gehört in den Glaubensvollzug hinein.

Indem die Fundamentaltheologie nachzuweisen sucht, dass der christliche Glaube vernünftig ist, stellt sie sich zugleich den Kriterien der Vernunft. Dabei will sie keineswegs den Glauben von der menschlichen Vernunft herleiten. Wie alle Theologie weiß sie sich auf die Offenbarung Gottes in der Geschichte verwiesen. Es geht ihr darum, den Glauben vor dem Forum und dem Anspruch der Vernunft verantwortlich auszuweisen und den Wahrheitsanspruch der christlichen Botschaft zu reflektieren. Dahinter steht die Überzeugung, dass die Glaubensbotschaft nichts schlechterdings Unvernünftiges ist; dass sie, wiewohl sie sich nicht einfach auf die menschliche Vernunft reduzieren lässt, dieser nicht widerspricht. Denn wenn Jesus als der Christus universale Heilsbedeutung hat, wenn er derjenige ist, von dem wir bekennen, er sei das Heil der Welt, dann muss dies auch von allen Menschen zu allen Zeiten und in allen Kulturen kraft ihrer Vernunft nachvollzogen werden können.

Selbstverständnis und Aufgabenstellung der Fundamentaltheologie haben sich im Lauf der Jahrhunderte verändert. In ihren Anfängen verstand sie sich als »Verteidigung des Glaubens« und damit als Apologie gegenüber den heidnischen und jüdischen Gegnern des Christentums. Später entwickelte sie sich mehr und mehr zu einer Disziplin, die über die für das christliche Selbstverständnis grundlegenden bzw. »fundamentalen« theologischen Fragen reflektiert.

In diesem Zusammenhang bildeten sich die drei Traktate der klassischen Fundamentaltheologie heraus, die die Bereiche »Religion«, »christliche Offenbarung« und »Kirche« zum Gegenstand haben. Die »demonstratio religiosa« stellt die Frage nach Gott, nach der Möglichkeit von Offenbarung, nach den Voraussetzungen für ihre Erkenntnis und ihren Empfang aufseiten des Menschen. Ihre Gesprächspartner sind die Nichtglaubenden und damit Atheisten und Agnostiker. Ihnen gegenüber sucht sie die Wahrheit und Vernünftigkeit des Gottesglaubens nachzuweisen. Das Thema der »demonstratio christiana« ist die tatsächlich ergangene Offenbarung in Jesus Christus. Ihre Adressaten sind die nichtchristlichen Religionen. Ihnen gegenüber will sie zeigen, dass Jesus Christus die endgültige und unüberbietbare Offenbarung Gottes ist. Die »demonstratio catholica« thematisiert die Kirche als die von Jesus Christus gewollte sichtbare Gemeinschaft mit bestimmten Elementen und Strukturen, die die in Jesus Christus ergangene Offenbarung zu bewahren hat. Ihr Dialogpartner sind die Christen, die nicht der katholischen Kirche angehören. Teilweise übernimmt die gegenwärtige Fundamentaltheologie diese Aufteilung, teilweise wurde sie jedoch aufgegeben, da die einzelnen Themenbereiche nicht immer eindeutig zu trennen sind.

Die Aufklärung stellte mit ihrer radikalen Entgegensetzung von Glaube bzw. Offenbarung und Vernunft in Verbindung mit ihrer Erkenntniskritik eine besondere fundamentaltheologische Herausforderung dar. Weitere Anfragen und Impulse ergaben sich in der Neuzeit durch das Zerbrechen eines einheitlichen Weltbildes, die konfessionellen Spaltungen und den Pluralismus an Weltanschauungen. Aufgrund dieser unterschiedlichen Impulse trat im Lauf des 19. Jh. die Fundamentaltheologie schließlich als selbständige theologische Disziplin in Erscheinung.

Als wichtige Aufgabe ist der Fundamentaltheologie die Theologische Erkenntnislehre zugewachsen. Sie thematisiert die Bedingungen und Regeln der Glaubenserkenntnis, Fragen nach den Prinzipien und Methoden der Theologie sowie die nach ihrer Wissenschaftlichkeit. Gegenwärtig ist zudem das Verhältnis zu den nichtchristlichen Religionen und damit verbunden der christliche Absolutheitsanspruch ein zentrales Thema.

Im Gefüge der theologischen Disziplinen ist die Fundamentaltheologie der Dogmatik vorgeordnet. Ursprünglich bestand eine klare »Arbeitsteilung«: Die Fundamentaltheologie hatte den Wahrheitsgehalt der Glaubensinhalte zu erweisen; auf dieser Basis konnte dann die Dogmatik weiterarbeiten und ihre Inhalte erschließen. Dieser Ansatz hat sich in der neueren Theologie als nicht haltbar erwiesen: Die Fundamentaltheologie kann nur von den Inhalten her darstellen, warum der Glaube wahr und damit glaubwürdig ist. Umgekehrt kann die Dogmatik sich nicht darauf beschränken, Glaubensinhalte nur zu umschreiben, sondern muss mit bedenken, warum sie es wert sind, geglaubt zu werden. In diesem Sinne sind der dogmatische und der fundamentaltheologische Ansatz einerseits miteinander verschränkt, doch andererseits nicht einfach identisch: Während es Aufgabe der Dogmatik ist, die Inhalte des Glaubens zu entfalten, reflektiert die Fundamentaltheologie in erster Linie die Bedingungen der Möglichkeit des Glaubens.

() | *Verweise*

Absolutheitsanspruch; Dogmatik; Glaube; Offenbarung; Theologie

Gebet

BETEN HEISST IN DEN Dialog mit Gott eintreten. Das kann mit Hilfe vorformulierter Wendungen oder durch eigene Worte geschehen, in Gemeinschaft oder individuell. Immer stellen sich Menschen mit ihrer jeweiligen Situation, ihren Sorgen und Nöten, ihrer Freude und ihrem Dank vor Gott. Dies gilt auch dann, wenn ein Mensch im Gebet klagt oder mit Gott ringt und hadert (vgl. *Ps 10,12; 88,15; Ijob, Jer 12,1; Mk 14,36*). Das Gebet ist keine Verpflichtung von Seiten Gottes, sondern Bedürfnis und Grundvollzug des glaubenden Menschen.

Keine Dimension des menschlichen Lebens ist vom Gebet ausgenommen. Es hat seinen Ort in entscheidenden oder schwierigen Situationen ebenso wie im Alltag (vgl. *Mk 1,35; 14,32; Lk 3,22; 6,12; 9,18.28*). Ebenso haben im Gebet alle Bereiche dieser Weltwirklichkeit ihren Platz: das eigene Leben, die persönlichen Beziehungen, Arbeit und Familie ebenso wie Wirtschaft und Politik, Wissenschaft und Technik. Dabei ist das Gebet nicht nur ein Sprechen und Sich-zum-Ausdruck-Bringen. Es ist zugleich auch ein Hören, ein Sich-treffen-Lassen von Gottes Wort und Willen (vgl. *1 Sam 3; Dtn 4,1; 6,3*). Dieses Wort ist freilich nur als inneres Wort vernehmbar und kann oft nur »erspürt« werden.

Der Dialog mit Gott verwandelt nicht automatisch die äußere Situation, doch er verändert den betenden Menschen. Er vermag ein neues Bewusstsein zu schaffen, nämlich in allen Situationen und Lebenslagen mit Gott in Beziehung zu stehen. In diesem Sinne schenkt das Gebet Hoffnung und Zuversicht, Versöhnung und die Gewissheit, in Gott geborgen zu sein.

Das Christentum hat sich mehrfach vorwerfen lassen müssen, es setze das Gebet an die Stelle des verantwortlichen Handelns. Wo dies geschieht, ist es in der Tat ein Missverständnis des Gebets. Beten ist keine Weltflucht, führt von der Verantwortung für die Welt und für sich selbst nicht fort, sondern gerade dorthin. Es ersetzt nicht das Handeln, sondern motiviert es. Zugleich schenkt es Gelassenheit, nicht alles selbst tun und leisten zu müssen.

 Verweise

Bittgebet; Glaube; Gott

Gemeinsames Priestertum

WENN **D**AS **Z**WEITE Vatikanum die Mitarbeit der Laien in der Kirche aufwertet bzw. fordert, begründet es dies u.a. mit der Teilhabe aller Glaubenden am gemeinsamen Priestertum (LG 9, 10, 26, 34). Im Unterschied zum »besonderen« Amtspriestertum wird es bisweilen auch als allgemeines Priestertum bezeichnet; allerdings ist die Benennung »gemeinsames« klarer, da »allgemeines« in einem zu unverbindlichen Sinn missverstanden werden könnte. Das gemeinsame Priestertum ist keine Erfindung des Konzils, wurde aber dort neu für die Theologie fruchtbar gemacht. In der vorkonziliaren Theologie spielte es praktisch keine Rolle, da es die Reformation als regelrechten Kampfbegriff verwendet hatte, um sich vom hierarchischen Priestertum abzugrenzen.

Es begründet keine Amtsbefugnisse, sondern die Berufung aller Christen; in diesem Sinne haben auch jene, die ein priesterliches Amt innehaben, an ihm Anteil. Das Priestersein aller Gläubigen zeigt sich in ihrem konkreten Leben.

Sein biblisches Fundament ist der an alle Getauften gerichtete Aufruf in *1 Petr 2,5.9f*. Die Glaubenden sind als priesterliches Gottesvolk auserwählt, damit sie alles verkünden, was Gott für sie getan hat; der Ort dieser Verkündigung ist nichts anderes als das konkrete Leben. Das gemeinsame Priestertum ist darum die Ermöglichung und zugleich die Verpflichtung zum lebendigen Zeugnis in Worten und Taten, zur gottesdienstlichen und sakramentalen Feier. Es wird vollzogen im Leben aus dem Geist Jesu Christi und im Zeugnis für ihn, im Dasein für andere, in Gebet und Dank und in der Mitfeier der Sakramente, besonders der Eucharistie.

Das gemeinsame Priestertum leitet sich nicht vom amtlichen Priestertum her, sondern ist in Jesus Christus selbst bzw. in seinem priesterlichen Wirken begründet. Vom amtlichen Weihepriestertum unterscheidet es sich nach der Formulierung des Zweiten Vatikanums »dem Wesen« und »nicht dem Grad« nach. Der geweihte Priester ist also nicht dem Laien graduell übergeordnet, er ist nicht einige Grade heiliger, frömmer oder mehr von Gott geliebt. Vielmehr liegt sein Priestertum auf einer wesensmäßig ganz anderen Ebene – wobei »dem Wesen nach« nicht meint, dass der Amtsträger durch die Weihe seinsmäßig verändert würde. Mit dieser Formulierung wird vielmehr zum Ausdruck gebracht, dass die Inhaber des Amtspriestertums eine wesentlich andere Berufung und Sendung haben: Sie sind berufen und gesandt zum Dienst am Volk Gottes und zur Christusrepräsentation in Verkündigung, Gemeindeleitung und Sakramentenspendung. Dieser Dienst ist etwas grundlegend anderes als die Ausübung des gemeinsamen Priestertums; beide haben unterschiedliche Aufgaben und eine unterschiedliche Sendung wahrzunehmen.

Gemeinsames und Amtspriestertum stehen also nicht in einem Konkurrenzverhältnis, vielmehr sind sie wechselseitig aufeinander hingeordnet. Darum stellt die Betonung des gemeinsamen Priestertums durch das Konzil weder das Amtspriestertum in Frage, noch reduziert es dieses auf eine bloße Funktion der Gemeinde. Umgekehrt ist es die theologische Grundlage für den Auftrag aller Christen zu einem heiligmäßigen Leben und die Verpflichtung zum lebendigen Zeugnis für Jesus Christus in Wort und Tat. In diesem Sinne begründet es zugleich das Apostolat bzw. die Sendung der Laien in der Kirche: Weil sie Anteil am Priestertum Jesu Christi und damit am gemeinsamen Priestertum haben, sind sie zur Mitwirkung an der Sendung der Kirche berufen, kommt ihnen eine eigene Mündigkeit zu.

◯ *Verweise*

Amt; Christus; Kirche; Konzil; Laie; Priester

Gericht

DIE BIBLISCHE Botschaft vom Heil ist im Alten wie im Neuen Testament untrennbar verbunden mit der Ansage des Gerichts (vgl. *Gen 18,20–19; Jes 2,12; 13,6; 65,6f; Ez 30,3; Joel 2,1; Zef 1,14–16; 3,9–20; Joh 12,48, Hebr 9,27*). Während sie für die einen Grund zu Furcht und Zittern ist (*Mt 10,15; Röm 2,5; Jak 1,13*), ist sie für diejenigen, die sich an Jesus Christus halten, umgekehrt Anlass zur Hoffnung (*1 Kor 6,11; Phil 1,6.10; 1 Kor 1,8; 2 Kor 1,13f*). Das Gericht bedeutet damit eine grundsätzliche Scheidung, »Krise« im ursprünglichen Sinn des Wortes.

Diese Scheidung ist freilich kein willkürliches Urteil Gottes über den Menschen, sondern gründet in der »Entscheidung« für oder gegen sein Heilsangebot. Damit ist das Gericht kein von außen verhängtes Ereignis, sondern innere Konsequenz des menschlichen Handelns. Auf diesem Hintergrund sind die neutestamentlichen Worte von »Vergeltung«, »Verdienst« und »Lohn« (*2 Thess 1,6f; Röm 2,6–8; 2 Kor 5,10*) als Appell an das richtige Handeln zu lesen. Die Gerichtsbotschaft nimmt den Menschen in die Pflicht und fordert dazu auf, über das eigene Tun Rechenschaft abzulegen: Es ist eben nicht »gleich-gültig«, welches Leben ein Mensch führt, ob er Gutes tut oder Böses, ob er Täter oder Opfer ist. Zugleich ist diese Botschaft ein Ruf in die Verantwortung. Sie gibt Impulse zum verantwortlichen Handeln am Nächsten und an der Welt und widerlegt so den Vorwurf, das Christentum verkünde eine bloße Vertröstung aufs Jenseits.

Wo die Angst vor Bestrafung zur einzigen Triebfeder des gegenwärtigen Handelns wird, wird die Botschaft Jesu pervertiert. Pervertiert wird sie aber auch, wo das Thema Gericht völlig ausfällt. Wo die Dimension der Verantwortlichkeit für die eigenen Taten zu kurz kommt, führt dies letztlich zur totalen Nivellierung und Gleichmacherei. Die Rede vom Gericht ist darum nur möglich als Gratwanderung zwischen zwei Extremen, zwischen der Skylla angstbesetzter Drohung und der Charybdis des Entzugs aus der Verantwortung.

Die klassische Eschatologie unterscheidet zwischen dem Individualgericht über den einzelnen Menschen und dem Universalgericht, das sich über die ganze Welt erstreckt. Zwar ist beides eng miteinander verbunden, insofern das Leben und Handeln der Einzelnen mit der Geschichte und der Welt in Verbindung steht. Und doch hat die Unterscheidung theologisch ihren guten Sinn, insofern sie zum einen auf die unvertretbare Verantwortung der Einzelnen für das persönliche Leben und Handeln abhebt, zum anderen die Geschichte selbst in den Blick nimmt.

Wenn das Einzelgericht die innere Konsequenz des menschlichen Handelns ist, so richtet sich der Mensch durch sein Tun und Handeln letztlich selbst; das Gericht ist Selbstgericht, das freilich in der Begegnung mit Gott gründet. Hier erhält der Mensch Klarheit über sein Leben, den »Durchblick«, den er zu Lebzeiten so oft vermisst. Darum ist das Gericht Offenbarung im wahrsten Sinne des Wortes (vgl. *Mt 10,26; 2 Kor 5,10; Lk 8,17; Röm 2,16*), ein unüberbietbarer Akt der Selbsterkenntnis (vgl. *1 Kor 13,12*). Erst in der Begegnung mit Gott erkennt der Mensch die Konsequenzen seiner Taten, was vor Gott Bestand hat und was nicht – und diese Erkenntnis kann befreiend wie bedrückend, verurteilend wie freisprechend sein. Im Unterschied dazu nimmt das Universalgericht die ganze Geschichte in den Blick, die mehr ist als die Addition der Einzelgeschichten, insofern ihre Verflechtung eine eigene Dynamik hervorbringt. Vermag ein Mensch schon seine eigene Lebensgeschichte nur fragmentarisch zu durchschauen, umso weniger gelingt dies für die Geschichte von Welt und Menschheit. Das Universalgericht schafft hier Klarheit. Zugleich hält es jene Hoffnung aufrecht, die über die persönliche Gerechtigkeit hinaus die universale im Blick hat: Recht für die Unterdrückten, Aufhebung ungerechter Urteile, Rehabilitierung der Opfer und nicht zuletzt die Richtigstellung einer pervertierten Welt.

() | *Verweise*

Auferstehung; Christus; Eschatologie; Gott; Heil; Himmel; Hölle

Glaube

IN DER ALLTAGSSPRACHE wird das Wort »glauben« zumeist verwendet im Sinne von »nicht wissen«, »vermuten«. Daneben begegnet es aber auch in Sätzen wie »Ich glaube dir« oder »Ich glaube fest an dich«. Hier bezeichnet es ein Vertrauensgeschehen zwischen zwei Personen. Wenn die Theologie vom Glauben spricht, knüpft sie an diese Bedeutung von »vertrauen« an. Glaube meint also gerade keine defizitäre Form des Wissens, sondern bezeichnet einen zutiefst personalen Akt, nämlich das grundlegende Vertrauen gegenüber Gott, verbunden mit der Bereitschaft, sich bedingungslos auf ihn einzulassen. Der Satz »Ich glaube, dass Gott existiert«, liegt damit auf einer völlig anderen Ebene als die Aussage »Ich glaube, dass es morgen regnet«.

Als Vertrauensgeschehen ist der Glaube freilich keine ausschließlich religiöse Kategorie. Glaube existiert auch im vortheologischen Sinne: als Glaube an andere Menschen, an den Sinn des Lebens, als Glaube, dass es sinnvoll ist, weiterzumachen. Man nennt dies auch den »interpersonalen« oder »daseinskonstituierenden« Glauben, der durch den Erwerb des menschlichen Urvertrauens grundgelegt wird. Im religiösen Glauben wird dieses Urvertrauen auf seinen letzten Grund hin ausgelegt. Hinter dem Vertrauen in das Leben und seinen Sinn, in andere Menschen und schließlich auch hinter dem Vertrauen zu sich selbst scheint im religiösen Glauben Gott als jene größere Wirklichkeit auf, die alles andere übersteigt.

Die Wirklichkeit des Glaubens umschreibt das AT mit Hilfe von verschiedenen Begriffen: »sich verlassen auf«, »sich bergen«, »hoffen auf«, und vor allem »sich halten an, sich festmachen an«. Sie alle weisen hin auf die existentielle Übereignung des Menschen an Gott und das radikale Vertrauen in ihn. Dem entsprechen die Bilder von Jahwe als »Fels«, »Schild« und »Burg« (vgl. *2 Sam 22,2f*). Das NT knüpft an dieses Verständnis an (vgl. *Hebr 11,1*).

Für das Alte wie für das Neue Testament gilt, dass die individuelle Übereignung an Gott immer eingebunden ist in die Gemeinschaft des Volkes Israel bzw. des neuen Volkes Gottes.

Für beide gilt auch, dass der Glaube nichts Statisches ist, wie die Bilder vom »Sich-Festmachen an« oder »Bauen auf« Gott fälschlicherweise nahe legen könnte. Das Vertrauen auf Gott fordert immer wieder den Aufbruch: von Abraham das Verlassen der Heimat, von der Mose-Schar den Aufbruch in das verheißene Land.

Wenngleich zwischen dem Glauben im AT und dem Glauben im NT Kontinuität besteht, existieren doch auch Unterschiede. Während der alttestamentliche Glaube sich allgemein auf die Heilstaten Gottes an seinem Volk richtet, steht im Zentrum des Glaubens im NT die eine Tat: Gottes Offenbarung in Jesus Christus. Entsprechend heißt Glaube hier nicht mehr einfach nur Vertrauen in Gott, sondern Entschiedenheit für Jesus Christ (vgl. *Röm 3,21f; 4,13; 10,9f.; 1 Kor 15,1f*). Jesus Christus ist aber nicht nur der zentrale Glaubensinhalt, sondern zugleich »Anführer und Vollender des Glaubens« (*Hebr 12,2*). Ist im AT Abraham der »Vater« des Glaubens, der exemplarisch lebt, was radikale Übereignung an Jahwe bedeutet, so zeigt jetzt Jesus, was Glauben heißt. Verbindet der Glaube von Jesus AT und NT, so trennt beide der Glaube an Jesus.

Der christliche Glaube ist stets mit konkreten Inhalten verbunden, die sich der Offenbarung Gottes verdanken: Glaube an den einen Gott, der die Welt erschaffen hat, der Israel aus Ägypten herausgeführt hat, der in Jesus Christus Mensch geworden ist, der ihn vom Tod auferweckt hat. Dem Glauben sind somit immer zwei Dimensionen zu eigen: zum einen der personal-existenziell gelebte Glaubensvollzug (Lat.: »fides qua«), der, insofern er sich auf Gott als Gegenüber richtet, immer ein »Du-Glaube« ist; zum anderen die Glaubensinhalte (Lat.: »fides quae«), bisweilen auch als »Dass-Glaube« (»ich glaube, dass Gott in Jesus Mensch geworden ist«) bezeichnet. Beide Dimensionen gehören untrennbar zusammen: Ein Glaube, der sich nicht auf Glaubenswahrheiten richtete, wäre inhaltsleer und gegenstandslos; umgekehrt ließe ein Glaube, der sich nur als Zustimmung zu den Glaubensaussagen vollzieht, die Person des bzw. der Glaubenden völlig aus dem Spiel.

Insofern der Glaube eine Grundentscheidung und damit eine Fundamentaloption darstellt, setzt er beim Menschen Freiheit voraus. Glaube lässt sich nicht erzwingen, auch wenn die Kirche in ihrer Geschichte dies bisweilen versucht hat, sowenig wie sich Liebe erzwingen lässt. Ohne die Zustimmung eines Menschen, ohne seinen Willen, zu glauben, gibt es keinen Glauben.

Glaube lässt sich nicht erzwingen, sondern setzt die freie Zustimmung des Menschen voraus. In diesem Sinne ist er Tat des Menschen. Dennoch stellt er keine menschliche Leistung dar, sondern verdankt sich Gottes Gnade und damit dem zuvorkommenden Tun Gottes. Die Theologie spricht deshalb auch vom »Glaubenslicht«, das Gott dem Menschen – jedem Menschen – vor seinem Zutun schenkt, damit er die ganze Wirklichkeit gewissermaßen »in neuem Licht« erkennen kann. So ist der Glaube beides, Tat Gottes und Tat des Menschen zugleich, ohne dass dies ein Widerspruch wäre: Gott schenkt dem Menschen das Licht, doch sehen muss er selbst. Ob ein Mensch in seinem Leben zum Glauben findet oder nicht, hängt von einer Vielzahl von Faktoren ab: vom Vorhandensein oder Fehlen und von der Art der religiösen Erziehung, vom Milieu, in dem er aufwächst, von den Menschen, denen er oder sie begegnet, von den Erfahrungen, die jemand macht.

Vom AT und NT her hat der Glaube eine grundlegend soziale Gestalt: Er wird weitergegeben und vermittelt durch andere Menschen. Darum hat der Glaube des bzw. der Einzelnen seinen Ort in der Kirche als Gemeinschaft der Gläubigen. Die Beziehung von Glaube und Kirche ist eine doppelte: Der Glaube verdankt sich der Kirche, er ist gewissermaßen ihr Urgeschenk; zugleich zielt er auf die Kirche hin, weil er nur in Gemeinschaft gelebt werden kann.

() | *Verweise*

Glaubensbekenntnis; Gnade; Gott; Kirche; Offenbarung; Theologie

Glaubensbekenntnis

DEN EIGENEN GLAUBEN, der zugleich der Glaube der Kirche ist, ausdrücklich zu artikulieren und zu bekennen, war von Anfang an ein Urbedürfnis der Christen. Entsprechend fand er seinen Niederschlag in eigens formulierten Glaubensbekenntnissen. Die früheste Form sind die neutestamentlichen Bekenntnissätze und -formeln, wie *1 Kor 12,3; 1 Kor 15,3–5; Röm 1,3f*; auch die Hymnen *Phil 2,6–11; Eph 2,14–16*. Stand zunächst die Person Jesu Christi im Mittelpunkt, nahmen sie bald trinitarische Gestalt an (vgl. *Mt 28,19*). Verwendung fanden sie vor allem in der Unterweisung der Taufbewerber und in der Taufliturgie.

Das sog. Apostolische Glaubensbekenntnis geht auf das 3. Jh. zurück und war ursprünglich das Bekenntnis der Gemeinde von Rom. In ihm sah man den Glauben der Apostel bewahrt, ohne dass es unmittelbar von ihnen verfasst worden war. Es erhielt rasch verbindliche Bedeutung und wurde zum gebräuchlichsten Glaubensbekenntnis der westlichen Kirche. Verwendet wird daneben auch das sog. Große oder Nicäno-Konstantinopolitanische Glaubensbekenntnis, allerdings seltener und vor allem bei feierlichen Anlässen. Seine Ursprünge liegen im 4. Jh. im Osten; seinen Namen trägt es, weil es zentrale Aussagen der Konzilien von Nizäa (325) und Konstantinopel (381) aufgenommen hat.

Alle beide Bekenntnisse sind trinitarisch strukturiert und enthalten zentrale Aussagen des christlichen Glaubens, ohne dass sie erschöpfend wären. Sie gehören zum Lehrbestand der katholischen Kirche und haben ihren Ort in der Liturgie.

Die Kirchen der Reformation haben die beiden altkirchlichen Glaubensbekenntnisse in ihre Bekenntnisschriften aufgenommen. Die gesamte ökumenische Bewegung bemüht sich vor allem um das Große Glaubensbekenntnis als gemeinsamen Ausdruck des apostolischen Glaubens.

( ) *Verweise*

Christus; Dogma; Glaube; Gott; Trinität

Glaubenssinn

DER BEGRIFF »Glaubenssinn« (Lat.: »sensus fidei«) begegnet weder in der Bibel noch in der kirchlichen Tradition, sondern in den Dokumenten des Zweiten Vatikanischen Konzils. Es spricht davon, dass das Volk Gottes durch den Glaubenssinn den einmal übergebenen Glauben unverlierbar festhält, tiefer in ihn eindringt und ihn im Leben immer voller anwendet (LG 12). Dies alles führt es auf das Wirken des Heiligen Geistes zurück. Er ist also kein vages Gefühl oder eine Art »sechster Sinn«, sondern Ausdruck des Wirkens des Geistes Gottes im Menschen.

Der Glaubenssinn hat zum einen eine kirchliche Dimension: Durch ihn bleibt die Kirche als ganze in der Wahrheit und hält den Glauben unverlierbar und ohne Verfälschungen fest. Der Glaubenssinn hat damit eine wahrheitserhaltende und -bezeugende Funktion. Hier realisiert sich die Unfehlbarkeit der Gesamtkirche, die in der neutestamentlichen Verheißung gründet, dass die Kirche als Ganze in der Wahrheit bleiben werde. Unfehlbarkeit ist damit nicht nur eine Qualität des Lehramtes des Papstes und der Bischöfe, sondern auch des Glaubenssinns. Aus dem Glaubenssinn geht der Glaubenskonsens hervor, die Übereinstimmung der Glaubenden, die sich vom Glaubenssinn leiten lassen. Dem Glaubenssinn ist darüber hinaus eine individuell-existentielle Dimension zu eigen. Er bewirkt den persönlichen Zugang zum Glauben und damit das nicht nur intellektuell-begriffliche, sondern auch intuitiv-gefühlsmäßige Erfassen der Glaubensgeheimnisse. Beide Dimensionen des Glaubenssinnes, die ekklesiologische und die individuelle, sind nicht voneinander grundverschieden, sondern stellen gewissermaßen die zwei Seiten ein- und derselben Medaille dar: Wenn Menschen tiefer in den Glauben eindringen, wenn sie ein Gespür für den Glauben entwickeln, dann sind und bleiben sie damit auch in der Wahrheit. Umgekehrt: Wer die Wahrheit des Glaubens erfasst hat, hat auch ein Gespür, einen »Sinn« dafür.

Der eigene Zugang zum Glauben und das Bleiben in der Wahrheit ist demnach gerade kein Vorrecht von Theologie und Amt in der Kirche. Vielmehr haben alle Glaubenden durch den Glaubenssinn eine eigene Kompetenz im Glauben, die sich freilich von der der Theologie und des Amtes unterscheidet. Obwohl der Glaubenssinn allen Gliedern der Kirche zukommt, wird der Begriff in der Regel nur auf jene Glieder des Volkes Gottes angewandt, die weder ein Leitungsamt bekleiden noch wissenschaftliche Theologie betreiben.

Der Glaubenssinn wird greifbar in verschiedensten Lebensbereichen: in allen persönlichen Glaubenszeugnissen und -bekenntnissen, in Berufsleben und Familie, im Verhalten in Wirtschaft, Gesellschaft und Politik, in allen kulturellen Äußerungen wie Kunst, Architektur, Literatur, Musik. Neue Formen der Liturgie, Spiritualität, Andacht und Volksreligiosität gehören dazu ebenso wie das prophetische Zeugnis geistlicher Bewegungen. Er zeigt sich in neuen kirchlichen Gemeinschaftsformen wie den Basisgemeinden ebenso wie in den Initiativen zur Inkulturation des Glaubens in Asien und Afrika, in der Aufbruchbewegung von Frauen in der Kirche ebenso wie in den Stimmen der Jugendlichen.

Mit der Rede vom Glaubenssinn steht der Dogmatik eine theologische Kategorie zur Verfügung, um diese vielfältigen Glaubenszeugnisse in ihrem Gewicht und ihrer Bedeutung zu würdigen. Freilich ist der Glaubenssinn nicht einfach statistisch oder mit Hilfe soziologischer Kategorien erhebbar. Ein »Sinn« lässt sich nicht einfach durch Meinungsfragen ermitteln, sondern allenfalls indirekt feststellen. Darin liegt zweifelsohne eine gewisse Problematik: Eindeutigkeit und Sicherheit sind nicht unbedingt das, was der Glaubenssinn bieten kann. Darüber hinaus ist eine offene Frage, welche Möglichkeiten bzw. Gremien den Glaubenden zur Verfügung stehen, um ihren Glaubenssinn zu artikulieren. Denn während Amt und Theologie über vorgegebene Strukturen verfügen, ist dies bei den übrigen Glaubenden nicht der Fall.

Der Glaubenssinn hat seinen Ort im Gefüge der verschiedenen Bezeugungsinstanzen des Glaubens neben Schrift, Tradition, Theologie und kirchlichem Lehramt. In der Bezeugung des Glaubens haben sie jeweils unterschiedliche Funktion: Die Heilige Schrift als ursprünglichstes Glaubenszeugnis stellt die oberste Norm dar. Die Tradition ist die Umsetzung des Zeugnisses der Schrift in der Lebens- und Glaubenspraxis der Kirche. Die Theologie hat den Glauben zu reflektieren und in der jeweiligen Zeit neu auszulegen, während es dem kirchlichen Lehramt zukommt, ihn zu sichern und vor Verfälschungen zu bewahren. Der Glaubenssinn schließlich ist die Art und Weise, wie der Glaube im alltäglichen Leben der Kirche und insbesondere der Laien präsent ist. Weil der Glaube nur im Zusammenspiel der verschiedenen Instanzen bezeugt wird, ist der Glaubenssinn keine isolierte Größe, sondern an die anderen gebunden; umgekehrt kann er aber auch nicht einfach von einer von ihnen ignoriert oder aufgesogen werden.

Wenngleich der Begriff »Glaubenssinn« in kirchenamtlichen Dokumenten bis zum Zweiten Vatikanum überhaupt nicht begegnet, ist er doch keineswegs eine Erfindung des Konzils. So wurde in der Verfassungswirklichkeit der Urkirche mit der Geistbegabung aller Glaubenden dadurch Ernst gemacht, dass wichtige Entscheidungen durch den Konsens mehrerer bzw. der ganzen Gemeinde getroffen wurden (*Apg 1,23ff; 6,1–7; 15*). Auch in der Alten Kirche galt das Prinzip: »Was alle angeht, soll von allen entschieden werden« – konkretisiert in der Wahl der Bischöfe durch die ganze Gemeinde oder in der Beteiligung von Laientheologen an Konzilien und Synoden. Während mit der zunehmenden Konzentration der Autorität und Lehrgewalt in der Kirche auf den Klerus die Bedeutung des Glaubenssinnes mehr und mehr in Vergessenheit geriet, wurde er vom Zweiten Vatikanum im Kontext des Kirchenverständnisses geradezu wiederentdeckt und nun neu auf den Begriff gebracht.

() | *Verweise*

Heiliger Geist; Kirche; Laie; Lehramt; Theologie; Tradition; Unfehlbarkeit

Gnade

Die umgangssprachliche Verwendung des Wortes »Gnade« in Formulierungen wie »Herrschaft von Gottes Gnaden«, »Begnadigung eines Verbrechers« oder »Gnade, die vor Recht ergeht« macht deutlich, dass »Gnade« ein Gegenbegriff zu »Leistung« ist. Gnade, ein althochdeutsches Wort, bezeichnet das, was ein Mensch nicht verdient hat: besondere Güte, Gunst, Nachsichtigkeit, Großzügigkeit, Barmherzigkeit. In der Theologie ist von der Gnade im Zusammenhang mit Gott die Rede. Gnade ist ein Relationsbegriff, der die Beziehung Gottes zum Menschen bzw. das Handeln Gottes am Menschen beschreibt – nämlich eine Beziehung und ein Handeln in freier, ungeschuldeter und selbstloser Liebe, die Gott von sich aus dem Menschen schenkt und die er sich nicht verdienen kann.

Das ganze AT zeugt von der Gnade Gottes gegenüber dem Menschen, die im Bundesschluss ihren konkreten Ausdruck findet. Umschrieben wird sie durch Begriffe wie »Güte«, »Erbarmen« und »Zuneigung«. Im NT betont die Botschaft Jesu in besonderer Weise die Barmherzigkeit und Vergebungsbereitschaft Gottes (*Mt 20,1–16; Lk 15,11–32*). Ein zentraler Begriff ist Gnade (Griech.: »charis«) dann in der Theologie des Paulus (z.B. *1 Kor 15,10; 2 Kor 8 u. 9*): Dass der Mensch glauben, umkehren, Gutes tun kann, verdankt er allein der Gnade Gottes, die für ihn keine andere ist als die Gnade Jesu Christi (*2 Kor 8,9; 12,9; Gal 1,6; Röm 5,15*).

Im Bemühen, dem Begriff »Gnade« in seinen verschiedenen Dimensionen gerecht zu werden, nahm die Theologie schon bald, umfassend dann durch Thomas von Aquin (1225–1274) eine Systematisierung des Gnadenbegriffes vor. So unterscheidet sie zwischen der »ungeschaffenen Gnade«, die Gott selbst ist in seiner Zuwendung zum Menschen, und der »geschaffenen Gnade« als den Wirkungen, die die gnadenvolle Zuwendung Gottes im Menschen hinterlässt. Die göttliche Gnade nämlich verändert den Menschen, wandelt ihn um, macht ihn zur »neuen Schöpfung« (*Tit 3,4; 1 Petr 1,3.5; 2 Kor 5; Joh 3,3–8*).

Was die Wirkungen der Gnade betrifft, unterscheidet sie zwischen der sündenvergebenden Gnade, auf die die westliche

Theologie besonderes Augenmerk gelegt hatte, und der sog. heiligmachenden Gnade, die für die Theologie des Ostens im Mittelpunkt gestanden hatte. Die Gnade Gottes gleicht nicht nur das Fehlverhalten des Menschen aus, sondern schenkt ihm darüber hinaus Anteil am Leben Gottes, »vergöttlicht« ihn, indem sie ihn Gott ähnlich werden lässt (*Jer 2,30; Tit 2,12*).

So hilfreich solche Differenzierungen einerseits sind, stehen sie andererseits auch in der Gefahr, Gnade in einem dinglichen Sinne misszuverstehen und die eine Gnade Gottes geradezu aufzuteilen. Aus diesem Grund können die unterschiedlichen Dimensionen von Gnade nicht voneinander getrennt werden und sind nur in ihrer wechselseitigen Beziehung zu verstehen.

Ein weiterer wichtiger Reflexionspunkt im Mittelalter war das Verhältnis von Gnade und Geschöpflichkeit bzw. Natur des Menschen. Insofern die Gnade über die menschliche Natur hinausgeht, ist sie als »übernatürlich« zu qualifizieren. Dabei trifft sie nicht auf eine in sich abgeschlossene menschliche Natur, sondern diese ist auf Gott und seine Gnade hin angelegt. Erst durch die Gnade kommt sie zu ihrer Erfüllung und wird vollendet. Die neuere Theologie bringt diese Offenheit der menschlichen Natur auf Gott und seine Gnade mit Hilfe der Rede vom »übernatürlichen Existential« zum Ausdruck, das auf die Selbstmitteilung Gottes ausgerichtet ist.

In der Reformation wurde das Thema »Gnade« zum Streitpunkt schlechthin. Martin Luther wandte sich gegen eine Praxis, die ganz auf das Tun des Menschen und auf die »guten Werke« setzte, in Verbindung mit Tendenzen innerhalb der Theologie, die Erwägungen anstellte über ein verdienstliches Handeln der Menschen aus eigener Kraft. Dem stellte Luther sein Prinzip »die Gnade allein« (Lat.: »sola gratia«) und seine Auffassung von Rechtfertigung entgegen. Der ökumenische Dialog hat mittlerweile gezeigt, dass die amtliche katholische Lehre immer an der alleinigen Initiative Gottes, auch im Blick auf das Wollen und Tun des Guten vonseiten des Menschen, festgehalten hat, so dass in dieser Hinsicht kein kirchentrennendes Hindernis besteht.

Allerdings bedeutet das gnadenvolle Handeln Gottes am Menschen nicht dessen Passivität. Wenngleich die Zuwendung Gottes eine Gabe ist, so wird sie doch zugleich auch zur Aufgabe. Dies zeigen sowohl die biblischen Berufungserzählungen als auch die Charismenlehre bei Paulus.

Die traditionelle Gnadenlehre stand in der Gefahr, Gnade auf eine unsichtbare und rein innerlich erfahrbare Wirkung Gottes am Menschen zu verstehen. Dies ist jedoch nicht das Gnadenverständnis der Bibel. Für sie ist die gnadenvolle Zuwendung Gottes zum Menschen sichtbar und greifbar, nicht innerlich, sondern leibhaftig erfahrbar. Das Exodus-Ereignis steht exemplarisch für die Gnadenerfahrung im AT. Auf ganz besondere, nicht mehr zu überbietende Weise verleiblicht sich die Gnade Gottes in Jesus Christus, nachfolgend in der Kirche und dort besonders in den Sakramenten. Die neuere Theologie, nicht zuletzt die Befreiungstheologie, trägt diesem Aspekt der Verleiblichung und damit dem inkarnatorisch-sakramentalen Charakter der Gnade stärker Rechnung. Theologie und Kirche können nicht die Gnade Gottes verkünden, wenn sie sich nicht zugleich einsetzen für die Lebensbedingungen von Menschen und gegen ungerechte Strukturen ankämpfen, wenn ihre Verkündigung nicht von einer entsprechenden christlichen Praxis getragen ist.

( ) *Verweise*

Charisma; Evangelisch; Gott; Heil; Inkarnation; Sakrament

Gott

DAS WORT »GOTT« gibt es in den verschie-
densten Religionen und Kulturen, ohne dass es möglich wäre,
einen gemeinsamen Gottesbegriff zu formulieren. Gemeinsam
ist ihnen, dass mit diesem Wort ein Geheimnis zur Sprache
gebracht werden soll, das dem Menschen unverfügbar ist und
das sich jeglicher Definition entzieht. Dieses Geheimnis wird
unterschiedlich interpretiert und mit den unterschiedlichsten
Bezeichnungen belegt, mit »höchstem Wesen« ebenso wie mit
»Nichts«, wenn seine Einordnung in die Reihe der bekannten
Wesen negiert werden soll. Das deutsche Wort »Gott« leitet die
Sprachwissenschaft aus einem alten Wort für »rufen, anrufen«
her – Gott als das Wesen, das Menschen anrufen, etwa wenn sie
in Not sind.

Immer geht es um eine andere Art von Wirklichkeit als die
sichtbare und empirisch erfahrbare (»Empirie« = »Erfahrung«).
»Gott« steht weder für einen Teilbereich noch für eine Wirklichkeit neben oder über der uns bekannten, sondern für die alles
umfassende, alles begründende und bestimmende Wirklichkeit.
Darum kommt Gott nicht so vor wie die Dinge oder Menschen
dieser Welt. Auf diesem Hintergrund hat der evangelische Theo-
loge Dietrich Bonhoeffer den Satz geprägt: »Einen Gott, den es
gibt, gibt es nicht.« Von Gott zu reden, macht darum nur dann
Sinn, wenn nicht ein positivistisches Wirklichkeitsverständnis,
das nur das Faktische (von Lat.: »positum« = »das Gesetzte, das
Faktische«) gelten lässt, absolut gesetzt wird. Darum kann Gott
auch nicht mit den Mitteln und Methoden der Naturwissenschaft,
insofern sie sich auf das faktisch und empirisch Vorfindliche
beziehen, bewiesen oder widerlegt werden. Wo Gott als Teil der
Welt bzw. als Welterklärungshypothese missverstanden wird,
da wird er zwangsläufig zum Lückenbüßer und Platzhalter für
menschliches Nichtwissen – eine Vorstellung, die verabschiedet
werden muss, weil sie Gott niemals gerecht werden kann.

Die Theologie spricht von der Transzendenz Gottes (von Lat.:
»trans-scendere« = »hinübergehen, überschreiten«), um zum
Ausdruck zu bringen, dass Gott die uns bekannte Wirklichkeit,
nicht nur graduell, sondern wesentlich überschreitet, dass er

anders, größer ist als sie, eben der »ganz Andere«. Eben weil Gott nicht eine Wirklichkeit neben der anderen ist, kann er deswegen in aller Wirklichkeit anwesend sein. Aus der Transzendenz folgt seine Unverfügbarkeit: Er entzieht sich menschlichem Zugriff, lässt sich nicht einplanen, lenken oder dirigieren.

Dass Menschen zu dieser transzendenten Wirklichkeit überhaupt einen Zugang finden können, setzt voraus, dass sie selbst die Fähigkeit zum Transzendieren besitzen. In jeder Erkenntnis, aber auch im Zweifeln und Fragen, im Reflektieren nach dem Woher und Wohin, nach der eigenen Herkunft und Zukunft, in allen Akten des Staunens, der Freude, aber auch der Angst und nicht zuletzt angesichts der Erfahrung des Todes vollziehen Menschen – vielfach unbewusst – diesen Ausgriff auf die Transzendenz, ja selbst dann, wenn sie sie explizit leugnen. Mit der Rede von der Transzendenz oder der bestimmenden Wirklichkeit ist freilich noch nichts inhaltlich über Gott ausgesagt, wer oder wie Gott ist.

Das christliche Gottesverständnis gründet in der Offenbarung Gottes in der Geschichte: Nicht der Mensch muss auf Gott zukommen, um ihn durch denkerische oder andere Bemühungen zu erfassen, sondern Gott kommt auf den Menschen zu und erschließt sich ihm. Damit setzt das Christentum nicht bei einem »allgemeinen«, philosophischen oder durch Abstraktion aus verschiedenen Religionen gewonnenen Gottesbegriff an, sondern bei den Erfahrungen, die Menschen durch die Geschichte hindurch mit dem sich mitteilenden Gott machen und die in der Bibel ihren schriftlichen Niederschlag gefunden haben. Gott wird dabei nicht nur in seiner Welttranszendenz erfahren, sondern zugleich in seiner Immanenz, als derjenige, der in Welt und Geschichte begegnet, als der ganz Ferne und ganz Nahe zugleich. Gott ist für das Alte und das Neue Testament kein namenloses höheres Wesen, sondern wird erfahren als »Du«, als personales Gegenüber, das mit Leidenschaft für die Menschen und ihr Heil eintritt, das sie anspricht und selbst angesprochen werden will, das um das Ja der Menschen ringt und ihnen immer wieder eine Chance gibt, wenn sie die Gemeinschaft mit ihm aufkündigen.

Gott bekommt durch die Geschichte der Offenbarung ein »Gesicht«: als der Gott Abrahams, Isaaks und Jakobs, der Land, Nachkommen und Schutz verheißt (*Gen 12–36*); als Gott Jahwe, der »Ich-bin-da« (*Ex 3,14*), der für die Menschen eintritt; als Gott des Exodus, der zur Freiheit führen will (*Ex 24*), als Gott des Dekalogs, der in seinen Geboten gelingendes Leben in Aussicht stellt (*Dtn 5,6–21*), in der Verkündigung der Propheten als Gott, der Recht und Gerechtigkeit einfordert; als Gott, der durch seinen Geist in den Menschen gegenwärtig ist; schließlich als der Gott, der in Jesus Christus selbst Mensch wird, der sich in Liebe den Menschen zuwendet und in sich selbst Liebe ist (*1 Joh 4,8.16*). Kein Bereich der Wirklichkeit bleibt nach dem christlichen Glaubensverständnis von Gott ausgespart: Er umfasst Leben und Tod und ist als Schöpfer zugleich Vollender der Welt. Zugleich bleibt er unbegreiflich und dem menschlichen Zugriff entzogen. Das biblische Bilderverbot (*Dtn 5,8*) ist eine Absage und zugleich eine Kritik an allen menschlichen Gottesbildern und -vorstellungen. Es erlaubt damit auch nicht die einseitige Festlegung Gottes auf männliche Kategorien – gerade das AT bietet eine Fülle von weiblichen Gottesbildern (vgl. exemplarisch *Num 11,12–14; Hos 11; Jes 49,15f; 66,13*).

Die christliche Gottesvorstellung war nicht von Anfang an »fertig« offenbar, sondern bildete sich Schritt für Schritt heraus. Erst nach einer Phase der Klärung gelangte Israel überhaupt zum Bekenntnis, dass Gott einer ist, später zu der Erkenntnis, dass er nicht nur der Gott des auserwählten Volkes, sondern ein Gott für alle Menschen ist. Die Gottesoffenbarung in Jesus Christus knüpft einerseits an diejenige des AT an, setzt andererseits aber nochmals neue Akzente, zum einen durch die Menschwerdung, zum anderen durch die Erfahrung des Kreuzes. Indem Gott in Jesus Christus Mensch wird, macht er auf unüberbietbare Weise offenbar, was und wie er ist – ein Gott ganz für die Menschen. Das Kreuz wirft insofern neues Licht auf die Gottesvorstellung, weil es zeigt, dass der Gott Jesu Christi nicht einfach nur die Erfüllung menschlicher Sehnsüchte und Projektionen ist, sondern auch der, der alle menschlichen Erwartungen und Vorstellungen durchkreuzt. Der christliche Gott ist nicht nur, aber auch ein Gott für die Schwachen, Kranken, Armen, Unterdrückten; ein Gott, der eindeutig auf der Seite der Opfer und nicht der Henker steht, der seine Macht unter der Gestalt der Ohnmacht, nicht als Herrschaft, sondern als Liebe durchsetzt.

Konstitutiv für die christliche Gottesvorstellung ist nicht nur der Glaube an den einen Gott, sondern an den Gott, der sich in der Geschichte als Vater, Sohn und Geist und damit als dreifaltiger offenbart. Wird die Trinitätslehre erst später entfaltet, so finden sich Zeugnisse für den Dreifaltigkeitsglauben bereits im NT. Die trinitarische Differenz in Gott macht es möglich, seine Transzendenz und seine Gegenwart in der Geschichte bzw. seine Anwesenheit in den Menschen zugleich zu denken.

Die christliche Theologie unterscheidet zwei grundlegende Weisen des Zugangs zu Gott: Neben der Gotteserkenntnis durch die Offenbarung hält sie an der Möglichkeit einer »natürlichen« Gotteserkenntnis fest: Demnach kann Gott mit dem »natürlichen Licht der menschlichen Vernunft« aus der Schöpfung erkannt werden. Dass Gott kraft der menschlichen Vernunft an seinen Spuren in der Schöpfung, in der Natur, im Gewissen, auch in der Gottesverehrung der Heiden erkannt werden kann – nicht zwangsläufig muss! –, ist in der Heiligen Schrift selbst grundgelegt (vgl. *Weish 13,1.4f; Apg 17,27f; Röm 1,19f*). Dieser Gedanke bestreitet weder, dass alle Gotteserkenntnis durch Gott selbst ermöglicht ist, noch behauptet er die bloße Herleitbarkeit des Gottesbegriffes durch die menschliche Vernunft, sondern vielmehr, dass er zu ihr nicht im Widerspruch steht.

( ) | *Verweise*

Allmacht; Christus; Gotteslehre; Heiliger Geist; Negative Theologie; Offenbarung; Theologie; Trinität; Wirken Gottes

Gotteslehre

Das Alte und Neue Testament kennen weder eine Gotteslehre noch einen einheitlichen Gottesbegriff; schon gar nicht machen sie den Versuch, zu definieren, was bzw. wer Gott ist. Vielmehr sprechen sie in unterschiedlichsten, vielfach anthropomorphen (Griech.: »menschenähnlichen«) Bildern von Gott: als Vater und Mutter, Herr, Herrscher, König, Hirte etc. Diese Bilder sind Ausdruck der Erfahrungen, die die Menschen in der Geschichte mit Gott machen.

Die Gottesvorstellung veränderte sich, als Gott im Rahmen der Ausbreitung des christlichen Glaubens im griechisch-hellenistischen Raum zum Gegenstand philosophischer Reflexion und mit Hilfe der Kategorien der griechischen, vor allem platonischen Philosophie artikuliert wurde. Dabei wurde der platonische Gottesbegriff, der sich nicht auf Offenbarung, sondern auf die Metaphysik gründet, keineswegs einfach von der frühchristlichen Theologie, die sich durchaus dem biblischen Glaubenszeugnis verpflichtet wusste, übernommen. Sie knüpfte jedoch an die platonische Gotteslehre an, insofern sie Gott im Gegenzug zur endlichen Wirklichkeit als oberstes Prinzip und höchstes, absolutes Sein dachte. Der Gott der Philosophen zeichnete sich aus durch absolute Transzendenz – konkret: durch Affektlosigkeit, Unveränderlichkeit, Selbstgenügsamkeit, Allwissen und Allmacht. Das unterschied ihn grundlegend von der übrigen Wirklichkeit, die der Veränderlichkeit und den Affekten unterworfen, nicht allwissend und nicht allmächtig war.

Im Zuge der Rezeption der Gottesprädikationen der griechischen Metaphysik erschien die weltentrückte Transzendenz Gottes immer dominierender und überlagerte den Glauben an den sich in der Welt offenbarenden, geschichtsmächtigen Gott. Gott wurde als der »ewige, unermessliche und unveränderliche, unbegreifliche, allmächtige und unaussprechliche Gott« (so eine Definition des 4. Laterankonzils 1215) und zudem als absolut leidenslos gedacht. Damit war aber ein ganz und gar statisches Gottesbild zugrundegelegt. Das Mitleiden Gottes wurde zur »apatheia«, zur absoluten Affektlosigkeit, seine Ewigkeit, in der Schrift als zeitlose Treue verstanden, zur Abgeschiedenheit von aller Zeit und Geschichte, seine alles umgreifende Macht zur »Allmacht«, die auch Widersprüchliches zu vollbringen vermag.

In diesen Kontext war der Gedanke des Kreuzes nur schwer zu integrieren. Dass Gott in irgendeiner Verbindung mit dem Kreuz steht, musste auf diesem Hintergrund in der Tat als »Torheit« erscheinen. So wurde der Gottesgedanke nicht vom Kreuz her entworfen, sondern gewissermaßen nachträglich versucht, das Kreuz mit dem Gottesbegriff zusammen zu denken. Die biblische Vorstellung vom »lebendigen«, dynamischen, ja temperamentvollen Gott, von dem es in der Schrift heißt, dass er zürnt, trauert, sich freut, bereut, sich umstimmen lässt, sich für den Menschen bis ins Letzte, ja bis ins Kreuz hinein engagiert und mit ihm mitleidet, wurde mehr und mehr zurückgedrängt. Dennoch bestimmte der metaphysische Gottesbegriff die Gotteslehre über viele Jahrhunderte – hatte er doch Entscheidendes zur Inkulturation des christlichen Gottesglaubens beigetragen und ihn so überhaupt erst kommunikabel gemacht.

Im späten Mittelalter zeichnete sich innerhalb der Theologie, und schließlich vor allem bei den Reformatoren eine deutliche Skepsis sowohl gegenüber der philosophischen Gotteslehre als auch gegenüber einer rationalen Begründung des Gottesglaubens ab. Anstelle der Metaphysik wurde zunehmend der Glaube an den »Gott der Offenbarung« eingefordert. In diesem Zusammenhang legte Martin Luther eine »theologia crucis« vor, die den Gottesbegriff vom Kreuz Jesu Christi her einer Neuinterpretation unterzog und in der Folge das Kreuz nicht als ein »Kapitel« innerhalb der Gotteslehre thematisierte, sondern als zentralen Ort der Gottesoffenbarung. Sein Ansatz wurde später auch von der katholischen Theologie aufgegriffen. Mit Recht stellt sie heute, nicht zuletzt angesichts der gegenwärtigen Krise des Gottesglaubens, eine ausschließlich oder vorwiegend metaphysisch-philosophisch ausgerichtete Gotteslehre in Frage, ohne sie jedoch völlig zu negieren.

Die neueren Ansätze in der Gotteslehre sind zum einen gekennzeichnet durch eine Rückbesinnung auf die biblische Überlieferung, zum anderen durch die sog. »anthropologische Wende« (Griech.: »anthropos« = »Mensch«), die den Gottesgedanken vom menschlichen Daseinsvollzug her zu erhellen sucht. Wenn ein Mensch in seinem Daseinsvollzug ausgreift auf die

Wirklichkeit – sei es in der Erkenntnis, indem er diese Wirklichkeit zu begreifen sucht, sei es in der Reflexion darüber, im Fragen und Zweifeln, sei es in der Suche nach, aber auch im Abstrei-
ten von absolutem Sinn – so vollzieht er immer einen Vorgriff
auf die ganze Wirklichkeit, auf das »Sein überhaupt«, auf die
absolute Erkenntnis, auf den unbedingten Sinn. Sein Ausgrei-
fen setzt voraus, dass es einen letzten Sinngrund gibt, der die
Bedingung der Möglichkeit dieses Begreifens und Ausgreifens
ist. Auf ihn bezieht sich der Mensch in jedem Daseinsvollzug,
sei es bewusst oder unbewusst; auf ihn vertraut er als letzte
Wirklichkeit – auch wenn er sie nicht mit dem Namen »Gott«
bezeichnet. In diesem Sinne stellt jeder Mensch die Frage nach
Gott bzw. nach der Begründung der eigenen Existenz in einem
absoluten göttlichen Wesen, wenngleich vielfach unreflektiert
und unbewusst.

( ) *Verweise*

Christus; Glaube; Gott; Offenbarung; Theologie

Heil

DER GOTT der Bibel offenbart sich als ein Gott, der die Menschen zum Heil führen will (*1 Thess 5,9*). Entsprechend qualifiziert die Theologie die Geschichte Gottes mit dem Menschen als »Heilsgeschichte«, seinen Willen als »Heilswillen« und Jesus als »Heiland«. Heil, ein aus dem Gotischen abgeleitetes Wort, meint ursprünglich »Ganz-Sein« – im englischen »whole« sind noch beide Bedeutungen präsent. In ähnlicher Weise spricht auch die Umgangssprache etwa vom »Heilmachen« eines kaputten Spielzeugs; Heilung und heilen im Sinne von »Gesund-Machen« zielen in dieselbe Richtung. Heil ist mehr als die Abwesenheit von Unglück, Trauer und Leid – nämlich der Inbegriff der Positivität und die Erfüllung von Menschsein schlechthin. Damit ist Heil der Inbegriff menschlicher Erwartung und religiöser Verheißung, das Ziel des erlösenden Handelns Gottes am Menschen.

Altes wie Neues Testament verstehen Heil im umfassenden Sinn: innerlich wie äußerlich, geistig-spirituell wie leibhaftig erfahrbar. Der Heilsbringer ist Jesus Christus, wie schon sein Name bezeugt, der übersetzt »Jahwe ist Heil« bedeutet. So ist auch seine Botschaft vom Reich Gottes Heilsbotschaft und sein Handeln an den Menschen Heilshandeln: Freude für die Trauernden, Befreiung für die von Dämonen Besessenen, Entlastung für die vom Gesetz Beladenen, Vergebung von Schuld für die Sünder/innen, Annahme für die Verachteten, Integration für die Ausgeschlossenen, Liebe für Freunde wie für die Feinde. Vor allem sind seine Krankenheilungen als Ausdruck und Konkretion seines Heilswirkens zu verstehen. Auf keine andere Weise hätte Jesus besser zum Ausdruck bringen können, dass die Gottesherrschaft nicht als rein innerliche oder jenseitige Größe mißverstanden werden darf, sondern dass sie mit ihrer konkret leibhaftigen Dimension den ganzen Menschen erfaßt. Jesu heilvolles Handeln setzt sich fort bis in seinen Tod, der dadurch zum Heilstod wird.

Die biblische Botschaft bezeugt unmissverständlich, dass Gott alle Menschen zum Heil führen möchte (*Röm 8,28.34f; 11,32; Tim 2,3f; Eph 1,4–6.11; Mt 18,14*). Nicht nur einige Auserwählte sind zum Heil bestimmt, sondern auch und gerade die Sünder/innen (*Mt 18,12–14; Lk 5,31; 15,1–10.11–32*), wenn sie zur Umkehr bereit sind. Von daher verbietet sich der Gedanke von der Vorherbestimmung (Prädestination) einiger zu Unheil und Verdammnis, wie ihn vor allem Augustinus (354–430) vertreten und Jean Calvin (1509–64) weiterentwickelt hatte. Auch die Formulierung, dass Jesus sein Blut »für viele« (*Mk 14,24; Mt 26,28*) hingegeben hat, ist kein Hinweis darauf, da im Aramäischen »viele« ein Synonym für »alle« ist.

Heil ist keine rein jenseitige Größe, sondern muss ansatzhaft und fragmentarisch hier und jetzt in dieser Welt verwirklicht und auch erfahrbar werden. Dies geschieht je nach Kontext auf unterschiedliche Art und Weise und in verschiedenen Konkretionen. Gerade Frauen fordern diese Welthaftigkeit des Heils immer wieder von neuem ein – als Zu-sich-selbst-Kommen und Mit-sich-identisch-Werden, als Sich-angenommen-Wissen trotz aller Grenzen, als Erleben erfüllter Gemeinschaft, als Erfahrung bis in ihre Leiblichkeit hinein. Dennoch kann Heil hier und jetzt immer nur unter den Bedingungen menschlicher Begrenztheit erfahren werden. In seiner Vollendung ist es Verheißung und Erwartung für die Zukunft und damit eine eschatologische Größe.

Die gegenwärtige theologische Reflexion sieht sich herausgefordert durch die verschiedenen »Heilslehren« aus dem Bereich der Esoterik und der New-Age-Bewegung, die auf dem »Markt der Möglichkeiten« ein Konkurrenzangebot zur christlichen Heilsverheißung darstellen. Eine weitere Herausforderung besteht darin, dass immer mehr Menschen ihre Heilserwartung in der Verwirklichung eines möglichst hohen Maßes an innerweltlichem Glück erfüllt sehen. Die Heilserwartung wird damit säkularisiert und Heilssuche als Suche nach Gott ausgeblendet.

○ | *Verweise*

Christus; Erlösung; Feministische Theologie; Gnade; Gott; Leid

Heilig, das Heilige

DAS DEUTSCHE WORT »heilig« hat die Grundbedeutung »eigen« und bezeichnet das, was der Gottheit zu eigen ist. Während vielen Menschen innerweltliche Güter »heilig« sind – beispielsweise ihre Freizeit, ihr Hobby, die Familie – ist das Heilige in den Religionen der Gegenbegriff zum Profanen, »Weltlichen«. Das Heilige ist das Göttliche, das Unverfügbare, das dem direkten Zugriff des Menschen entzogen ist.

Im AT ist »heilig« die Wesensbestimmung Gottes schlechthin: Er ist »der Heilige in deiner Mitte« (*Hos 11,9*), der »Heilige Israels« (vgl. *Num 16,5; Ijob 6,10; Spr 9,10; Ps 89,19;* sowie *Jes 6,3*). Das Heilige ist somit ein Synonym für die Göttlichkeit Gottes. Es ist nicht, wie vielfach in unserer Alltagssprache, eine ethische, sondern eine »ontische«, seinshafte Kategorie. Gott wird nicht deswegen heilig genannt, weil er moralisch vollkommen ist, sondern weil er von seinem Wesen her heilig ist.

Der entsprechende Begriff im Hebräischen – »kadosch« – hat die Bedeutung von »abgesondert« und bezeichnet jene Wirklichkeit, die vom Profanen abgeschieden ist. Gottes Heiligkeit zeigt sich darum als absolute Erhabenheit gegenüber allem Geschaffenen, gegenüber Schöpfung und Mensch (*Ex 15,11; Jes 40,25; Ps 99,3*). Als der Heilige ist er der ganz Andere, in seiner Transzendenz von dieser Welt grundsätzlich unterschieden. Seine Heiligkeit erweist sich zugleich auch als vollkommene Güte und Gerechtigkeit (*Lev 19,2; Jes 5,16*). Damit ist sie eine seinshafte und eine ethische Wirklichkeit zugleich.

Die Heiligkeit Gottes wirkt einerseits faszinierend und damit anziehend, andererseits aber auch furchterregend, ja verstörend, weil sich angesichts ihrer die Menschen ihrer eigenen Nichtigkeit bewusst werden. Die Theologie spricht darum vom »mysterium tremendum et fascinosum« – vom Geheimnis Gottes, das erzittern lässt und faszinierend wirkt zugleich. Der Heiligkeit Gottes entspricht aufseiten des Menschen die Haltung der Ehrfurcht, in der diese beiden Momente aufgehoben sind.

Gott ist es, der andere heilig macht, dadurch dass er an seiner Heiligkeit Anteil gibt. Seine Heiligkeit ist in Bezug auf die Geschöpfe ein Relationsbegriff: Sie setzt Beziehung, indem sie das Nicht-Göttliche in seinen Bereich hineinnimmt. Durch ihn wird Israel zu einem heiligen Volk, das er aus allen Völkern erwählt hat (*Ex 19,6; Lev 11,45*). Einzelne Personen, Orte oder Dinge werden dann heilig genannt, wenn Gott sie in seinen Dienst nimmt oder sie zeichenhaft für die göttliche Wirklichkeit stehen.

Dieses Verständnis von Heiligkeit führt das NT weiter. Heilig (Griech.: »hagios«) ist Gott als dreifaltiger: als Vater (*Joh 17,11*), als Sohn, der nun mehrfach als »der Heilige« bzw. der »Heilige Gottes« bezeichnet wird (*Mk 1,24; Lk 4,34; Joh 6,69; Apg 3,14; 4,27; 1 Joh 2,20*) und als Heiliger Geist – nunmehr eine festgefügte Wortverbindung. Auch hier ist es Gott selbst, der andere heilig macht und zur Heiligkeit beruft. So kann die neu entstehende Gemeinschaft der Glaubenden als »die Geheiligten in Christus Jesus« (*1 Kor 1,2*), als »heilige Priesterschaft« (*1 Petr 2,5*), als »heiliger Stamm« (*1 Petr 2,9*) und im Glaubensbekenntnis als »heilige Kirche« bezeichnet werden.

Aus der Heiligkeit Gottes folgt der Auftrag an die Menschen, in seinem Sinne zu leben und zu handeln und so selbst heilig zu werden: »Ihr sollt heilig sein, weil ich heilig bin« (*Lev 11,45*). Im NT sind alle, die an Christus glauben, zu einem heiligen Leben in seiner Nachfolge berufen (*Röm 1,7; Eph 1,4; 1 Thess 4,3; 1 Petr 1,15*). In diesem Sinne sind zunächst alle Christen »Heilige«; die Engführung des Begriffes auf besondere bzw. herausragende Ausprägungen des Christseins ist demgegenüber erst sekundär.

122 123

() | *Verweise*

Christus; Gott; Heilige; Kirche; Trinität

Heilige

F ü r d a s N T s i n d a l l e Christen »Heilige«
(*Apg 9,13; Röm 8,27; Eph 1,1*), insofern sie durch den Glauben
und die Taufe Anteil haben an der Heiligkeit Gottes. Bereits
ab dem 2. Jh. werden mit diesem Wort dann nur noch jene
Christen bezeichnet, die den Glauben in herausragender Weise
leben: zunächst die Märtyrer, nachfolgend die »Bekenner«, die
um ihres Glaubens willen gefoltert wurden, später Asketen und
Einsiedler, Mönche und Missionare, Herrscher/innen und Solda-
ten, Bischöfe, Kirchenlehrer/innen und Ordensgründer/innen.
Die seinshafte Dimension von Heiligkeit tritt damit zurück;
dafür rückt die ethische Komponente in den Vordergrund: Heilig
erscheinen Menschen nicht durch ihr einfaches Christsein, sondern aufgrund ihres besonderen Zeugnisses. Dieser Begriff von
Heiligkeit ist nicht falsch, steht jedoch in der Gefahr, Heiligkeit
auf Ethik oder gar auf die persönliche Leistung zu reduzieren
und den grundlegenden Bezug zur Heiligkeit Gottes zu übersehen. Das Zweite Vatikanische Konzil betont demgegenüber mit
Recht, dass persönliche Heiligkeit nicht nach Außerordentlichem
verlangt, sondern sich im täglichen Leben, in der Familie und im
Beruf durch die Gottes- und Nächstenliebe vollzieht.

»Heiliger« bzw. »Heilige« wurde im Lauf der Zeit zu einem
echten Titel, der zunächst einfach aufgrund der Verehrung
zugesprochen wurde. Äußeres Zeichen dafür war die Erhebung
»zur Ehre der Altäre«, d.h. die Erhebung ihrer Gebeine und ihre
erneute Beisetzung in einem Altar im Beisein des zuständigen
Bischofs. Ab dem 10. Jh. setzte sich dann ein eigenes kirchen-
rechtliches Verfahren, die Heiligsprechung durch. Seit dem
16. Jh. ist dieses Verfahren dem Papst vorbehalten, nachdem
man sich angesichts von Missbräuchen und um dem Vorgang größeres Gewicht zu verleihen, bereits vorher dafür immer wieder
an den Bischof von Rom gewandt hatte. Die Praxis der Heiligsprechung verlangt einen sog. Kanonisationsprozess, an dessen
Ende das Urteil über die Heiligkeit des oder der Betreffenden
steht. Voraus geht ihr die sog. Seligsprechung, die keine andere
Qualität als die Heiligsprechung hat, sondern die Verehrung der
betreffenden Persönlichkeit für einen begrenzten Raum, z.B. für

ein bestimmtes Land oder eine bestimmte Ordensgemeinschaft zulässt. Mit der Heiligsprechung erstreckt sich diese Verehrung universal über die gesamte Kirche. Die Heiligenverehrung ist freilich nicht nur auf die kanonisierten Heiligen beschränkt. Sie kann sich auch auf andere Gläubige beziehen, die durch ihr Lebenszeugnis die Kirche geprägt haben.

Die Heiligenverehrung in der katholischen Kirche kennt je nach der herrschenden Volksfrömmigkeit unterschiedliche Formen. So werden die Heiligen den Gläubigen als Vorbilder des Glaubens bzw. eines Lebens aus dem Glauben vorgestellt und zur Nachahmung empfohlen. Seit dem 3. Jh. werden sie als Fürsprecher angerufen. Entspringt dieser Anruf dem Bewusstsein der Solidarität all derer, die an Jesus Christus glauben, ist dies legitim; verbindet sich damit die Hoffnung, Heilige könnten Gott oder Jesus Christus »umstimmen« oder sie von einem Strafgericht fernhalten, so ist dies höchst problematisch. In der konkreten Verehrung scheinen bisweilen die Heiligen an die Stelle Gottes selbst zu treten. Demgegenüber hat die Theologie immer betont, dass die Heiligenverehrung auf keinen anderen als Gott selbst hinzielt, weil er es ist, der heilig macht. Sie unterscheidet zwischen der Verehrung der Heiligen und der Anbetung, die Gott allein zusteht.

Die Reformatoren prangerten – zu Recht – Missstände in der mittelalterlichen Heiligenverehrung an und setzten ihr das Prinzip »Christus allein« entgegen. Aus diesem Grund kennen die lutherischen Kirchen keine Verehrung der Heiligen im eigentlichen Sinne und lehnen die Fürbitte zu ihnen ab, wohl aber sind sie als Glaubenszeugen für sie wichtig. Für die Ökumene, aber auch für die innerkatholische Glaubenspraxis ist von Bedeutung, dass die Heiligenverehrung nicht Pflicht und nicht heilsnotwendig ist, sondern ein Angebot und damit zugleich ein Freiraum im persönlichen Frömmigkeitsleben.

○○ | *Verweise*

Christus; Gnade; Gott; Heilig; Kirche

Heiliger Geist

Das deutsche Wort »Geist« bezeichnet ursprünglich eine übermenschliche belebende Kraft. Im Unterschied zu den vielen Bedeutungen, die es im Lauf der Geschichte in verschiedensten Zusammenhängen angenommen hat – von »Sinn« über »Verstand« bis hin zu »Gespenst« – präzisiert die theologische Rede vom heiligen Geist, dass es nicht um den Geist des Menschen oder eine anonyme Kraft, sondern um Gott und sein Wirken geht.

Das alttestamentliche Wort für Geist – »ruach« – bedeutet »Wind, Atem, Lebenskraft« und bezieht sich auf das dynamische, schöpferische Wirken Gottes. Dass es vom grammatikalischen Geschlecht her weiblich ist, unterstreicht die lebensschaffende und -erhaltende Wirkung des Geistes. Gottes Geist ist mit dem Beginn der Schöpfung gegenwärtig (*Gen 1,2*); er wirkt in den Richtern und Propheten (vgl. *Jes 42 und 61; Ez 36*) und ruht auf den Königen; entsprechend gilt der erwartete messianische Heilsbringer als der Geistträger schlechthin (*Jes 11*). Das Erkennungsmerkmal des Geistes ist es, dass er unverfügbar ist, Neues schafft und aus Altem herausreißt (vgl. eindrucksvoll *Ez 36*). Am Ende der Zeit wird er die ganze Schöpfung erneuern und zur Vollendung führen (*Joel 3*).

Im NT erfüllt sich die Geistverheißung in Jesus Christus: Er erweist sich als der mit Geist gesalbte Messias (*Mk 1,9–11; Mt 3,13–17; Lk 1,35; 4; Joh 1,32f*); seine Jünger/innen empfangen den Geist und werden durch ihn gestärkt (*1 Kor 3,16; 2 Kor 3,3; Apg 2,17f; Mk 13,11*). »Im Geist« zu sein ist jetzt – besonders für Paulus – gleichbedeutend mit »in Christus« bzw. »im Herrn« sein (*Gal 2,17; 1 Kor 1,2.30; 6,11; Röm 8,1–11; 15,16*). Umgekehrt macht der Geist das Bekenntnis zu Jesus Christus überhaupt erst möglich (*1 Kor 12,3*). Im NT zeigt sich: Der heilige Geist als der Geist Gottes, des Vaters, ist kein anderer als der Geist des Sohnes. Wer sich für ihn öffnet und sich von ihm erfüllen lässt, erkennt sein Wirken an seinen Früchten – Freude, Friede, Langmut, Freundlichkeit, Güte, Treue, Sanftmut und Selbstbeherrschung (*Gal 5,19–26*).

Nach Tod und Auferstehung ist der Geist die Art und Weise, wie Jesus in seiner Kirche weiterhin gegenwärtig ist (*Joh 16,4–15*). Darum sendet er am Pfingstfest seinen Geist der neu sich bildenden Gemeinschaft, damit sie Kraft habe zur Verkündigung (*Apg 2*). Der Geist führt die Glaubenden zur Freiheit (*Gal 4,6; Röm 8,15*). Darüber hinaus sorgt er dafür, dass die Kirche in der Wahrheit bleibt (*Joh 14–16*). Die Kirche als Ganze ist darum nur als Werk des Geistes zu verstehen; entsprechend hat sie ihren Ort im Credo im Rahmen des Bekenntnisses zum Geist. Konkrete Orte des Geistwirkens innerhalb der Kirche sind die Sakramente, die bestimmte Situationen im menschlichen Leben mit einer besonderen Geistbegabung verbinden; die erste und entscheidende Geistmitteilung geschieht in der Taufe.

Allerdings bleibt das Wirken des Geistes nicht auf den Raum der Kirche beschränkt. Zu seinem Wesen gehört gerade, dass er sich nicht festlegen lässt, sondern wirkt, wo er will – auch außerhalb der Kirche und in den verschiedenen Religionen.

Altes wie Neues Testament nehmen an keiner Stelle eine Wesensbestimmung des Geistes vor, sondern sprechen ausschließlich von seinem Wirken. Wer er ist, bestimmt sich von dem her, was er tut. Aufschlussreich sind die Bilder, mit denen sie den Geist umschreiben: Wind, Sturm, Feuer bringen seine Dynamik zum Ausdruck, die Rede von der Salbung oder vom Siegel das Durchdrungen-Werden vom Geist. Das in der christlichen Tradition häufig verwendete Bild der Taube war ursprünglich ein heidnisches Symbol, denn sie galt als Botentier der antiken Liebes- und Fruchtbarkeitsgöttinnen.

126 127

Im Unterschied zur Offenbarung Gottes im konkreten Menschen Jesus entbehrt der Heilige Geist Greifbarkeit und Sichtbarkeit. Von daher ist es kein Zufall, dass in den ersten Jahrhunderten die Göttlichkeit des Geistes umstritten war und er von einer Reihe von Theologen den Geschöpfen zugeordnet wurde. Demgegenüber schrieb ihm das Konzil von Konstantinopel (381) im Kontext seines Bekenntnisses zum dreifaltigen Gott unmissverständlich die göttlichen Prädikate »Herr« und »Lebensspender« zu. Das entscheidende Argument lautete dabei: Nur wenn der Geist selbst göttlich ist, können wir Menschen durch ihn Anteil an Gott haben.

Der Geist wird in der Heilsgeschichte in zweifacher Hinsicht erfahren: zum einen als Gabe Gottes, zum anderen selbst als Geber. Diese zweifache Erfahrung schlägt sich nicht zuletzt in der Gebetspraxis nieder: Wir beten zu Gott, dass er uns seinen Geist schenke. Wir beten aber auch unmittelbar zum Geist, auf dass er uns mit seiner Kraft erfülle. Gerade in der zuletzt genannten Form der Anrede und des Betens zeigt sich, dass der Geist nicht einfach nur Gott in seiner Zuwendung zum Menschen ist, sondern dass er zum Vater und ebenso auch zum Sohn in Relation, in Beziehung steht. Auf diesem Hintergrund erhält im Kontext der Trinitätslehre die Rede vom Geist als Person ihren Sinn, die bisweilen Schwierigkeiten bereitet, weil der Geist stärker als Macht oder Kraft denn das Person erfahren wird. Er ist jedoch Person nicht im Sinne eines Individuums oder gar eines menschlichen Ichs, sondern als eine der drei Offenbarungsgestalten Gottes in der Heilsgeschichte, die in einem unlösbaren Beziehungsgeflecht zueinander stehen.

Die Frage nach dem richtigen Geistverständnis wurde im 11. Jh. mehr und mehr zu einem Streitpunkt mit der Kirche des Ostens. Die westliche Kirche hatte im Glaubensbekenntnis in jener Passage, die vom Hervorgang des Geistes aus dem Vater spricht, den Zusatz »und dem Sohn« (Lat.: »filioque«) ergänzt. Sie begründete dies mit der Wesenseinheit von Vater und Sohn. Die Kirche des Ostens sah darin eine nicht legitime Veränderung des nizäno-konstantinopolitanischen Glaubensbekenntnisses und ein nicht angemessenes Geistverständnis, weil der Geist allein vom Vater ausgehe und das »filioque« den Vater als seinen ursprungslosen Ursprung verwische. Der sog. Filioque-Streit wurde im Zusammenhang mit der Kirchenspaltung lange als eine wesentliche theologische Differenz zwischen katholischer Kirche und Orthodoxie angesehen. Die neuere Theologie hat hingegen darauf hingewiesen, dass das unterschiedliche Geistverständnis in unterschiedlichen trinitarischen Denkmodellen wurzelt, die beide ihre Berechtigung haben. Für die östliche Theologie ist der Ausgangspunkt der Trinität und auch des Geistes der Vater. Die westliche Theologie setzt dagegen an bei dem einen göttlichen Wesen und versteht den Geist als Band der Liebe zwischen Vater und Sohn. Von daher ist der kirchentrennende Charakter der filioque-Frage entschärft.

Gegenüber der östlichen stand die westliche Theologie immer wieder in der Gefahr einer gewissen Geistvergessenheit. Das lag an ihrer Christuszentrierung, aber auch an den Schwierigkeiten, die die Kirche mit charismatischen Bewegungen hatte, die sich in besonderer Weise auf das Wirken des Geistes berufen, wie z.B. Täuferbewegung, Quäker oder Pfingstkirchen. Demgegenüber greift die Theologie in der jüngsten Zeit die Geist-Thematik verstärkt auf, nicht zuletzt unter dem Einfluss der neu entstandenen geistlichen Bewegungen. Durch den Anstoß der feministischen Theologie findet zudem eine Wiederentdeckung der Weiblichkeit bzw. Mütterlichkeit des Geistes statt, die durch die griechische und lateinische Wiedergabe mit »pneuma« und »spiritus« in Vergessenheit geraten war. In der christlichen Ikonographie und auch in der syrischen Theologie wurde sie jedoch bewahrt. Ohne den metaphorischen Charakter solcher Attributionen zu übersehen, kann eine Besinnung auf die Weiblichkeit des Geistes ein einseitig männlich geprägtes Gottesbild korrigieren und die weiblich-mütterliche Zuwendung Gottes unterstreichen.

() *Verweise*

Charisma; Christus; Feministische Theologie; Gott; Heilig; Kirche; Trinität

Hierarchie der Wahrheiten

D I E R E D E V O N D E R Hierarchie der Wahrheiten
meint: Nicht alle Aussagen des christlichen Glaubens haben den
gleichen Rang und die gleiche Bedeutung innerhalb des Gesamt-
gefüges des Glaubens und für die konkret gelebte Glaubenspraxis. Vielmehr gibt es eine (Sinn)spitze der Glaubensaussagen.
Diese Vorstellung von einer »Spitze« wurde zum Ausgangspunkt
für das Bild von »Hierarchie«. Demnach stehen bestimmte
Wahrheiten »ganz oben«, die gewissermaßen das Herzstück des
christlichen Glaubens ausmachen und von denen darum an erster
Stelle die Rede sein muss, wenn vom Glauben gesprochen wird;
andere Wahrheiten sind weiter »unten« angesiedelt, weil sie für
den Glauben geringere Bedeutung haben, ohne dass sie deswegen einfach vergessen oder getilgt werden dürfen. Anstelle des
Bildes von der Hierarchie begegnet auch die Vorstellung von der
»Mitte« und der »Peripherie« der Glaubensaussagen.

Diese Mitte bzw. die Spitze des Glaubens lässt sich inhaltlich
konkretisieren als das Bekenntnis zum dreifaltigen Gott, der in
Jesus Christus Mensch geworden ist. Die Nähe zu dieser Mitte
oder Sinnspitze bestimmt über die Gewichtigkeit und den Stellenwert einzelner Glaubensaussagen. So hat die Aussage, dass
Jesus Christus der verheißene Erlöser ist, in der Hierarchie der
Wahrheiten anderes Gewicht als die Unfehlbarkeit des Papstes
oder die leibliche Aufnahme Marias in den Himmel. Die verschiedenen Glaubensaussagen zielen auf diese Mitte bzw. Sinnspitze
hin und legen sie aus; sie erhalten nicht nur von ihr her ihre
Bedeutung, sondern wären ohne sie überhaupt nicht möglich.

Was in der Tradition der Kirche schon von Anfang an im
Bewusstsein war, nämlich dass der Glaube ein Gefüge mit einer
bestimmten Struktur ist, wurde vom Zweiten Vatikanum reflektiert und ausdrücklich formuliert: Es gibt »eine Rangordnung
oder Hierarchie der Wahrheiten innerhalb der katholischen Lehre
(...), je nach der verschiedenen Art ihres Zusammenhangs mit
dem Fundament des christlichen Glaubens.« (UR 11) Dabei steht
nicht die Wahrheit der einzelnen Glaubensaussagen zur Diskussion – es gibt nicht solche, die »mehr« und andere, die »weniger«
wahr sind, sondern alle sind gleichermaßen wahr. Aus diesem

Grund kann auch keine der »weiter unten« bzw. an der Peripherie angesiedelten Glaubenswahrheiten einfach fallengelassen
oder eliminiert werden. Die Rangordnung bezieht sich vielmehr
auf ihre Nähe zum Geheimnis Jesu Christi bzw. zum dreifaltigen
Gott. Jene Glaubenswahrheiten, die die Offenbarung Gottes in
Jesus Christus zum Gegenstand haben, sind zentral, andere im
Vergleich dazu von niedrigerem Rang.

Die Hierarchie der Wahrheiten ist kein Prinzip zur Elimination,
sondern zur Interpretation von Glaubensaussagen. Dies zeigt
auch seine Verortung im Ökumenismusdekret: Dort dient es als
Hinweis, wie das ökumenische Gespräch zu führen ist, nämlich
als Dialog, der an den christlichen Grundwahrheiten ansetzen
soll. Nicht alle römisch-katholischen Glaubenswahrheiten sind,
obgleich sie alle gleichermaßen wahr sind, auch in gleicher
Weise bedeutsam für den zur Kircheneinheit nötigen Lehrkon-
sens. Damit gibt das Konzil nicht nur der Ökumene, sondern der
gesamten Theologie und nicht zuletzt der praktischen Verkündigung, Katechese und Mission ein Prinzip an die Hand, wie von
Glaubensaussagen zu sprechen ist: ausgehend vom dreifaltigen
Gott und wieder auf ihn hinzielend. Die Theologie hat in allem,
was sie sagt, den Zusammenhang mit dieser Mitte bzw. Sinnspitze des Glaubens aufzuzeigen – in der Rede von den Engeln
ebenso wie in der vom Papst oder von Maria.

() | *Verweise*

Christus; Glaube; Gott; Offenbarung; Trinität

Himmel

»HIMMEL« ist keine räumliche, sondern eine theologische bzw. eschatologische Größe. Die deutsche Sprache leistet diesem Missverständnis Vorschub, weil sie vom Germanischen
her dafür nur ein Wort kennt – im Unterschied etwa zum Englischen, das zwischen dem theologischen »heaven« und »sky« im
Sinne von Firmament unterscheidet. »Himmel« als Inbegriff der
christlichen Hoffnung auf Vollendung ist kein Ort, »in« den der
Mensch kommt, sondern eine personale Wirklichkeit: die ewig
währende Gemeinschaft mit Gott.

Jesus verwendet nicht das Wort »Himmel«, sondern spricht
von »Reich Gottes« oder »Herrschaft Gottes«. Er beschreibt sie
in verschiedenen Bildern: als Mahl bzw. Festmahl (*Lk 13,29 par,
14,16–21*), das die Gemeinschaft der Menschen mit Gott wie die
Gemeinschaft untereinander zum Ausdruck bringt; als Hochzeit und damit als Inbegriff der Freude (*Mt 22,1ff, 25,13, Offb
19,7–9*); als Paradies (*Lk 13,43*), das die Wiederaufrichtung fried-
voller Harmonie des Menschen mit Gott, Mitmensch und Umwelt
für die Zukunft verheißt. Das Matthäusevangelium ersetzt
aus Ehrfurcht vor dem Gottesnamen das »Reich Gottes« durch
»Himmelreich«. Andere Stellen sprechen von »Herrlichkeit« (*Lk
24,26; Apk 3,13*), »Seligkeit« (*Mt 5,8; Lk 13,14; Offb 14,13*) und
vom »Schauen Gottes« (*Offb 22,4*).

Himmel ist zugleich eine christologische Größe. Das Gehen
Jesu zum Vater, seine »Himmelfahrt«, macht deutlich, dass
das »Bei-Gott-Sein« des Menschen zugleich wesentlich ein
»Sein-bei-Christus« ist (vgl. *1 Thess 4,17*). Wo Gott konsequent
trinitarisch gedacht wird, lässt sich ohnehin keine Alternative
zwischen Gott und Christus bzw. dem Geist konstruieren. Das
Eingehen des Menschen in den Himmel meint unter diesem
Aspekt das Mithineingenommen-Werden in die Gemeinschaft
des dreifaltigen Gottes.

Dies bedeutet für den Menschen nicht den Untergang seiner
Individualität, sondern gerade deren Erfüllung, nicht das Auf-
gehen in einer wie auch immer gearteten All-Einheit, sondern
Identität und Zu-sich-selber-Kommen. Denn die Nähe zu Gott
bedeutet nicht Selbstentfremdung, sondern im Gegenteil die

schlechthinnige Erfüllung der menschlichen Sehnsüchte und höchste Form der Selbstverwirklichung. In diesem Sinne ist »Himmel« wahrhaft ein Bild für menschliche Vollendung. Diese persönliche Vollendung ist kein rein individuelles Geschehen, nicht einfach nur der Dialog zwischen »Gott« und »meiner Seele«, sondern schließt die ganze Menschheit ein bzw. alle diejenigen, die in die Gemeinschaft mit Gott aufgenommen sind. Himmel ist die vollendete Gemeinschaft mit Gott *und* den Menschen, das Einssein mit sich *und* mit der Welt – und damit eine zutiefst kommuniale bzw. soziale Größe. Dieser Himmel ist nicht etwas von vornherein Fertiges und Endgültiges, sondern er *wird*. Er wird mit jedem Geschöpf ein Stück mehr, das bei Gott ankommt. In diesem Sinne ist der Himmel jetzt und heute nicht schon vollendet, sondern eine wachsende, werdende, dynamische Größe. Der Himmel ist erst dann vollendet, wenn die ganze Schöpfung am Ende der Welt vollendet sein wird und der Himmel die ganze Erde umfasst.

Alle Bilder und Metaphern zur Umschreibung von »Himmel« unterstreichen das eschatologisch-hermeneutische Prinzip, dass über den Himmel nur deswegen gesprochen werden kann, weil er nicht eine schlechterdings zukünftige Wirklichkeit, sondern hier und jetzt ansatzhaft schon erfahrbar ist. Letztlich aber lässt sich die Wirklichkeit »Himmel« auch durch eine Vielzahl an Bildern nicht einfangen oder erschöpfend beschreiben. Was Himmel meint, übersteigt alle menschlichen Erwartungen und Hoffnung und damit auch die Möglichkeiten menschlicher Sprache. Aus diesem Grund ist die Negative Theologie ein unverzichtbares Mittel bei der Rede vom Himmel.

Verweise

Christus; Eschatologie; Gott; Himmelfahrt; Hölle; Negative Theologie; Vollendung

Himmelfahrt

DIE REDE VON der Himmelfahrt Jesu Christi hat ihren biblischen Ausgangspunkt in *Apg 1,9–11*. Insofern »Himmel« keinen Ort, sondern die Gemeinschaft des Menschen mit Gott bezeichnet, wird damit ausgesagt, dass Jesus Christus nach Tod und Auferweckung wirklich ganz und gar bei Gott, im Bereich der göttlichen Herrlichkeit angekommen ist. Spekulationen, wie und gar mit welcher Geschwindigkeit Jesus »nach oben geschossen« ist, werden der biblischen Erzählung in keiner Weise gerecht. Das damit zum Ausdruck gebrachte Geschehen darf auch nicht im zeitlichen Sinne als ein Ereignis *nach* der Auferweckung Jesu missverstanden werden. Himmelfahrt und Auferstehung sind nicht zwei getrennte Etappen, sondern verschiedene Aspekte ein und desselben Geschehens. Die Rede von der Himmelfahrt gehört darum ins Bekenntnis zur Auferweckung Jesu hinein. Das Glaubensbekenntnis bringt die gleiche theologische Aussage durch ein anderes Bild zum Ausdruck: durch das »Sitzen zur Rechten Gottes« – der rechte Platz gilt traditionell als der Ehrenplatz.

Die Notwendigkeit einer eigenen Himmelfahrtserzählung ergibt sich aus der lukanischen Geschichtskonzeption, die zwischen der Zeit Jesu, die Thema des Lukasevangeliums ist, und der Zeit der Kirche, von deren Anfängen die Apostelgeschichte erzählt, eine »Zwischenzeit« von symbolisch 40 Tagen einfügt. Ihr besonderes Merkmal ist die Art und Weise der Gegenwart Jesu Christi: Er ist nicht mehr in irdischer Gestalt anwesend, aber noch gegenwärtig, indem er verschiedenen Personen erscheint. Insofern die Erscheinungen die Betreffenden zu aktiven Christuszeugen machen, wird hier die künftige Kirche vorbereitet. Nimmt diese »Zwischenzeit« mit der Auferweckung ihren Anfang, hat sie in der Himmelfahrt ihren markanten Abschluss: Die Erscheinungen haben nun ein Ende; Jesus Christus ist ganz bei Gott, und die Menschen sind aufgerufen, sich hier und jetzt in dieser Kirche einzurichten (vgl. *Apg 1,11*).

○ | *Verweise*

Aufnahme Marias in den Himmel; Christus; Gott; Himmel; Kirche

Hölle

DAS WORT »Hölle« geht zurück auf das althochdeutsche »hellia«, das Totenreich der Germanen, in dem die Göttin Hel herrschte. Es war nicht nur Aufenthalt für die Verstorbenen, sondern zugleich auch Ort der Bestrafung für alle, die in ihrem Leben Böses getan hatten – ein Gedanke, der sich in der Form in vielen anderen Religionen wiederfindet. So wurde auch im AT das Totenreich zu einem Strafort für die Sünder und Frevler ausgestaltet (*Weish 4,17–19; Sir 21,10; Jes 5,14*). In Anlehnung an das Hinnomtal südlich von Jerusalem, in dem die Assyrer ihrem Gott Kinderopfer darbrachten, wurde die alttestamentliche »Gehenna« zum Inbegriff des von Gott verfluchten Ortes schlechthin (*Jer 7,32; Jes 66,24*). Freilich ist die Hölle sowenig ein konkreter »Ort« wie der Himmel. Ist »Himmel« als Inbegriff der Glückseligkeit eine Chiffre für die Gemeinschaft des Menschen mit Gott, so bezeichnet »Hölle« das schlechthinnige Gegenteil – die absolute Gottesferne und damit einen Zustand der Qual und Verzweiflung.

So wie Jesus vom Himmel spricht, spricht er geradezu selbstverständlich auch von der Hölle (*Mt 5,22; 10,28; Mk 9,43–45*) – die wissenschaftliche Exegese hat daran keinen Zweifel. Alternativ ist im NT von Verdammnis (*Mk 16,16*) oder von Verderben, Untergang und Zugrundegehen (*2 Thess 1,9f ; 1 Tim 6,9; Joh 17,2; Jak 4,12; 2 Petr 2,3f.7*) die Rede. Die neutestamentlichen Höllenworte sind dabei eher zurückhaltend. Bewusst verzichten sie auf die Befriedigung menschlicher Neugier durch eine detaillierte Schilderung der Höllenstrafen. An bildhaften Elementen treten immer wieder die aus der alttestamentlichen Tradition übernommenen Motive von Finsternis, Heulen und Zähneknirschen, vom nagenden Wurm, vom Durst aufgrund großer Hitze (*Mt 8,12; Mt 13,42; 22,13; 24,51; 25,30; Mk 9,47*) sowie das Bild vom Feuer (*Mt 7,1; 13,41f.49f; 25,41; Lk 3,17; Lk 16,24; 2 Petr 3,7; Hebr 10,26f; Offb 20,15*) auf. In nachbiblischer Zeit werden die Höllenbilder dann immer anschaulicher und konkret ausgemalt. Die Gründe dafür sind vielfältig: Die echte Sorge der Kirche um das Seelenheil der Gläubigen spielt dabei ebenso eine Rolle wie ihr Streben, auf diese Weise über die Menschen Macht zu erlangen. Unbestritten ist auch, dass in Höllenfantasien eigene (verdrängte) Ängste, sexuelle Fantasien, Sadismus, Rachegelüste und selbstzerstörerische Elemente ans Licht drängen.

Während in der Vergangenheit die Drohung mit der Hölle bisweilen einen unangemessenen weiten Raum einnahm und so jegliche Rede von der »froh machenden« Botschaft pervertierte, wird das Thema Hölle gegenwärtig vielfach völlig eliminiert. Wenngleich die Verkündigung Jesu ohne Zweifel keine Droh-, sondern wahrhaft Frohbotschaft war – nichts anderes bedeutet das Wort »Evangelium« –, stellt sich doch die Frage, ob nicht der Pendelschlag in die gegenläufige Richtung ebenso einseitig ist. Demgegenüber gilt es, die innere Zuordnung von Heil und Unheil, Himmel und Hölle aufzuzeigen: Die Rede vom Heil impliziert keinen Heilsautomatismus, sondern macht nur Sinn, wenn es zugleich auch die gegenteilige Möglichkeit gibt.

Hölle ist nichts anderes als die Kehrseite der Heilsbotschaft. Denn das Heilsangebot Gottes stellt den mit Freiheit begabten Menschen vor eine grundsätzliche Entscheidung: Lässt er sich auf dieses Angebot ein und nimmt es an? Oder weist er es zurück, verweigert er es? Die Hölle ist als Möglichkeit in der menschlichen Freiheit angelegt; sie ist der Preis der Freiheit, dort, wo sie scheitert. Denn nicht um irgendeine Entscheidung geht es hier, sondern um die Alternative »alles oder nichts«, um Gelingen oder Scheitern des eigenen Lebens. Für den Menschen steht alles auf dem Spiel; er kann alles gewinnen, aber auch alles verlieren, wie die drastischen Worte vom Verderben, Zugrunde- und Verlorengehen unterstreichen. Gottes Heilsangebot ist so bedeutsam, dass seine Verweigerung wahrhaft zur Hölle wird. Eben weil die Botschaft Jesu alles andere als harmlos ist, ist auch ihre Zurückweisung nicht harmlos. Auf diesem Hintergrund erschließt sich auch der Sinn jener Bilder, die von Hitze, Durst, Heulen und Zähneknirschen sprechen und so eine existentielle Schmerzerfahrung des Menschen zum Ausdruck bringen: Was könnte es Schmerzlicheres geben, als dass ein Mensch sein Heil verfehlt, als dass sein Leben scheitert?

Weil die Höllenworte Jesu auf eine Grundsatzentscheidung aufmerksam machen, sind sie keine Beschreibung des Jenseits, sondern ein Aufruf zur Entscheidung im Diesseits. Sie haben nicht informativen, sondern appellativen Charakter. Sie erteilen keine Auskunft über das künftige Schicksal, sondern nehmen den Menschen hier und jetzt in die Pflicht, stellen ihn in eine unbedingte Verantwortung hinein. Nicht Gott »schickt« den Menschen also in die Hölle oder verdammt ihn dazu, sondern der Mensch wählt sie als Möglichkeit. Allerdings ist sie die »schwerer zu erreichende« Möglichkeit – sowohl von Gott her, weil er den Menschen zur heilvollen Gemeinschaft mit sich und nicht ins Unheil führen will, als auch vom Menschen her, weil er, als »Abbild Gottes« geschaffen, von Anfang an auf die heilvolle Beziehung zu Gott angelegt ist. Von daher kann es keine zahlenmäßige Symmetrie, keine »Patt-Situation« zwischen »Verurteilung« und »Rettung«, Himmel und Hölle geben.

Dennoch ist die Möglichkeit der Hölle keineswegs ausgeschlossen. Sie ist eine reale Möglichkeit, dort wo sich ein Mensch dem Anruf Gottes völlig verschließt und statt der Gottesnähe die Gottesferne wählt. Aus diesem Grund und um des Ernstnehmens der menschlichen Freiheit willen kann die Möglichkeit der Hölle nicht einfach verschwiegen oder aus der Verkündigung eliminiert werden. Die Kirche hat jedoch niemals und nirgendwo festgeschrieben, wer in der Hölle ist. Darum können und dürfen wir hoffen, dass diese Möglichkeit für möglichst wenige, ja für gar keinen Menschen Wirklichkeit wird. Diese Hoffnung ist das Äußerste, was die Theologie über den endgültigen Ausgang sagen kann.

() *Verweise*

Christus; Eschatologie; Fegfeuer; Gericht; Gnade; Gott; Heil; Himmel; Sünde

Inkarnation

INKARNATION, wörtlich: Fleischwerdung (von Lat.: »carne« = »Fleisch«) ist ein anderer Begriff für die Menschwerdung Gottes in Jesus Christus. Im NT begegnet die Rede von der »Fleischwerdung« vor allem in der johanneischen Theologie (vgl. *Joh 1,14; 1 Joh 1,1; 4,2f; 2 Joh 7*), aber auch in *1 Tim 3,16*. Dabei bezeichnet »Fleisch« in der Antike keineswegs einen Teil des Menschen, etwa im Unterschied zum Geist, sondern den ganzen Menschen in seiner Endlichkeit, Sterblichkeit und Hinfälligkeit.

Die Glaubensaussage »Gott hat sich in Jesus Christus inkarniert« heißt auf diesem Hintergrund: Gott ist Mensch geworden, und zwar der ganz konkrete Mensch Jesus von Nazaret, der zu einem bestimmten Zeitpunkt geboren wurde, mit dem sich eine konkrete Geschichte verbindet und der zu einem bestimmten Zeitpunkt starb. Dabei darf die Inkarnation nicht so verstanden werden, als sei sie mit der menschlichen Empfängnis und Geburt Jesu abgeschlossen. Sie bezieht sich nicht nur auf den Beginn, sondern auf das Ganze seines Lebens und seiner Geschichte. Die »Fleisch-Werdung« beginnt mit der Empfängnis und endet mit dem Tod Jesu am Kreuz.

Durch das Ereignis der Inkarnation erhält das Verhältnis von Gott und Welt bzw. Mensch eine neue Bestimmung: Die Welt mit ihrer Geschichte trennt nicht von Gott, sondern verbindet mit ihm, ist ein Weg, ihm zu begegnen und ihn zu entdecken. Umgekehrt hat die Begegnung mit Gott stets welthaften bzw. weltbezogenen Charakter.

In Jesus Christus ereignet sich Inkarnation auf einmalige und unüberbietbare Weise, er ist die Inkarnation Gottes. Nur von ihm sagt das Christentum, dass Gott Mensch wird. Demgegenüber ist »das Inkarnatorische« zugleich ein Prinzip, das die ganze Geschichte Gottes mit dem Menschen bestimmt. Im Sinne von »Fleischwerdung« ist es das Prinzip der Verleiblichung und Sichtbarwerdung von Gottes Gnade in den menschlichen Wirklichkeiten. Gottes Zuwendung zum Menschen ist nicht nur geistig und nicht nur unsichtbar, sondern will sich verleiblichen, will in der Welt sichtbar, greifbar, konkret erfahrbar werden. In

besonderer Weise geschieht dies in der Kirche: Sie hat inkarnatorische Struktur, weil sie eine gott-menschliche Größe ist, weil
in ihr göttliche und menschliche Wirklichkeit zusammenkommen.
Inkarnatorische Struktur haben ebenso die Sakramente, insofern
Gottes Gnade hier in einem »Stück Welt«, in Wasser, Öl, Brot und
Wein »Fleisch wird« und sich verleiblicht. »Inkarnatorisch« und
»sakramental« berühren sich hier bzw. gehen Hand in Hand.

Ist das Inkarnatorische ein Grundzug der gesamten Heilsgeschichte, ist das Denken in inkarnatorischen Kategorien
zugleich ein besonderes Merkmal katholischer Theologie und
Spiritualität. Es prägt sowohl das katholische Kirchenverständnis als auch die »typisch katholische« Weise des Glaubens. So
gehören zur katholischen Glaubensform die sinnenhaft-leib-
lichen Elemente in Gottesdienst und Liturgie, in den sakramentalen Vollzügen, in der Ausgestaltung des Kirchenraumes, wie
Bilder und Kerzen, Weihrauch und Weihwasser, verschiedene
Gebetshaltungen und Gesten, das Kreuzzeichen und das Aschen-
kreuz.

Im Kirchenverständnis spielt der Gedanke eine zentrale Rolle,
dass Gott sich, seine Gnade und sein Heil verleiblicht, zum Aus-
druck bringt, sichtbar und greifbar macht – und zwar eben in der
Kirche. Gott wird nicht rein unsichtbar und ungreifbar im Geist
erfahren, sondern sehr konkret: in der sichtbaren Kirche, in den
Ämtern, in den Sakramenten. Darum ist es nach katholischer
Auffassung nicht beliebig, welche sichtbar-institutionelle
Gestalt und welche Struktur diese Kirche hat. Darum verlangen
Verkündigung und Feier der Sakramente nicht nur irgendein
Amt, sondern konkret die Dreigliedrigkeit dieses Amtes. Darum
bedeutet apostolische Sukzession für die katholische Kirche
nicht irgendeine Nachfolge im Glauben, sondern konkret die
Nachfolge im Bischofsamt.

() | *Verweise*

*Christus; Katholisch; Kirche; Sakrament; Sakramentalien; Sohn Gottes;
Zweinaturenlehre*

Inkulturation

INKULTURATION meint das Bestreben, die christliche Botschaft in den unterschiedlichen religiös-kulturellen, gesellschaftlichen und politischen Situationen dieser Welt zur Sprache zu bringen. Diese Notwendigkeit ergibt sich aus dem Anspruch des Christentums, alle Menschen anzusprechen, gleich welcher Kultur sie angehören, und auf die jeweiligen Bedürfnisse und Fragen eines Kulturraumes antworten zu können.

Wenngleich der Begriff »Inkulturation« erst in den 70er Jahren des 20. Jh. geprägt und vertieft reflektiert wurde, ist der Vorgang so alt wie das Christentum selbst. Das erste Inkulturationsereignis war die Verkündigung der Botschaft Jesu Christi in den hellenistischen und römischen Kulturraum hinein. Das europäische Christentum ist Ergebnis eines späteren Inkulturationsprozesses. Nichtsdestotrotz machte es sich selbst zum Maßstab des Christentums und der christlichen Kultur.

Mit der Überwindung des Eurozentrismus in Theologie und Kirche wurde die Gleichsetzung des Christentums mit seiner westlich-abendländischen Gestalt aufgegeben. Ein entscheidender Faktor in diesem Zusammenhang ist die in den letzten Jahrzehnten demographisch festzustellende Schwerpunktverlagerung des Christentums vom Norden in den Süden: Machten die Europäer um 1900 etwa die Hälfte der Christenheit aus, sind es mittlerweile weniger als 30%; der prozentuale Anteil Afrikas, Asiens und Lateinamerikas ist umgekehrt deutlich gestiegen. Weltkirche präsentiert sich damit wesentlich als »Dritte-Welt-Kirche«.

In seinen Anfängen wurde »Inkulturation« in erster Linie auf die Gestaltwerdung der christlichen Botschaft außerhalb des westlichen Christentums bezogen – in Amerika, Asien, Afrika, Australien. Sie schien damit zunächst ausschließlich eine Angelegenheit der außereuropäischen Kirchen zu sein. In zunehmendem Maße setzte sich die Einsicht durch, dass sich die Aufgabe der Inkulturation auch in der gegenwärtigen europäischen Kultur stellt. Die Krise des Christentums, das Schwinden seiner Plausibilität und der Pluralismus von Religionen und Weltanschauungen werfen mit gleicher Dringlichkeit die Frage nach der

Vermittlung des Glaubens in der gegenwärtigen nachchristlichen westlichen Wohlstandsgesellschaft auf.

Das sich in den anderen Erdteilen inkulturierende Christentum sieht sich konfrontiert mit Fragen wie der nach der Feier der Eucharistie in Ländern, die kein Getreide und keinen Wein kennen, nach der Gestalt der Taufe, wenn das Ausgießen von Wasser die Bestrafung mit Unfruchtbarkeit bedeutet oder nach der Verwurzelung des christlichen Eheverständnisses in einer Kultur, für die Polygamie selbstverständlich ist. Inkulturation betrifft alle Bereiche der christlichen Theologie, von der Bibelübersetzung über die Katechese bis hin zu Liturgie und Feiergestalt der Sakramente.

Dabei geht es letztlich um mehr als nur um die Übernahme äußerer Gesten, Riten, Symbole und Sprachspiele. Es geht darum, dass das Christentum in der jeweiligen Kultur zu einer inspirierenden und bestimmenden Kraft wird und sich ein authentisches asiatisches, afrikanisches etc. Christentum herausbildet. Die Suche nach möglichen Anknüpfungspunkten und Parallelen zum Christentum reicht dafür nicht aus, zumal sie immer in der Gefahr steht, vorschnell parallele Muster zu entdecken und für sich zu vereinnahmen. Will Inkulturation der jeweiligen Kultur gerecht werden, bedarf es einer gründlichen Kulturanalyse, die den konkreten Kontext, die Lebenserfahrungen, Bedürfnisse und auch Leiden der Menschen in der betreffenden Kultur wahrnimmt und die sich nicht zuletzt an den Ausgegrenzten, Armen und Unterdrückten orientiert.

140 **141**

Mit allen Inkulturationsprozessen ist die Frage verbunden, wie angesichts der Vielfalt die Einheit des Glaubens und der Kirche gewahrt werden kann. Dies ist jeweils neu zu prüfen. Auf jeden Fall kann dies nicht einfach formal, durch gleichlautende Glaubenssätze oder äußerlich identische Praktiken geschehen.

( ) | *Verweise*

Befreiungstheologie; Glaube; Katholisch; Mission; Theologie

Jungfrauengeburt

Die Rede von der Jungfrau Maria, die schon früh in den christlichen Glaubensbekenntnissen begegnet und 553 formell als Dogma verkündet wurde, stößt nicht nur vielfach auf Unverständnis, sondern wird immer wieder auch als Argument für die Sexualfeindlichkeit des Christentums angeführt. Dabei wird übersehen, dass der Glaube damit nicht eine biologische, sondern eine theologische Aussage, eine Glaubensaussage macht. Dies zeigt die Umschreibung als Geburt »durch das Wirken des Heiligen Geistes« (*Mt 1,18 und Lk 1,34f*). Dies zeigt die biblische Verortung der Jungfrauengeburt im Rahmen der beiden Kindheitsgeschichten von Matthäus und Lukas, bei denen es sich nicht um historische Berichte, sondern um theologische, den Glauben deutende Texte handelt. Dies zeigt des weiteren die Einordnung der Jungfrauengeburt in die Reihe der »wunderbaren«, d.h. unerwarteten und aus menschlicher Sicht aufgrund alter oder als unfruchtbar geltender Frauen nicht für möglich gehaltenen Geburten im Alten und Neuen Testament (*Gen 17,15ff; Ri 13,2–25; 1 Sam 1,1–20; Lk 1,7ff*), die durch die Jungfrauengeburt noch überboten werden.

Die theologische Aussage, die in der Rede von der Jungfrauengeburt enthalten ist, ist eine zweifache – eine christologische und eine mariologische. Zum einen macht sie eine Aussage über Jesus Christus: Er kam nicht durch menschliches Planen und Handeln auf die Welt, sondern allein durch das Wirken Gottes. Das Kind, durch das er die Welt retten will, entspringt ausschließlich seiner Initiative. Die Rede vom Wirken des Geistes erinnert an die Rolle des Geistes Gottes bei der Schöpfung: In Jesus bricht durch Gottes Schöpfermacht etwas gänzliches Neues, eine neue Schöpfung an. Gott setzt hier einen neuen, unableitbaren Anfang. In diesem Sinne ist die jungfräuliche Geburt Ausdruck für das alleinige Wirken Gottes, für die Ohnmacht des Menschen, sein Heil selbst zu schaffen, und zugleich für die einmalige Bedeutung des Kindes, das hier geboren wird.

Zum anderen macht das Dogma von der Jungfrauengeburt eine Aussage über Maria. Jungfräulichkeit erschöpft sich nicht in sexueller Enthaltsamkeit, sondern ist darin Ausdruck einer

Haltung, einer Glaubenshaltung nämlich, die ganz und gar auf Gott ausgerichtet und grenzenlos auf ihn hin offen ist. Wer jungfräulich lebt, bindet sich nicht an einen anderen Menschen, sondern allein und ausschließlich an Gott, weil er oder sie von ihm alles erwartet. Die jungfräuliche Haltung Marias besteht in ihrem Vertrauen und ihrer Hingabe an Gott und seinen Heilsplan, auch wenn sie ihn nicht voll durchschaut, in ihrer gläubigen Offenheit gegenüber seinem Willen und in ihrer Bereitschaft, neues Leben zu empfangen.

Über diese zweifache, christologisch wie mariologisch ausgerichtete Glaubensaussage besteht in Kirche und Theologie ein Konsens. Innerhalb der Theologie ist umstritten, inwiefern darüber hinaus tatsächlich eine Jungfrauengeburt im biologischen Sinne stattgefunden hat und ob die leibliche Jungfräulichkeit das notwendige äußere Zeichen für das Wirken des Geistes und die Haltung der Hingabe Marias ist. Während die einen darauf insistieren, dass der Jungfräulichkeit als Ausdruck einer Glaubenshaltung bei Maria auch die Jungfräulichkeit im Leiblichen entsprechen muss, weisen andere dies entschieden zurück mit der Begründung, dass von der Theologie keine Rückschlüsse auf gynäkologische Aussagen gezogen werden dürfen. Wieder andere plädieren dafür, diese Frage ganz offen zu lassen, da sie schlechterdings nicht beantwortbar sei.

Auf jeden Fall ist die Intention des Dogmas von der Jungfrauengeburt weder eine Diskriminierung weiblicher Sexualität noch eine Abwertung der christlichen Ehe. Umso wichtiger erscheint es heute, die tiefere, d.h. theologische Dimension dieser Glaubensaussage zu erschließen.

( ) | *Verweise*

Christus; Glaube; Gott; Heiliger Geist; Maria; Mariologie; Theologie

Katholisch

»KATHOLISCH« IST abgeleitet von Griech.: »kat'holon« = »das Ganze umfassend«. In der Frühzeit des Christentums wurde dieser Begriff auf die weltweite Gesamtkirche bezogen, um sie von den Ortskirchen zu unterscheiden. Biblisch grundgelegt ist er im Gedanken, dass die Zeugen Jesu »bis an die Grenzen der Erde« (*Apg 1,8*) gesandt sind, um das Evangelium zu verkünden. Weil Gottes Heilswillen nicht nur auf ein bestimmtes Volk oder ein bestimmtes Land begrenzt ist, sondern alle Menschen an allen Orten zu allen Zeiten umfasst, muss die Kirche allen Menschen offen stehen. In diesem Sinne sprechen auch die Glaubensbekenntnisse von der einen katholischen Kirche. Aus der Katholizität ergibt sich für die Kirche die Verpflichtung, ihre Verkündigung, ihren Gottesdienst und ihr Leben niemals auf einen bestimmten Kultur- oder Personenkreis einzuschränken und im Gegenzug andere auszugrenzen.

Von seinem Ursprung her hat das Wort »katholisch« also keinerlei konfessionelle Bedeutung, sondern zielt auf die grenzenlose Ausrichtung der Kirche ab. Zur Konfessionsbezeichnung wurde es erst durch die Kirchenspaltung im 16. Jh., als die Vertreter und Anhänger der »bisherigen« Kirche gegen den »Protest« der Reformatoren geltend machten, dass sie die eine weltweite Kirche repräsentieren. Aufgrund der Abspaltung der Christ- oder Altkatholiken nach der Definition der päpstlichen Unfehlbarkeit auf dem Ersten Vatikanischen Konzil (1871) bedurfte es weiterer Differenzierung: Die katholische Kirche erhielt den Zusatz »römisch-katholisch«.

In ökumenischen Gottesdiensten wird im Glaubensbekenntnis vielfach die Rede von der »katholischen« durch die Rede von der »christlichen« Kirche ersetzt, da der konfessionelle Beiklang heute zwangsläufig mitschwingt. In der Erinnerung an die ursprüngliche Bedeutung des Wortes können sich jedoch die Angehörigen aller Konfessionen zu der »katholischen« Kirche bekennen.

() | *Verweise*

Evangelisch; Kirche; Kirchen; Ökumene

Kirche

KIRCHE IST DIE GEMEINSCHAFT derer, die an Jesus Christus glauben. Das deutsche Wort »Kirche« ist abgeleitet von Griech.: »kyriake« – »zum Herrn gehörig« und bringt eben diesen Bezug zu Jesus Christus zum Ausdruck. Der zweite Wortstamm, wie er in verschiedenen romanischen Sprachen begegnet (»église«, »iglesia« usw.) leitet sich her von Lat.: »ecclesia« – »die Zusammengerufenen« und bezeichnet den Aspekt der Versammlung und Gemeinschaft. Zusammen umschreiben beide Begriffe die doppelte Dimension von Kirche, die Werk Gottes bzw. Werk des Geistes und Menschenwerk zugleich ist: Sie ist menschliche Versammlung und Stiftung Jesu Christi, rechtliche Institution und Geheimnis des Glaubens, im einen sichtbar und im anderen unsichtbar. Diese Zweidimensionalität begründet zugleich die Grundspannung, in der die Kirche steht und die konstitutiv zu ihr gehört. Würde sie aufgelöst zugunsten des einen oder anderen Poles, hätte Kirche ihre 144 145 ursprüngliche Bestimmung aufgegeben. Im NT bezeichnet das Wort Kirche sowohl die Gesamt- oder Universalkirche (vgl. auch *1 Kor 10,32; 11,22; 12,28; Phil 3,6*) als auch die Ortsgemeinde (vgl. *Röm 16,1.16.23; 1 Kor 4,17*) als auch die Hauskirche (vgl. *Röm 16,5; 1 Kor 11,16; 14,33; 16,1*).

Jesu Verkündigung richtete sich ursprünglich nicht an eine Sondergemeinschaft, sondern an das ganze Volk Israel, symbolisiert durch die Wahl der Zwölf (vgl. *Mk 3, 13–19*). Als seine Botschaft dort auf Ablehnung stieß, bildete sich eine eigene Gemeinschaft als das »neue Israel« heraus, das Juden und Heiden umfasste (vgl. *Apg 10, 9–16.23b–48; 15,1–29; Gal 2,1–10*).

Weil die Kirche in Jesus Christus ihren Ursprung hat und er im Geist selbst in ihr gegenwärtig ist (vgl. *1 Kor 12; Apg 2*), muss sie sich immer wieder neu an ihm orientieren und sich von ihm her korrigieren lassen. Ihre Aufgabe ist es, in Fortführung des Auftrags Jesu Christi die Gottesherrschaft zu verkünden und für die Menschen erfahrbar werden zu lassen. Die Kirche in Erwartung der Gottesherrschaft ist darum nicht das »Letzte«, was Christen zu erwarten haben, sondern sie ist unterwegs auf ihr größeres Ziel hin. Sie ist »pilgernde Kirche« und »wanderndes

Gottesvolk«, das erst dann sein Ziel erreicht hat, wenn für alle das Heil Wirklichkeit geworden und »Gott alles in allem« ist. Als Werkzeug im Dienst des Reiches Gottes hat sie einen Auftrag für die Menschheit bzw. für die Welt. Eine radikale Entgegensetzung von Kirche und Welt oder eine totale Isolierung der Kirche von der Welt kann es darum nicht geben. In ihrem Auftrag ist sie verpflichtet, zu einer »humaneren Gestaltung der Menschheitsfamilie« (GS 40) beizutragen, ohne dass sie dabei an ein konkretes politisches, gesellschaftliches oder wirtschaftliches System gebunden wäre. Ihr Ziel hat sie erst erreicht, wenn die gesamte Menschheit mit Gott vereint ist. Aus diesem Grund ist sie von universaler Größe und nicht auf ein bestimmtes Volk oder eine Nation oder eine Kultur beschränkt.

Das Selbstverständnis der Kirche zeigt sich in ihren drei Grundvollzügen: »martyria« – Zeugnis für den Glauben und die Lehre, »leiturgia« – Gottesdienst und Liturgie, »diakonia« – der Dienst am Nächsten. Sie leitet sie her vom Handeln Jesu: von seiner Predigt und Lehre, von seinem Beten und der Feier des letzten Mahles, von seiner Zuwendung zu den Armen, Kranken, Schwachen, Ausgestoßenen. Die Kirche hat zu allen Zeiten darauf zu achten, dass keiner dieser Dienste, die letztlich zusammenhängen und nicht immer klar zu trennen sind, in Vergessenheit gerät. Eingebettet sind sie in den Grunddienst der »koinonia« (Griech.: »Gemeinschaft«) ohne den die Kirche nicht bestehen kann.

Das Glaubensbekenntnis bekennt die Kirche als die eine, heilige, katholische und apostolische Kirche – die sog. »notae ecclesiae« oder »Kennzeichen« der Kirche. Ihre Einheit ist angesichts zahlreicher Kirchenspaltungen keine empirisch feststellbare Wirklichkeit, sondern hat theologische Qualität, begründet in dem einen Gott (vgl. *Eph 4,5*) und im Willen Jesu Christi zu einer Gemeinschaft. Aus ihr erwächst der Auftrag zur Ökumene, weil die von Gott gestiftete Einheit auch institutionell in Erscheinung treten muss. Die Heiligkeit der Kirche hat ihren Grund nicht in Glaube, in Frömmigkeit oder im Handeln der Menschen, die zu ihr gehören, sondern gründet in der allem menschlichen Handeln zuvorkommenden Gnade Gottes. Darum ist sie nicht Ausdruck von Überheblichkeit oder Selbstgerechtigkeit, sondern Konsequenz der Erwählung und Heiligung durch Gott. Die Heiligkeit

der Kirche steht nicht im Widerspruch dazu, dass es in ihr auch
Sünde gibt; die Kirche ist darum heilig und sündig zugleich (vgl.
dazu insbesondere LG 8). Katholisch, allerdings nicht im konfessionellen Sinn des Wortes, ist die Kirche, weil sie »umfassend«
und »allgemein« ist und sich über die ganze Welt erstreckt. Aus
der Katholizität erwächst ihr der Auftrag zur Mission zu. Apostolisch ist sie, weil sie sich dem Glauben und der Überlieferung
der Apostel verpflichtet weiß.

Der Ursprungszeit der Kirche kommt normative Bedeutung
zu, insofern die junge Kirche ihr Wirken und ihre Gestaltung als
Wirken des Geistes Gottes erfuhr. So wurde die Entwicklung der
Ämterstruktur und die Herausbildung des dreigliedrigen Amtes
nicht einfach als sinnvolle menschliche Organisationsform, sondern als »göttlicher Ursprung« verstanden. Diesen Ursprung
gilt es zu bewahren, an ihm gilt es immer wieder sich neu zu
orientieren. Welche Strukturen als von Gott gewollt unaufgebbar
und welche rein menschlichen Rechts und darum auch aufhebbar
sind, ist im Blick auf die Kirche eine der zentralen Fragen des
ökumenischen Dialoges. Auf jeden Fall schließt ein normativer
»göttlicher Ursprung« unterschiedliche Ausgestaltungen nicht
aus.

Im Lauf ihrer Geschichte und in Wechselwirkung mit den Erfor-
dernissen der jeweiligen Zeit hat die Kirche sehr unterschiedliche Gestalt angenommen: War sie in ihren Anfängen eine kleine,
noch dazu verfolgte Minderheit, so wurde sie ab dem 4. Jh. zur
Großkirche und im Mittelalter zu einer bestimmenden Macht
neben dem Staat. War sie zunächst nur im mediterranen Raum
angesiedelt, ist sie mittlerweile längst Weltkirche. Kannte die
junge Kirche noch nicht die Unterscheidung von Klerus und Lai-
en, so wurde sie ab dem 4./5. Jh. für ihre Gestalt prägend.

Die Kirche darf darauf vertrauen, dass der Geist Jesu Christi
sie in der Wahrheit hält bzw. sie immer wieder neu in die Wahrheit ruft, wenn sie im Begriff ist, den Weg des Evangeliums zu
verlassen (vgl. *Mt 26,20; Joh 14,16; 16,13*). Damit ist impliziert,
dass auch das Evangelium in der Kirche nicht verlorengehen und
die Kirche nicht völlig dem Irrtum verfallen kann.

Zur Kirche gehört, wer durch die Taufe in sie eingegliedert
ist. Was die theologische Beurteilung der Heilsnotwendigkeit
der Kirche betrifft, so hat diese im Lauf der Geschichte eine

deutliche Veränderung durchlaufen. Die alte Kirche hatte das Axiom geprägt: »Außerhalb der Kirche kein Heil!« Dieser Satz richtete sich allerdings ausschließlich gegen die damaligen Irrlehrer und Häretiker, die im Begriff waren, die Kirche zu verlassen, nicht aber gegen Angehörige anderer Religionen. Auf sie wurde dieses Urteil später zunächst ausgeweitet, um dann im Zeitalter der Entdeckung neuer Kontinente und Kulturen wiederum eingeschränkt zu werden. Damals bildete sich zunehmend die Überzeugung heraus, dass Menschen, die von Jesus Christus und der Kirche niemals etwas gehört haben, nicht einfachhin der Verdammnis ausgeliefert sein können. Das Zweite Vatikanische Konzil (1962–1965), das explizit auch in den anderen Religionen Heilsmöglichkeiten sieht, siedelt die Aussage von der Heilsnotwendigkeit der Kirche darum in ihrem Innenraum an: »Darum können jene Menschen nicht gerettet werden, die um die katholische Kirche und ihre von Gott durch Christus gestiftete Heilsnotwendigkeit wissen, in sie aber nicht eintreten oder in ihr nicht ausharren wollen.« (LG 14) Dabei ist sich die Theologie wohl bewusst, dass unterschiedliche Faktoren einem Menschen den Zugang zur Kirche versperren können. Hilfreich ist die Unterscheidung des Konzils zwischen einer Zugehörigkeit zur Kirche »dem Leibe nach« und einer »im Herzen« (LG 14).

() | *Verweise*

Amt; Apostolisch; Christus; Ekklesiologie; Gott; Heilig; Heiliger Geist; Katholisch; Kirchen; Kirchenbilder; Konzil; Unfehlbarkeit

Kirchen

Angesichts des Bekenntnisses zur einen Kirche
Jesu Christi stellt sich die Frage, wie sich denn diese eine Kirche zu den verschiedenen christlichen Kirchen verhält, die sich
de facto im Lauf der Geschichte entwickelt haben. Neben der
römisch-katholischen Kirche sind vor allem die orthodoxe Kirche, die aus der Reformation hervorgegangenen Kirchen und die
altkatholische Kirche von Bedeutung.

Bis zum Zweiten Vatikanischen Konzil galt aus katholischer
Sicht allein die römisch-katholische Kirche als Kirche, die
Angehörigen der übrigen Kirchen hingegen als Häretiker und
Schismatiker. Aus diesem Grund stieß auch die ökumenische
Bewegung auf scharfe Ablehnung.

Die entscheidende theologische Neubewertung der nichtkatholischen Kirchen erfolgte durch das Zweite Vatikanische
Konzil. Es betonte, dass auch in ihnen »vielfältige Elemente
der Heiligung und der Wahrheit zu finden sind« (LG 8; UR 3) und
sprach von ihnen als »Kirchen und kirchlichen Gemeinschaften«,
ohne diese im Einzelnen zuzuordnen. Einher ging damit eine
neue Bestimmung des eigenen Verhältnisses zu den anderen
Kirchen. Während die vorkonziliare Theologie die Kirche Jesu
Christi einfach mit der katholischen Kirche identifizierte (»die
Kirche Jesu Christi *ist* die katholische Kirche«), modifizierte die
Kirchenkonstitution des Zweiten Vatikanums »Lumen Gentium«
diese Formulierung und suchte nach einer anderen Zuordnung.
Sie fand sie in der Formulierung »die Kirche Jesu Christi ›subsistiert‹ (Lat.: »subsistit«) in der katholischen Kirche« (LG 8), was
übersetzt werden muss mit: die Kirche Jesu Christi »ist verwirklicht«, »hat ihre konkrete Erscheinungsform« in der katholischen
Kirche.

Dabei bestand für das Konzil kein Zweifel, dass die katholische Kirche die am vollständigsten ausgerüstete Verwirklichung
der Kirche Jesu Christi ist. Gleichzeitig wurde die Möglichkeit
offengelassen, dass die Kirche Jesu Christi auf mehrere Weisen
verwirklicht werden, also auch in anderen christlichen Kirchen
existieren kann. Diese Einsicht bildete auch die Grundlage für
die nunmehr einsetzende ökumenische Bewegung auch von

katholischer Seite. In der gegenwärtigen Diskussion wurde die Frage nach dem Kirche-Sein der anderen christlichen Kirchen erneut aufgeworfen. Sie sind nicht im gleichen Sinne Kirche wie die römisch-katholische – und sie wollen dies von ihrem Selbstverständnis her auch gar nicht sein. Dennoch kann ihnen aus der Sicht des Konzils das Kirche-Sein nicht schlechterdings abgesprochen werden.

Das Konzil konstatierte auf der strukturell verfassten Ebene eine gestufte Zugehörigkeit zur Kirche Jesu Christi. Als »voll eingegliedert« gelten die katholischen Gläubigen (LG 14). Eine »Verbindung« besteht mit den getauften Christen in den anderen nicht-katholischen Kirchen, nämlich durch den Glauben an den dreifaltigen Gott, die Heilige Schrift, die Taufe und die Gemeinschaft im Gebet (LG 15). Von den Nicht-Christen wird eine »Hinordnung« auf die Kirche ausgesagt (LG 16). Damit wurde kein Urteil über den persönlich gelebten Glauben und die Christusnachfolge in diesen Kirchen getroffen. Das Konzil zielt mit seiner Aussage nicht auf die existenzielle, sondern auf die institutionell-strukturelle Ebene: Was diese sichtbare Dimension der Kirche betrifft, versteht sich die katholische Kirche mit ihrer Struktur, ihrem Bischofsamt in apostolischer Sukzession und ihrem Papstamt als Fülle der Verwirklichungsform der Kirche Jesu Christi. Wo dieses Selbstverständnis als anti-ökumenische Anmaßung empfunden wird, muss bedacht werden, dass diese Dimension nicht das einzige Kriterium für Kirchesein kann und dass das Konzil auch von der katholischen Kirche sagt, die Kirchenspaltung erschwere es ihr, »die Fülle der Katholizität (...) in der Wirklichkeit des Lebens auszuprägen« (UR 4).

◯◯   *Verweise*

Amt; Apostolisch; Bischof; Kirche; Konzil; Ökumene; Papst

Kirchenbilder

U m   S e l b s t v e r s t ä n d n i s ,   Aufgabe und Bedeutung der Kirche zu umschreiben, bedient sich die Theologie
in den verschiedenen Epochen verschiedenster Bilder und Metaphern.

Die frühen christlichen Gemeinden griffen zu Bildern, die
ihnen aus ihrer Alltagswelt vertraut waren: das »Haus« oder
der »Bau« Gottes (vgl. *1 Kor 3,9–11; Eph 2,19–22*), wobei der
Schlussstein Jesus Christus, das Fundament die Apostel und
Propheten sind; die »Bürgerversammlung«, Griech.: »ekklesia«
(vgl. *1 Kor 1,1f*); der »Leib Christi« (vgl. *1 Kor 12,12–14.18–20*),
der zum einen die Verbundenheit der einzelnen mit Christus,
zum anderen das Zusammenwirken der verschiedenen Gaben in
der Gemeinde zum Ausdruck brachte; der »Weinstock« (vgl. *Joh
15,1.4f*), der die enge Zugehörigkeit zu Jesus Christus unterstreicht. Die Kirchenväter führen diese Bilder weiter. Häufig
beschreiben sie die Kirche mit Hilfe weiblicher Kategorien: als
»Braut« Jesu Christi und als »Mutter« der Gläubigen.

Nachdem die Kirche nach der Konstantinischen Wende (313)
zur Staatsmacht wurde, traten im Mittelalter vor allem ihre institutionelle Seite und ihre hierarchische Verfassung in den Mittelpunkt. Die »Mutter« wurde zur »Lehrmeisterin« der Gläubigen,
der »Leib Christi« hatte nun sein sichtbares Haupt im Papst, der
als »Stellvertreter Christi« auf Erden gesehen wurde. Bilder, die
die geistliche Verbindung der Kirche mit Jesus Christus zum Ausdruck brachten, traten demgegenüber in den Hintergrund.

Zu Beginn des 20. Jh. lebte die Vorstellung von der Kirche
als »Leib Christi« wieder auf, allerdings nun auf dem Hintergrund eines ganz anderen Verständnisses von »Leib«: Die Kirche ist insofern »Leib Christi«, als sie eine sichtbare und klar
umgrenzbare gesellschaftliche Körperschaft darstellt. Von ihrer
Verfassung her wurde sie als »vollkommene Gesellschaft« verstanden: Die Rollen der »Lehrenden« – Kleriker – einerseits und
der »Hörenden« – Laien – andererseits waren klar festgelegt; es
war keine Frage, wer »Regierende« und »Regierte«, »Führer« und
»Geführte« waren. Der Vergleich mit der Staatsform der Monar-
chie lag damals nahe. In vielen Kirchenliedern wird die Kirche

als »Festung« oder »Burg« besungen, die die Gläubigen vor den Verführungen der »Welt« schützt.

Das Zweite Vatikanische Konzil rückte das alttestamentlich verankerte und vom NT vereinzelt aufgegriffene Bild von der Kirche als »Volk Gottes« in den Mittelpunkt seiner Ekklesiologie: Die Kirche ist vor aller Unterscheidung in die verschiedenen hierarchisch strukturierten Dienste und Ämter das von Gott erwählte Volk. Ergänzt wurde es durch die frühkirchliche Vorstellung von der Kirche als »communio«, als Gemeinschaft, der Priester und Laien gleichermaßen angehören. Nicht mehr die hierarchisch gestufte Pyramide bot sich nunmehr als grafischer Vergleich an, sondern der Kreis, der in Jesus Christus seinen Mittelpunkt hat und dem die Ämterstruktur eingestiftet ist. Damit wurde eine lange Tradition verabschiedet, die die Kirche als eine Zwei-Klassen-Gesellschaft von Klerikern und Laien sieht, ohne die Notwendigkeit und grundlegende Bedeutung der kirchlichen Ämter zu bestreiten.

Als Volk Gottes und communio ist die Kirche »Sakrament, d.h. Zeichen und Werkzeug für die innigste Vereinigung mit Gott wie für die Einheit der ganzen Menschheit« (LG 1). Mit dieser Bestimmung sollte keineswegs zu den sieben Sakramenten ein weiteres hinzugefügt, sondern die Verleiblichung des Heils in der Kirche ausgesagt werden: Die Kirche ist »Zeichen« des Heils, das es verleiblicht und sichtbar macht, und sie ist zugleich »Werkzeug«, d.h. Instrument des Heils, durch das es den Menschen vermittelt wird. So wie durch das Ursakrament Jesus Christus das Heil den Menschen nahe kommt, so macht es die Kirche als Grundsakrament in Fortführung seines Handelns greifbar und erfahrbar, ohne deswegen mit ihm identisch zu sein. Diese theologische Qualifizierung bedeutete also keine triumphalistische Überhöhung oder Sakralisierung, sondern machte eine grundlegende Aussage über ihre Aufgabe in der Welt.

() | *Verweise*

Christus; Ekklesiologie; Kirche; Konzil; Sakrament

Konzil

KONZIL (Lat.: »concilium« = »Versammlung«) wird die Versammlung der Bischöfe in der katholischen Kirche genannt. Partikular- bzw. Regionalkonzilien beziehen sich auf die Bischöfe einer bestimmten Region. Entscheidende Bedeutung für die Kirche haben die Allgemeinen oder Ökumenischen Konzilien, auf denen Bischöfe aus aller Welt zusammenkommen. Bis heute haben 21 Ökumenische Konzilien stattgefunden. Das erste war das Konzil von Nizäa (325), das einen entscheidenden Beitrag zur Klärung der Christologie leistete, das letzte das Zweite Vatikanische Konzil (1962-65), in dessen Wirkungsgeschichte wir heute stehen.

Als »Urmodell« des Konzils im NT gilt das sog. Apostelkonzil (*Apg 15*), die Versammlung der Apostel und Ältesten in Jerusalem, auf der entscheidende Fragen der Heidenmission geklärt wurden. Die nachfolgenden Konzilien weisen unterschiedliche Gestalt auf. Wurden sie im ersten Jahrtausend vom Kaiser einberufen, steht die Einberufung und der Vorsitz seitdem ausschließlich dem Papst zu. Den Bischöfen, die in Gemeinschaft mit dem Papst auf dem Ökumenischen Konzil beraten, kommt in Fragen des Glaubens und der Sitte Unfehlbarkeit zu. In diesem Sinne ist das Konzil eine Weise des verbindlichen Lehrens in der Kirche. Die Einberufung eines ökumenischen Konzils stellt einen großen organisatorischen Aufwand dar, der im Lauf der Zeit in dem Maße gewachsen ist, als sich die Kirche als Weltkirche versteht. War in der Vergangenheit die Abwehr von Irrlehren der entscheidende Anlass für die Einberufung eines Konzils, im 16. Jh. die Auseinandersetzung mit der Reformation, so standen für das Zweite Vatikanum seelsorglich-pastorale Anliegen im Vordergrund.

Das Zweite Vatikanische Konzil war von seiner Intention und auch von seinen Ergebnissen her der Versuch der Selbstvergewisserung der Kirche in der modernen Welt. Es strebte ein »aggiornamento« der Kirche an (Italienisch: »aggiornare« = »auf den neuesten Stand bringen«), mit dem Ziel, »frische Luft« hereinzulassen – so ein Wort des einberufenden Papstes Johannes XXIII. Sein erklärtes Anliegen war es, auf die »Zeichen der Zeit« zu achten und sich den Problemen, Fragen und Anliegen der Welt zu öffnen. Damit wurde die Weltfeindlichkeit vorheriger Epochen überwunden, in denen die Kirche sich selbst als »Festung« und »Burg« inmitten der feindlichen Welt verstand und in den geistigen Strömungen der Moderne nichts als Irrtümer sah. Nunmehr wird die Welt zu einem theologischen Ort für ihr Selbstverständnis. Sie bleibt nicht einfach »draußen«, sondern ist in der Kirche selbst präsent; umgekehrt ist die Kirche als Zeichen und Werkzeug des Reiches Gottes in dieser Welt wirksam.

In der Rückbesinnung auf das NT und die Theologie der Patristik und vorbereitet durch unterschiedliche vorbereitende Bewegungen und Initiativen erarbeitete das Konzil grundlegende Reformen: die Reform der Liturgie, die die Gestalt des Gottesdienstes veränderte und anstelle des bisher vorgeschriebenen Lateins die Muttersprachen zuließ; die Reform der Ekklesiologie, die sich jetzt am Bild der Kirche als »Volk Gottes« orientiert; Neuerungen im Amtsverständnis; ein neues Verhältnis zu den nichtchristlichen Religionen, das Bekenntnis zur Ökumene. Das Konzil ersetzte freilich nicht in jeglicher Hinsicht die alte Theologie gänzlich durch eine neue, sondern versuchte, verschiedene theologische Richtungen zu integrieren. Entsprechend sind seine Texte nicht immer eindeutig. Manche der gegenwärtigen theologischen Streitigkeiten, insbesondere im Kirchen- und Amtsverständnis, sind auf unterschiedliche Auslegungen der Konzilstexte zurückzuführen. Teilweise wird heute gerade im Blick auf die offizielle Lehre der Kirche ein »Rückfall« hinter das Konzil beklagt. Andere Stimmen fordern die Einberufung eines neuen Konzils, um die zahlreichen Fragen anzugehen, die sich mittlerweile stellen.

( ) | *Verweise*

Bischof; Ekklesiologie; Kirche; Lehramt; Ökumene; Papst

Krankensalbung

DIE KRANKENSALBUNG HAT ihren »Sitz im Leben« in einer existenziellen Krisensituation, in der Bedrohung oder zumindest Einschränkung und Schwächung des eigenen Lebens. Wird diese Situation für manche zur Chance, sich neu auf Gott zu besinnen und einen Weg zu ihm zu finden, wird sie von anderen viel eher als »Gottesferne« oder als religiöse Krise erfahren. Genau an dieser Stelle setzt das Sakrament der Krankensalbung an. »Gott ist auch in dieser Situation bei dir« – so lautet seine Grundaussage. Die Salbung und die damit verbundene Handauflegung machen diese Nähe sinnenhaft erfahrbar, lassen spüren, dass Gott den Menschen im wahrsten Sinne des Wortes auch in der Krankheit »berührt«. Die Krankensalbung ist alles andere als ein »Allheilmittel«. Vielmehr ist sie »Heilszusage«, die sinnenhaft-symbolisch spürbar macht, dass der Mensch auch in der Krankheit von Gottes Heil umfangen ist. Damit ist sie keine Alternative zur Medizin, sondern Ausdruck und zugleich Stärkung des Glaubens.

Deutete die Antike – und mit ihr an manchen Stellen auch das AT – Krankheit als Reaktion Gottes auf menschliches Versagen und als Strafe für begangene Sünden, lehnte Jesus die Spekulation über einen solchen Zusammenhang ab (vgl. *Joh 9,2*). Er sah seine Aufgabe nicht darin, Krankheit zu erklären, sondern Kranke zu heilen im Dienste des Reiches Gottes. Nach dem Zeugnis des NT führte die junge Kirche diese Heilungstätigkeit fort (*Lk 6,9; Mk 6,13; 1 Kor 12,9*). Auf diesem Hintergrund ist *Jak 5,14–16* zu lesen, die nach katholischem Verständnis entscheidende biblische Stelle für die Begründung des Sakramentes der Krankensalbung. Hier kommt unmissverständlich zum Ausdruck: Wer krank ist, lebt nicht isoliert, ist nicht aus der Gemeinde ausgeschlossen, sondern hat dort seinen festen Platz. Die Salbung mit Öl, in der Antike aus kosmetischen und medizinischen Gründen um der Schönheit und Heilung des Menschen und auch um der Stärkung und Kräftigung willen vielfach praktiziert, hat hier unbezweifelbar auch eine religiös-geistliche Bedeutung. Das bezeugt ihre Einbettung ins Gebet und der Zusatz »im Namen des Herrn«. Ihre Wirkung wird umschrieben mit den beiden Worten »retten« und

»aufrichten«, beides typische Begriffe aus den Heilungswundererzählungen Jesu. Der abschließende Satz »Wenn er Sünden begangen hat«, macht deutlich, dass die Wirkung der Ölsalbung auch in der Vergebung der Sünden besteht.

Vom 8. Jh. an wurde die Krankensalbung mehr und mehr zu einem Sterbesakrament und darum auch als »Letzte Ölung« bezeichnet. Der Gedanke der Heilung trat nun zunehmend in den Hintergrund; statt dessen erschien die Sündenvergebung als ihr eigentlicher Sinn. Der wesentliche Grund dafür war die damalige Angst vor dem, was den Menschen nach dem Tod erwartet; angesichts dessen erschien eine besondere Vorbereitung, vor allem aber das Bekenntnis der Sünden, unumgänglich. Das Zweite Vatikanum hat den ursprünglicher Sinn dieses Sakramentes wiederhergestellt, so dass es heute bei jeglicher ernstzunehmender Erkrankung gespendet wird. Durch die Einbettung in eine gottesdienstliche Feier oder die gemeinsame Spendung an mehrere Kranke hat es zugleich seinen Gemeinschaftscharakter betont. Insofern heute verstärkt Laien Krankenseelsorge wahrnehmen, wird immer wieder der Wunsch laut, dass auch sie dieses – seit dem 9. Jh. den Priestern vorbehaltene – Sakrament spenden dürfen.

( ) *Verweise*

Christus; Gebet; Glaube; Gott; Heil; Laie; Priester; Sakrament; Sünde

Laie

WÄHREND IN DER Umgangssprache das Wort »Laie« einen Nicht-Fachmann bezeichnet, leitet sich seine theologische Verwendung vom griechischen »laos« = »Volk« ab und bedeutet entsprechend »dem Volk zugehörig«. »Laien« waren ursprünglich diejenigen, die dem Volk Gottes angehörten; den Gegensatz dazu bildeten die Nichtglaubenden, die nicht zum Volk Gottes zählten.

Als das Christentum nach der Konstantinischen Wende mehr und mehr zur Volks- und Mehrheitsreligion wurde, verlor die Unterscheidung zwischen den Christen als Angehörigen des Volkes Gottes auf der einen und den Nichtglaubenden auf der anderen Seite an Bedeutung. Statt dessen wurde eine andere Unterscheidung innerhalb der Kirche relevant: diejenige zwischen den Amtsträgern bzw. Klerikern einerseits und den einfachen Gläubigen andererseits. In diesem Sinne unterscheidet erstmals Klemens von Alexandrien (3. Jh.) in der Gemeinde zwischen den Laien hier und den Priestern, Bischöfen, Diakonen dort.

Laie wurde seitdem abgrenzend bzw. negativ als Nicht-Kleriker definiert: Die Laien leben nicht im geistlichen, sondern im weltlichen Stand; in der Kirche hatten sie deswegen nicht mitzureden und schon gar nicht zu bestimmen, sondern zu gehorchen. Laikale Bewegungen in der Geschichte der Kirche, die darauf hinzielten, ein evangeliumsgemäßes, geistliches Leben »in der Welt« zu führen (vgl. Jan Hus, John Wyclif), wurden vielfach beargwöhnt und als anti-klerikal verdächtigt. Dass die Reformation den Unterschied zwischen Laien und Klerikern leugnete und betonte, alle Christen seien »geistlichen Standes« und durch die Taufe zu Priestern geweiht, verstärkte auf katholischer Seite nur noch die scharfe Abgrenzung zwischen Laien und Klerikern.

Die negative Definition und Sichtweise von Laie-Sein blieb bis ins 20. Jh. bestimmend. Den entscheidenden Umbruch brachte das Zweite Vatikanische Konzil mit sich, dem eine intensive Laien-Bewegung voranging. Neben dem traditionellen, in Opposition zum Klerus formulierten Laienbegriff begegnet hier zugleich eine positive Bestimmung der Laien: Sie sind »die Christgläubigen, die, durch die Taufe Christus einverleibt, zum

Volk Gottes gemacht und des priesterlichen, prophetischen und königlichen Amtes Christi auf ihre Weise teilhaftig, zu ihrem Teil die Sendung des ganzen christlichen Volkes in der Kirche und in der Welt ausüben.« (LG 31) Im Anschluss daran entfaltet das Konzil eine umfassende Theologie der Laien.

Durch Taufe und Firmung haben sie aktiv teil an der Sendung Jesu Christi: Jesus Christus »bestellt auch die Laien zu Zeugen und rüstet sie mit dem Glaubenssinn und der Gnade des Wortes aus (...).« (LG 31) Darum kommt ihnen ein eigenes Apostolat zu. Wenngleich sie dieses besonders in der »Welt« zur Geltung bringen – in der Familie, im Berufsleben, im Bereich der Gesellschaft, Politik, Kunst und Kultur – bleibt es doch keineswegs auf den bloßen Weltdienst beschränkt. Es umfasst auch den Heilsdienst, weil sie eben durch Taufe und Firmung auch an der Heilssendung der Kirche teilhaben. Ihr Apostolat verwirklicht sich »in Glaube, Hoffnung und Liebe« (AA 3), aber auch durch den Dienst des Wortes und der Sakramente (AA 6). Das Laienapostolat ist keine »Teilhabe« oder »Mitarbeit« am Apostolat des Weiheamtes, denn es ist nicht davon abgeleitet, sondern Teilhabe und Mitarbeit am Apostolat der ganzen Kirche. Entsprechend werden die Inhaber des Weiheamtes aufgefordert, die Würde und Verantwortung der Laien in der Kirche anzuerkennen und ihren Rat einzuholen (LG 37). So hält das Konzil im Blick auf die Laien fest: »Entsprechend dem Wissen, der Zuständigkeit und der hervorragenden Stellung, die sie einnehmen, haben sie die Möglichkeit, bisweilen auch die Pflicht, ihre Meinung in dem, was das Wohl der Kirche angeht, zu erklären.« (LG 37)

Das Konzil eröffnet darüber hinaus den Laien die Möglichkeit, durch die Träger des Weiheamtes noch weitere Aufgaben und Dienste in der Kirche übertragen zu bekommen: »Außer diesem Apostolat, das schlechthin alle Christgläubigen angeht, können die Laien darüber hinaus in verschiedener Weise unmittelbar mit dem Apostolat der Hierarchie berufen werden, nach Art jener Männer und Frauen, die den Apostel Paulus in der Verkündigung des Evangeliums unterstützten und sich sehr im Herrn mühten (vgl. *Phil 4,3; Röm 16,3ff*).« (LG 33) Damit war der theologische Grundstock gelegt für die im Anschluss ans Konzil sich neu herausbildenden pastoralen Laiendienste – hauptamtlich der Dienst des/der Gemeindereferenten/Gemeindereferentin sowie des/der

Pastoralreferenten/Pastoralreferentin, ehrenamtlich die Dienste als Lektor/in, Kommunionhelfer/in, Pfarrgemeinderat/rätin. Von dem in Taufe und Firmung gründenden Apostolat unterscheiden sie sich durch eine eigene kirchliche Sendung bzw. Beauftragung. Die faktische Einführung insbesondere von hauptamtlichen Laienämtern hat mittlerweile eigene Konflikte hervorgebracht. Vor allem in Ländern mit stark zurückgehenden Klerikerzahlen nehmen Laien auf diese Weise vielfältige Aufgaben wahr, die ursprünglich dem Weiheamt vorbehalten waren. Die Konsequenz kann freilich nicht ein Zurückdrängen der Laien sein, sondern vielmehr die Überlegung, ob Laien, wenn sie priesterliche Aufgaben wahrnehmen, nicht tatsächlich geweiht und in der Folge die Zulassungsbedingungen für das geistliche Amt verändert werden müssten. Auch eine theologische und rechtliche Ausdifferenzierung der dreigliedrigen Amtsstruktur wird vonseiten der Theologie reflektiert.

Schritt für Schritt eröffneten sich für die Laien in den letzten Jahrzehnten neue Möglichkeiten der Teilhabe an kirchlichen Gestaltungs- und Entscheidungsprozessen, nicht zuletzt durch ihre Mitarbeit in Gremien und Räten. Allerdings sind ihrer Mitverantwortung insofern Grenzen gesetzt, als oftmals den Innehabern des Weiheamtes die Letztentscheidung vorbehalten bleibt. In diesem Zusammenhang wäre die Entwicklung von synodalen Strukturen hilfreich, um der Stimme der Laien mehr Gewicht zu verleihen.

( ) | *Verweise*

Amt; Glaubenssinn; Kirche; Priester; Weihe(sakrament)

Lehramt

DIE BOTSCHAFT JESU wurde von seinen Jüngern und Jüngerinnen als »Lehre« verstanden und er als »Lehrer« (Hebr.: »Rabbi«) angeredet (*Mt 8,19; 12,38; 19,16; 23,10*). Dabei war ihnen wohl bewusst, dass er sich mit seinem Anspruch und seiner Lehre »in Vollmacht« von allen anderen Lehrern grundlegend unterscheidet.

Die frühen Gemeinden wissen von Anfang an um die besondere Aufgabe des Lehrens (vgl. *1 Kor 12,28; Eph 4,11*). Das Bemühen darum entspringt dem Wunsch nach Klarheit und Orientierung im Glauben: »Was dürfen wir glauben?«, sowie der Sorge um die Treue zur rechten Lehre: »Was müssen wir glauben, damit der einmal überlieferte Glaube nicht verlorengeht oder verfälscht wird?« (vgl. *Gal 1,6–9*). Die Frage nach der »rechten« Lehre stellte sich nach deren Tod im Lauf der Zeit verschärft angesichts der Bedrohung durch Missverständnisse, Verfälschungen und Irrlehren, insbesondere durch die Gnosis (*1 Tim 6,2b–10; 2 Tim 2,14–21; 4,2–4*). Sie ist zugleich eine Frage nach der rechten Glaubenspraxis. So entsprang das Ringen um die frühen christologischen Dogmen der Frage nach der angemessenen Weise der Verehrung Jesu Christi: Wenn dieser nicht Gott, sondern einfach ein gewöhnlicher Mensch war, konnte er nicht angebetet werden.

Im Festhalten an der Lehre der Apostel (vgl. *Apg 2,42*) sah die frühe Kirche den Weg, die Treue zum Ursprung zu wahren und damit die Unverfälschtheit und Authentizität der Lehre zu garantieren. Die Bewahrung und Weitergabe des apostolischen Glaubensgutes war auch ein entscheidender Grund für die Herausbildung der Ämter in der frühen Kirche. Dabei gelten die Bischöfe als Nachfolger der Apostel im Lehramt. Ihrer weltweiten Gemeinschaft aber – nicht dem einzelnen Bischof und auch nicht der Bischofskonferenz oder -synode – kommt besondere, nämlich unfehlbare Lehrautorität zu, gleich ob sie diese in einem außerordentlichen Lehrentscheid auf einem Konzil oder, ohne an einem Ort versammelt zu sein, im Rahmen der gewöhnlichen Lehrverkündigung der Kirche zum Ausdruck bringen. Die

Lehrautorität der Priester und Diakone ist von der bischöflichen abgeleitet.

Waren in den ersten Jahrhunderten die Bischöfe in der Regel zugleich sachkundige Theologen, wandelte sich dies am Beginn des zweiten Jahrtausends. Zugleich wurde die Theologie mehr und mehr zu einer Führungsmacht in Kirche und Gesellschaft. Neben die Lehrautorität der Bischöfe trat nun die der Theologen. Sie bedeutete zwar keineswegs zwangsläufig eine Konkurrenz, brachte jedoch die grundsätzliche Frage nach der Zuordnung der beiden Instanzen auf.

Mit wachsender Bedeutung des Papsttums erhoben schließlich die verschiedenen Päpste den Anspruch auf verbindliche Lehrentscheidungen, der ihnen seit dem 14. Jh. auch vonseiten der Theologie zugestanden wurde. Das Erste Vatikanum erkannte folgerichtig dem Papst die universale Lehrautorität über die katholische Kirche zu. Freilich gelten nicht alle päpstlichen Lehrentscheidungen, sondern nur die sog. Ex-cathedra-Entscheidungen, die dogmenbegründende Kraft haben, als unfehlbar.

Das kirchliche Lehramt, ausgeübt durch die Bischöfe und den Papst, steht naturgemäß zur wissenschaftlichen Theologie in einer gewissen Spannung, denn beide haben verschiedene Aufgaben: Dem kirchlichen Lehramt kommt eine bewahrende, »konservative« Funktion zu, insofern es die Kirche in der wahren Lehre zu halten und diese zu sichern hat. Demgegenüber ist es die ureigene Aufgabe der Theologie, die Glaubensbotschaft in die jeweilige Zeit hinein auszusagen. Problematisch wird es, wenn die Spannung zwischen beiden zugunsten des einen oder anderen Pols aufgegeben wird, denn beide leisten auf ihre Weise einen Dienst an der und für die Kirche. Dabei stehen sie nicht über, sondern in der Gemeinschaft der Kirche. Aus diesem Grund ist beim Zustandekommen von Lehrentscheidungen auf die Übereinstimmung mit den anderen kirchlichen Glaubensäußerungen zu achten. Am kirchlichen Lehramt haben in abgeleiteter Form auch die Priester und Diakone sowie die Inhaber der »missio canonica«, der bischöflichen Lehrerlaubnis, Anteil. Nicht dass es ein kirchliches Lehramt geben muss, ist darum gegenwärtig Gegenstand der Diskussion, sondern die Frage, mit welchen Mitteln und auf welche Art und Weise es die Wahrheit durchsetzen soll.

Über diesen beiden Instanzen darf nicht übersehen werden, dass auch den Glaubenden, die nicht Repräsentanten des kirchlichen Lehramtes und nicht Theolog/inn/en sind, eine Lehrautorität eigener Art zukommt. Sie gründet im Auftrag zur Bezeugung und Verkündigung des Christusglaubens, der sich vom NT an ausnahmslos an alle richtet. Allerdings trat dieser Auftrag über weite Strecken der Kirchengeschichte so stark in den Hintergrund, dass die Glaubenden nur mehr als Empfänger und Gehorchende der kirchlichen Lehre verstanden wurden. Demgegenüber hat das Zweite Vatikanum mit der Rede vom Glaubenssinn der Gläubigen diese Lehrautorität wieder neu ins Bewusstsein gerufen. Auf diese Weise wurde die vorkonziliare Aufteilung in eine lehrende (in Gestalt von Papst und Bischöfen) und eine hörende (in Gestalt der Gläubigen) Kirche überwunden. Zugleich hat das Konzil den Versuch unternommen, das kirchliche Lehramt in die Gesamtkirche zu integrieren und von dorther zu begründen.

Alle Lehrinstanzen, kirchliches Lehramt, Theologie und Glaubenssinn, sind ausnahmslos an das Zeugnis der Heiligen Schrift gebunden, über die sie sich nicht hinwegsetzen können. Alle Formen des kirchlichen Lehrens verstehen sich auf diesem Hintergrund als Dienst am Wort Gottes und damit an der Wahrheit und zugleich als Dienst an der Kirche bzw. zu ihrem Nutzen.

◯ *Verweise*

Apostolisch; Bischof; Christus; Dogma; Glaubenssinn; Konzil; Theologie; Papst; Unfehlbarkeit

Leid

D IE E RFAHRUNG von Leid ist eine Anfrage
sowohl an die Güte als auch an die Allmacht Gottes und mündet
in die Theodizeefrage. In der traditionellen Theologie begegnen
unterschiedliche Erklärungsmuster. Das eine versucht, Leid zu
funktionalisieren, d. h. in einem größeren Sinnzusammenhang
zum Werkzeug für das Gute zu machen: als Strafe für begangene
Schuld, als dem Menschen auferlegte Prüfung, als Mittel der
Reifung und Läuterung. Was aber geschieht mit jenen, die diese
»Prüfung« nicht bestanden haben oder statt zu reifen, daran
zerbrochen sind? Eine zweite Argumentationslinie im Anschluss
von Augustinus (354–430) spricht dem Leid jegliche Wirklichkeit
ab, weil es nur »ein Mangel an Gutem« sei. Auf diese Weise werden die realen Leiderfahrungen von Menschen schlechterdings
nicht ernst genommen. Ein dritter Erklärungsansatz sieht im
Anschluss an *Röm 8,20* in der Ursünde Adams die Ursache für das
Leid auf der Welt.

162 163

Seine Rückführung ausschließlich auf die Verantwortlichkeit
des Menschen aber bedeutet eine Engführung. Hilfreich ist die
Differenzierung zwischen jenem Leid, das durch Krankheiten,
Naturkatastrophen, Missbildungen etc. entsteht, und dem von
Menschen verschuldeten Leid. Für das zuletzt Genannte kann
Gott nicht verantwortlich gemacht werden, denn es ist der Preis
der Freiheit, erwächst aus ihrem Gebrauch bzw. Missbrauch.
Gott will dieses Leid nicht, doch weil er die menschliche Freiheit
ernst nimmt und sie auch nicht entzieht, wenn Menschen sie
pervertieren, lässt er es zu. Freilich bleiben auch hier Fragen
offen: Warum greift Gott angesichts des totalen Freiheitsmiss-
brauchs nicht ein, so wie Eltern eingreifen, wenn sie sehen, dass
ihr Kind sich oder andere ins Verderben stürzt? Vor allem auf
dem Hintergrund der Erfahrung von Auschwitz haben sich diese
Fragen zugespitzt. Als Konsequenz entstand eine eigene »Theologie nach Auschwitz«, die die Gottesfrage neu gestellt und
eigene Formen der Rede von Gott entwickelt hat.

Im Blick auf Krankheiten, genetische Defekte, Naturkatastrophen usw. macht die Theologie geltend, dass sie, sofern sie
nicht durch menschliches Fehlverhalten ausgelöst wurden, Folge

der Autonomie bzw. Eigengesetzlichkeit der Schöpfung sind. Die Evolution geht zwangsläufig einher mit Fehlentwicklungen, mit denen der Fortschritt zu höheren Entwicklungsformen bezahlt werden muss. Krankheitserreger, Viren, genetische Defekte, Missbildungen etc. sind in diesem Sinne ein »Nebenprodukt« der Evolution. Vermeidbar wäre Leid nur, wenn Gott überhaupt auf die Erschaffung einer evolutiven Welt verzichtet hätte. Auch damit sind nicht alle Fragen beantwortet: Warum entscheidet sich Gott für ein evolutives Universum? Hätte er nicht von vornherein eine »vollkommene« Welt schaffen können? Und warum greift er nicht ein, um die schlimmsten Irrtümer der Evolution zu vermeiden?

Ein Zweifaches vermögen diese Überlegungen jedoch zu leisten: Zum einen machen sie deutlich, dass Leid in der Sicht des christlichen Glaubens nicht einfach von Gott »geschickt«, »verhängt« oder »gewollt« ist. Darum gibt es keinen Grund, es als gottgewollt zu akzeptieren, sondern allen Grund, dagegen anzugehen und es mit allen Mitteln zu bekämpfen. Zum anderen zeigen sie, dass die Unbegreiflichkeit des Leids nicht notwendigerweise ein Grund ist, dem Glauben an Gott eine Absage zu erteilen.

Die Frage nach dem Leid ist vielfach gepaart mit dem Vorwurf, dass Gott dem Leiden der Menschen unbeteiligt zusehe. Demgegenüber spricht die Bibel gerade nicht von einem Gott, der von fern dem Leiden der Menschen zusieht, ohne davon berührt zu sein, sondern von einem mitleidenden Gott, der von diesem Leid selbst zutiefst betroffen ist (*Hos 11,8; Jer 14,17f; 31,20; Jona 4,10f; Ps 91,15; Sir 18,13; Lk 12,6*). Zugespitzt zeigt sich dies am Kreuz. Hier leidet nicht nur der Vater mit dem Sohn, sondern hier hängt Gott selbst am Kreuz. Weil Gott in Jesus Christus Mensch geworden ist, bleibt er vom Leid der Welt nicht ausgenommen. Der mitleidende und selbst leidende Gott ist keine Antwort; weder vermag er das Leid der Welt zu erklären noch zu lindern. Und doch fällt von ihm her ein neues Licht auf das Leidproblem. Wenn Gott mitleidet, kann das Leid – muss nicht! – zum Ort der Gottesbegegnung werden. Weil es von Gott umfangen ist, kann es nicht nur von ihm weg, sondern umgekehrt gerade zu ihm hinführen. Ebenso können Menschen ihre Leidenssituation als Mitleiden mit dem gekreuzigten Jesus interpretieren und so leichter annehmen.

Schließlich ist nach christlicher Überzeugung nicht das Leid das letzte Wort, sondern die Hoffnung auf seine Überwindung in der Vollendung, in einem verwandelten »ewigen« Leben bei Gott, in einem »neuen Himmel« und einer »neuen Erde« (*Jes 25,8; Apk 21,4*). Diese Hoffnung darf freilich weder als billiger Trost noch als Verharmlosung real erfahrenen Leidens missbraucht werden.

Angesichts der Unzulänglichkeit aller Erklärungen beruft sich die Theologie, nicht zuletzt auch aufgrund des Dialogs mit dem Judentum, immer wieder auf die Geheimnishaftigkeit Gottes: Er wäre nicht Gott, wenn er für den Menschen zu erfassen und zu durchschauen wäre. Er ist auch der ferne und verborgene Gott, der sich entzieht. Die angemessene Antwort auf die Frage nach dem Leid sind darum nicht viele Erklärungen, sondern eine Theologie des Schweigens und der Klage, wie wir ihr vor allem in den Psalmen begegnen. Eine Antwort auf die Frage nach dem Leid ist sie freilich nicht. Zudem ist sie der Diskrepanz ausgesetzt, dass sich hier der Glaube auf das Unbegreifliche zurückzieht, während er, wenn es um den Nachweis der Existenz Gottes geht, durchaus rationale Argumente beansprucht. Letztlich kann der christliche Glaube das Leidproblem theoretisch nicht auflösen, da ein existenzielles Problem auf gedanklich-spekulative Weise niemals gelöst werden kann. Leid kann darum nur praktisch angegangen und existenziell bewältigt werden.

() | *Verweise*

Allmacht; Gott; Gotteslehre; Schöpfung; Theodizee; Wirken Gottes; Vollendung

Maria

MARIA KOMMT innerhalb des christlichen Glaubens vielfältige Bedeutung zu: als Mutter Jesu, als von Gott Auserwählte und Begnadete, als Glaubende.

Grundgelegt ist ihre Bedeutung im NT. Bereits hier zeichnet sich klar ab, dass Maria als Gestalt des Glaubens mehr ist als die Frau aus Nazaret. Während sie bei Markus vor allem durch ihr »Unverständnis« gegenüber ihrem Sohn auffällt und Matthäus kein besonderes Interesse an ihr zeigt, tritt sie bei Lukas als zentrale Gestalt der Heilsgeschichte in den Vordergrund: als von Gottes Gnade Erfüllte (*Lk 1,28.30*), als Mutter des Messias und Gottessohnes (*1,31*), als Gott gehorsame »Magd des Herrn« (*1,45*), als »Gepriesene« (*1,42.48*) und als Prophetin (*1,48*). Ihrer Erwählung durch Gott entspricht ihr Glaube, der ihr gesamtes Leben prägt; allein er ist der Grund für ihre besondere Stellung. Das Johannesevangelium berichtet an zwei Schlüsselszenen von ihr: Am Anfang fordert sie bei der Hochzeit von Kana die Anwesenden auf, auf Jesus zu hören (*2,1–11*); am Ende steht sie unter dem Kreuz (*19,25ff*). Nach *Apg 1,14* gehört sie schließlich zum inneren Kreis der Jerusalemer Urgemeinde.

Maria als Glaubensgestalt war und ist freilich nicht nur Gegenstand der theologischen Reflexion, sondern ebenso der konkretpraktisch gelebten Frömmigkeit und der Verehrung – nicht Anbetung. Die Art und Weise dieser Verehrung hat sich durch die Geschichte hindurch immer wieder gewandelt und ist auch ein Spiegel der jeweiligen Bedürfnisse der Glaubenden. Neben Wärme und emotionaler Zuwendung suchen Menschen bei ihr Schutz und persönliche Fürsprache bei Gott, wobei ihr oftmals besondere Barmherzigkeit gegenüber der »Gerechtigkeit« Gottvaters zugeschrieben wurde. Einerseits verkörperte Maria dabei die »Menschlichkeit« des Glaubens, gerade in ihrer Rolle als Mutter; viele fühlten sich ihr näher als dem so unendlich entfernt und transzendent erscheinenden Gott und auch Jesus Christus. Andererseits drohte in bestimmten Epochen die Menschlichkeit Marias in den Hintergrund zu treten und sie selbst göttliche Züge anzunehmen oder in ihrer Heilsbedeutsamkeit Jesus Christus gleichgestellt zu werden. Insbesondere das 19. Jh., das eine ausgeprägte Marienverehrung betrieb, war nicht frei davon. Auch heute gibt es in der Volksfrömmigkeit Formen der Marienverehrung, die theologisch nicht angemessen sind. Das Zweite Vatikanum hat hier klar Position bezogen, indem es Maria vor allem im Blick auf ihren Glauben und ihre Bedeutung für die Kirche in den Blick nimmt.

Während die Reformatoren an den Mariendogmen der Alten Kirche festhielten, lehnten sie bestimmte Formen der katholischen Marienverehrung, insbesondere Marias Anrufung als Fürsprecherin ab. In der Aufmerksamkeit für ihre Mitwirkung im Heilsgeschehen sahen sie die Einzigartigkeit des Werkes Jesu Christi bedroht. Später trat Maria in den evangelischen Kirchen fast ganz in den Hintergrund. Als belastend für die Ökumene erwiesen sich die beiden jüngeren Mariendogmen, weil sie die besondere Stellung Marias betonen, nicht auf einem klaren Schriftbeleg beruhen und zudem durch das päpstliche Lehramt erlassen wurden. Erst in jüngster Zeit bemühen sich einzelne evangelische Theolog/inn/en um einen neuen Zugang zu Maria.

Ein solcher neuer Zugang ist ihre Wiederentdeckung als »Schwester im Glauben«, die mit den Frauen solidarisch ist, die wie sie Fragen und Zweifel kennt und die ihren eigenen Glaubensweg geht. In diesem Zusammenhang wird Maria als eigenständige Persönlichkeit wahrgenommen, die nicht einfach willenloses Werkzeug Gottes ist, sondern entschieden die Beziehung zu Gott aufnimmt. Maria als Begleiterin auf dem eigenen Glaubensweg zu verstehen, ist ein hoffnungsvoller, biblisch fundierter und zugleich ökumenisch ausgerichteter Ansatz, um sie wieder neu ins Bewusstsein von Christinnen und Christen zu bringen.

○›| *Verweise*

Aufnahme Marias in den Himmel; Christus; Feministische Theologie; Glaube; Gnade; Jungfrauengeburt; Mariologie; Unbefleckte Empfängnis

Mariologie

Mariologie wird die theologische Lehre über Maria genannt. In der katholischen Dogmatik bildet sie einen eigenen Traktat. In seinem Mittelpunkt steht Maria als Symbolgestalt des Glaubens. Die Sichtweise und das Verständnis Marias hat sich durch die Epochen hindurch immer wieder verändert; neue Perspektiven traten hinzu, ohne dass die alten Interpretationsmuster einfach aufgegeben wurden, in den Hintergrund geratene wurden wiederentdeckt.

In den Anfängen der Kirche war die Mariologie ausschließlich christologisch motiviert: Maria wurde ganz im Licht ihres Sohnes gesehen. Weil sie Jesus Christus geboren hat, der nicht nur Mensch, sondern zugleich Gott war, konnte und musste sie »Mutter Gottes« genannt werden. Auch das frühe Dogma von der Jungfrauengeburt entspringt diesem christologischen Kontext. Es sagt aus, dass die Geburt des Heilandes sich nicht menschlichem Planen und Handeln, sondern allein Gottes Initiative verdankt. Zugleich trifft es eine Glaubensaussage über Maria: Sie ist als Jungfrau diejenige, die mit ihrer ganzen Existenz auf Gott hinlebt und sich ganz für ihn und sein Wirken öffnet.

Ab dem 3. Jh. richtete sich das theologische Interesse verstärkt auf ihre Aufgabe in der Heilsgeschichte. Maria wurde damit mehr und mehr als eigenständige Gestalt in den Blick genommen. In diesem Zusammenhang sind in der Mariologie zwei gegenläufige Tendenzen zu beobachten: Einerseits verkörperte Maria als Fürsprecherin die »menschliche« und zugleich die weibliche Seite Gottes, bot Schutz und Zuflucht. Andererseits wurden ihr als Königin und Herrscherin an der Seite Jesu Christi immer wieder auch nahezu göttliche Züge zugeschrieben. Auf diesem Hintergrund ist die mehrfach wiederkehrende Forderung zu verstehen, ein Dogma über Maria als »Miterlöserin« zu erlassen – was vom kirchlichen Lehramt mit guten theologischen Gründen zurückgewiesen wird.

Ab der Mitte des 19. Jh. ist eine deutliche Verselbständigung der Mariologie festzustellen. Das Augenmerk richtete sich nun mehr und mehr auf den Beginn und das Ende von Marias Leben: Wenn sie diejenige »voller Gnaden« ist, dann musste die Gnade

Gottes ihr gesamtes Leben von der Empfängnis bis zum Tod umfassen. In diesem Kontext wurden die Dogmen von der Unbefleckten Empfängnis (1854) und der Aufnahme Marias in den Himmel (1950) formuliert. Das Zweite Vatikanum nahm demgegenüber die heilsgeschichtliche Bedeutung von Marias Glauben für die Menschen und vor allem für die Kirche in den Blick.

Über Jahrhunderte hinweg prägte das Bild der Maria das jeweilige Frauenbild. Von weitreichender Konsequenz war die bereits bei Augustinus (354–430) anklingende und im Mittelalter fortgeführte Eva-Maria-Typologie. Auf dem Hintergrund einer einseitigen patriarchalen Schriftinterpretation, die Eva als sündig und ungehorsam darstellte, wurde Maria als leuchtendes Vorbild für die Frauen gezeichnet: Eva als Inbegriff von Ungehorsam, Unglauben, Sünde und Tod, Maria als Inbegriff von Gehorsam, Glauben, Heiligkeit und Leben. Je mehr Maria hochstilisiert und aufs Podest gehoben wurde, desto unerreichbarer wurde sie freilich als Vorbild. Gegenüber einem solchen Ideal mussten »gewöhnliche« Frauen sich zwangsläufig als unvollkommen und sündig empfinden. Das 19. Jh. machte sie schließlich zur demütigen und aufopferungswilligen Ehe- und Hausfrau ohne eigenen Willen und Bedürfnisse. Auf diesem Hintergrund ist verständlich, dass viele Frauen sich von Maria abgewendet haben bzw. dies nach wie vor tun.

Die feministische Theologie hat das traditionelle Marien- und das ihm entsprechende Frauenbild kritisch hinterfragt und korrigiert. Während postchristliche Feministinnen Maria als vermeintliches Ideal der »Kinder-Küche-Kirche-Frau« und als Kompensation eines einseitig männlichen Gottesbildes ablehnen, sind dort mehrere Strömungen zu unterscheiden: Die eine versteht Maria als weibliches göttliches Prinzip, die andere sieht in ihr die Frau, die eigenständig ihr Ja zu Gott spricht, oder die von Gott Auserwählte, die eine einzigartige Stellung in der Heilsgeschichte innehat; wieder andere stellen das Magnificat und mit ihm das Moment der Befreiung bei Maria in den Vordergrund. Nicht zuletzt hat die Feministische Theologie Maria als Urbild und zugleich als Schwester im Glauben wiederentdeckt und für Frauen gleichermaßen wie für Männer erschlossen.

Ein Durchgang durch die Mariologie der verschiedenen Epochen zeigt, unter welch unterschiedlichen Perspektiven Maria wahrgenommen wurde: Als Mensch verkörpert sie den Menschen, wie er vor Gott sein soll; als Begnadete ist sie der Inbegriff von Gottes Heilshandeln; als Mutter Jesu Christi ist sie Bestandteil des Christusbekenntnisses, als Glaubende Typus der Kirche, als Frau Leitbild, als Leidende Identifikationsgestalt, als die, die in den Himmel aufgenommen wurde, Hoffnungszeichen. Entsprechend hatte die Mariologie Einfluss auf Anthropologie, Gnadenlehre, Christologie, Ekklesiologie und Eschatologie; umgekehrt bilden deren Vorgaben den Rahmen für eine legitime Mariologie. Ihre Grenze hat sie dort, wo Maria zur Göttin erhoben oder an die Stelle Jesu Christi gesetzt wird.

Neben theologischen wirken unbezweifelbar auch psychologische und auch mythologische Faktoren auf das jeweilige Marienbild ein. Maria steht für die emotionale Seite des Glaubens; in der Volksfrömmigkeit, insbesondere in Lateinamerika, verschmilzt die Marienverehrung mit dem Kult der Großen Mutter. Bisweilen erscheint Maria geradezu als Projektionsfigur, auf die alle möglichen Wunschvorstellungen übertragen werden. Zugleich kam bzw. kommt ihr vielfach eine kompensatorische Funktion zu: Sie sorgt für den Ausgleich des Defizits an Weiblichkeit im Gottesbild, des Defizits an Menschlichkeit in der Person Jesu, des Defizits an Weiblichkeit in der Kirche.

() | *Verweise*

Aufnahme Marias in den Himmel; Christologie; Dogma; Feministische Theologie; Gnade; Jungfrauengeburt; Unbefleckte Empfängnis

Mission

MISSION (von Lat.: »missio«) heißt wörtlich »Sendung«. Sie ist biblisch grundgelegt (vgl. *Mt 5,16; 1 Kor 9,14–23*), nicht zuletzt im Sendungsbefehl am Ende des Matthäusevangeliums (*Mt 28,16–20*). Ursprünglich bezeichnete der Begriff ausschließlich die Bekehrung heidnischer Völker zum Christentum. Mission zielte dabei sowohl auf die Bekehrung der Einzelnen als auch auf die Errichtung kirchlicher Institutionen und Organisationen im nichtchristlichen Raum. Heute wird der Missionsbegriff in einem weiteren, umfassenderen Sinne verwendet: Mission ist eine grundlegende Dimension des christlichen Glaubens.

Die europäische Missionsbewegung ging de facto Hand in Hand mit den westlichen Kolonialisierungsbestrebungen oder folgte ihnen nach. Die Verquickung des christlichen Glaubens mit dem kulturellen Herrschaftsanspruch führte in Verbindung mit dem damaligen Missionsverständnis zur Verdrängung der Kultur und Sozialstruktur nur der nicht-christlichen Religionen. Nachdem diese Verflechtungen in der zweiten Hälfte des 20. Jh. klarer erkannt worden waren, geriet nicht nur die betreffende Missionspraxis, sondern auch der Missionsbegriff selbst in die Krise: Ihm haftete das Verdikt des Kolonialismus, Imperialismus und Eurozentrismus an. Weil er zunehmend als Synonym für Indoktrination und Ideologie galt, ersetzten ihn die Kirchen teilweise durch den Begriff »Evangelisierung«.

Eine weitere kritische Anfrage an die Mission bedeutete die Würdigung der nicht-christlichen Religionen als Heilswege zu Gott: Wenn auch Nicht-Christen das Heil erlangen konnten, bedurfte es dann überhaupt ihrer Bekehrung? Bedeutete unter diesem Vorzeichen Mission nicht eine Absage an Toleranz und Dialog? Jegliche Missionsbemühungen schienen damit ihre Plausibilität eingebüßt zu haben.

Die Krise eröffnete zugleich die Chance, über ein neues Selbstverständnis von Mission zu reflektieren. Es findet sich in den Dokumenten des Zweiten Vatikanischen Konzils und gipfelt in der Erkenntnis, dass Mission ein Wesensmoment der Kirche selbst ist (vgl. AG). Sie ist ihrem Wesen nach immer dann missionarisch, wenn sie Zeugnis ablegt vom Evangelium. Dieses

Missionsverständnis hat weitreichende Konsequenzen: Mission ist damit keine besondere Veranstaltung, sondern eine Grunddimension von Kirche, kein Tun, das nach Belieben auch unterlassen werden kann, sondern eine notwendige Lebensäußerung, keine Angelegenheit, die irgendwann beendet ist, sondern eine Aufgabe an allen Orten und zu allen Zeiten; ihre Adressaten sind nicht nur die nichtchristlichen Regionen dieser Welt, sondern auch die Menschen hierzulande, und ihre Träger nicht nur einige wenige Spezialisten, sondern alle Christen.

Welche konkrete Gestalt die Mission im Einzelnen annimmt, ist immer von der Situation abhängig, in der die Menschen leben. Mission hat darum viele unterschiedliche Gestalten: Reden über den Glauben, aber auch Einsatz für Gerechtigkeit und Menschenrechte, Kampf gegen wirtschaftliche Ausbeutung und Bemühung um Versöhnung.

Im Sinne des heutigen Missionsverständnisses sind auch Europa und Deutschland zum Missionsland geworden. Unter den Bedingungen der gegenwärtigen pluralistischen und individualisierten Wohlstandsgesellschaft bedeutet Mission, Zeugnis abzulegen vom christlichen Glauben und andere mit den Erfahrungen dieses Glaubens zu konfrontieren. Nach heutigem Verständnis ist das Ziel von Mission nicht einfach die eigene Bestandssicherung, sondern das Bemühen, den Menschen die Begegnung mit dem lebendigen Gott und ein Leben im Glauben zu erschließen.

( ) | *Verweise*

Absolutheitsanspruch; Heil; Inkulturation; Kirche

Negative Theologie

NEGATIVE THEOLOGIE ist eine Form der Theologie, die von Gott in der Weise der Verneinung (Lat.: »via negativa«) spricht. Damit sagt sie nicht, wer und wie Gott ist, sondern wie er nicht ist. Alles Unvollkommene und Begrenzte spricht sie Gott ab: Er ist nicht zeitlich, nicht räumlich, nicht menschlich usw. Damit trägt sie sowohl seiner Transzendenz als auch seiner Verborgenheit in der Offenbarung Rechnung.

Die Erfahrung, dass Gott der »ganz Andere« ist, anders, als menschliche Vorstellungskraft ihn fassen kann und möchte, ist von der Heiligen Schrift her eine wichtige Grundlage der Negativen Theologie. Eine andere ist die Einsicht, dass Gott auch in und trotz seiner Offenbarung der Verborgene bleibt. Im NT tritt mit der Kreuzestheologie ein weiterer Ansatz hinzu.

Die kirchlich-dogmatische Formulierung von Glaubenswahrheiten bediente sich immer wieder der Negativen Theologie. Ein Beispiel ist die Christologie des Konzils von Chalzedon (451), wenn sie darauf verzichtet, das Geheimnis, wie Gottheit und Menschheit in Jesus Christus zusammenkommen, positiv zu beschreiben, sondern negativ abgrenzt: »unvermischt und unverwandelt, ungetrennt und ungeteilt«. Eine zentrale Stellung hat die Negative Theologie bei dem Griechen Pseudo-Dionysios Areopagita (um 500), bei Thomas von Aquin (1225–74) sowie in der Mystik, insbesondere bei Meister Eckhart.

Würde Theologie ausschließlich als Negative Theologie betrieben, würde sie sich letztlich selbst aufheben. Darum bedarf es für eine angemessene Rede von Gott immer auch ihres Gegensatzes, der affirmativen Theologie (Lat.: »affirmatio« = »Bekräftigung«), die positiv von Gott sagt, was er ist. Beide Aussageformen sind darum aufeinander verwiesen. Sie ergänzen und korrigieren sich in ihrer wechselseitigen Bezogenheit: Ohne positiv-affirmative Aussagen über Gott gäbe es keine Theologie; zugleich aber trägt die Negative Theologie der Geheimnishaftigkeit Gottes Rechnung. Nicht zuletzt im Kontext der Theodizee-Problematik und der Theologie nach Auschwitz greift die neuere Theologie auf den Ansatz Negativer Theologie zurück.

() | *Verweise*

Christologie; Gebet; Gott; Gotteslehre; Theologie

Offenbarung

Zu Gott haben die Menschen Zugang, weil er sich
ihnen offenbart. Diesen Gedanken teilt das Christentum mit
Judentum und Islam. »Offen-baren« heißt so viel wie »offen-
legen, aufdecken, enthüllen«. Indem der an sich verborgene
Gott (*Jes 45,15*) sich offenbart, zeigt er, wer und wie er ist,
teilt sich den Menschen mit. In diesem Sinne ist Offenbarung
keine sachhafte Information über irgendwelche Wahrheiten oder
»Dinge«, sondern die personale Selbstmitteilung Gottes. Nicht
Sätze werden offenbart, sondern Gott offenbart sich selbst. Dies
steht nicht im Widerspruch zu seiner Geheimnishaftigkeit. Gott
erschließt sich dem Menschen, doch er wird dadurch nicht für
ihn habhaft und bis ins Letzte durchschaubar.

Das besondere Kennzeichen der biblischen Offenbarung ist
ihr Medium: die Geschichte. Gott teilt sich nicht, wie nach dem
Offenbarungsverständnis der Griechen, durch Magie, astrolo-
gische Berechnung oder in Trance mit, sondern in konkreten
geschichtlichen Ereignissen, beginnend mit der Geschichte der
Patriarchen und dem Exodus bis hin zu Jesus Christus, dessen
ganzes Leben als großes Geschichtsdrama zu verstehen ist.
Insofern Geschichte zwar einerseits vom Menschen gemacht
und geplant wird, andererseits aber auch als das Unplanbare,
Unerwartete auf ihn zukommt, ist sie das für Gottes Offenbarung
angemessene Medium schlechthin. Denn die Offenbarung als
freie Tat Gottes kann gerade nicht vom Menschen geplant oder
erzwungen werden, sondern tritt ihm als Geschenk gegen. Weil
sich Gottes Offenbarung in eine Vielzahl von geschichtlichen
Ereignissen auffächert, kennt der christliche Glaube eine Vielzahl von Glaubensinhalten bzw. Glaubensaussagen. Sie alle kreisen freilich um eine Mitte: Gott selbst.

Im Alten wie im Neuen Testament erschließt er sich als Gott
der Menschen und für die Menschen, als der, der mit ihnen
Gemeinschaft haben und zu ihnen in Beziehung treten möchte. In diesem Kontext erhält die Offenbarung des Gottesna-
mens Jahwe – »Ich bin da« – ihre besondere Bedeutung. Im
NT findet diese Zusage ihre Bestätigung (*2 Kor 1,20*). Zugleich
wird sie überboten durch die Aussage, dass dieser Gott sich in

Jesus Christus in einem konkreten Menschen mitgeteilt hat; er ist Offenbarung und Offenbarer zugleich. In Jesus Christus kommt die Gottesoffenbarung zu ihrem Höhepunkt, denn er ist der unüberbietbare Bote Gottes, die Selbstmitteilung Gottes schlechthin. Mehr kann Gott unter den Bedingungen dieser Welt nicht mehr tun, als Mensch zu werden. Aus diesem Grund gilt die Offenbarung mit Jesus Christus als abgeschlossen. Nicht weil Gott den Menschen nichts mehr zu sagen hätte, sondern weil er in Christus alles gesagt, weil er sich in ihm ganz gegeben hat, ist sie vollendet. Darum ist mit Jesus Christus die Endzeit, die »Fülle der Zeit« (*Gal 4,4*) angebrochen; darum ist er »der Einzige« (*Joh 3,16; Apg 4,12*), der »Letzte« (*Lk 20,9–19*), die »Fülle Gottes« (*Eph 3,19*). In Jesus Christus erlangt die Offenbarung eschatologischen, d.h. letzt- bzw. endgültigen Charakter.

In Jesus Christus macht sich Gott einerseits so nahe und erfahrbar, dass die Menschen durch Jesus Gemeinschaft mit ihm haben können. Andererseits offenbart sich Gott in Jesus nicht einfach unverhüllt, sondern begegnet in menschlicher Gestalt. Hätte er sich nicht in menschlicher Gestalt geoffenbart, sondern sich direkt und unvermittelt gezeigt, hätte sie die göttliche Macht und Herrlichkeit letztlich »aufgesogen«. Wären die Menschen unverhüllt mit der Wirklichkeit Gottes konfrontiert worden, wäre ihnen letztlich jede Freiheit genommen, sich gegen ihn zu entscheiden. Unter den Bedingungen dieser Welt offenbart sich Gott darum nicht unverhüllt, sondern in menschlicher Gestalt. Erst am Ende der Zeit zeigt Gott sich ganz, dann wenn er »über alles und in allem« herrscht (*1 Kor 15,28*) wenn er den neuen Himmel und die neue Erde aufrichten und die Vollendung herbeiführen wird. Erst dann ist die Offenbarung ganz abgeschlossen.

Wenngleich die Offenbarung Gottes Initiative und Geschenk ist, so ist sie doch kein einseitiges Ereignis »von oben nach unten«. So wie ein Geschenk erst dadurch zum Geschenk wird, dass es angenommen wird, bedarf es bei der Offenbarung der Menschen, die sich von Gott ansprechen lassen, seine Selbstmitteilung annehmen und sie weitertradieren. Darum ist der Mensch mehr als nur passiver Empfänger der Offenbarung. Das Hören auf sie, ihr glaubendes Annehmen und auch ihr Weitersagen und ihre Bezeugung gehören konstitutiv ins Offenbarungsgeschehen hinein. Offenbarung ereignet sich so als gott-menschliches

Miteinander, als dialogisches Geschehen, als Wort und Antwort. Die Annahme und Weiterbezeugung der Offenbarung ist freilich nicht einfach menschliche Leistung, sondern geschieht in der Kraft des Heiligen Geistes. Der Geist ist es, der die Offenbarung weitervermittelt.

Eben weil die Offenbarung das Annehmen von Gottes Selbstmitteilung und seine Weiterbezeugung umfasst, gehört ihre *Erstbezeugung* ins Offenbarungsgeschehen selbst mit hinein. Dies begründet die besondere Bedeutung der frühen, als »apostolisch« bezeichneten Kirche, die selbst Bestandteil der Offenbarung ist. Dies begründet ebenso die besondere Bedeutung der schriftlichen Aufzeichnung der durch Gott ergangenen Offenbarung als »Heilige Schrift«. Sowohl die apostolische Kirche mit ihrer Tradition als auch die Schrift haben darum im Hinblick auf spätere Zeiten normativen Charakter.

Die Kirche hat den Auftrag, die Offenbarung Gottes durch alle Zeiten hindurch weiterzugeben. Zum einen hat sie Sorge zu tragen, dass nichts von ihr verlorengeht und dass sie nicht verfälscht wird. Zum anderen hat sie die Aufgabe, die Offenbarung immer wieder neu in die Sprache und Denkwelt der jeweiligen Zeit hinein zu übersetzen, so dass sie je neu verstanden wird. In beiden Fällen ist die kirchliche Weitergabe der Offenbarung an das Urzeugnis und damit an die Schrift und an die apostolische Tradition gebunden.

○| *Verweise*

Apostolisch; Christologie; Christus; Gott; Heiliger Geist; Kirche; Vollendung

Ökumene

»ÖKUMENE« leitet sich her von Griech.: »oiku-
mene« = »die bewohnte Erde«. In diesem Sinne werden in der
katholischen Kirche die Konzilien, die die Bischöfe dieser Welt
versammeln und auf diese Weise die gesamte Kirche repräsentieren, als »ökumenisch« bezeichnet. Mit dem Zerbrechen der
Einheit der Kirche erhielt das Wort »Ökumene« eine weitere
Bedeutung, die mittlerweile gegenüber der ursprünglichen in
den Vordergrund getreten ist: Ökumene bezeichnet seitdem die
Gesamtheit der Bemühungen um die Einheit der Kirche und der
Christen, gleich ob bilateral, zwischen zwei, oder multilateral,
zwischen mehreren Kirchen.

Der Grund für die Ökumene ist die Einheit der Kirche, wie sie
in Jesus Christus begründet ist: Er hatte *eine* Gemeinschaft in
seiner Nachfolge im Blick, in der der Anbruch des Reiches Gottes
zeichenhaft sichtbar werden sollte (vgl. *1 Kor 10,16f; 11,17–34;
12,13; Gal 3,28*). Durch verschiedene Kirchenspaltungen wurde
die sichtbare Einheit im Lauf der Geschichte zerstört. Sie wie-
derherzustellen und immer wieder neu darum zu ringen, wird
damit zum ökumenischen Auftrag.

Nachdem Ökumene jahrhundertelang zunächst gar nicht oder
allenfalls als Initiative Einzelner betrieben wurde, bildete sich
im Lauf des 20. Jh. zunächst unter den nicht römisch-katholischen Kirchen eine eigene ökumenische Bewegung heraus. 1948
führte sie zur Gründung des Ökumenischen Rates der Kirchen,
dem gegenwärtig über 330 Mitgliedskirchen angehören. Die
katholische Kirche verhielt sich gegenüber der ökumenischen
Bewegung offiziell zunächst ablehnend, da sie der Überzeugung
war, dass eine Kircheneinheit allein durch die Rückkehr der von
ihr getrennten Kirchen zustandekommen konnte. Viele Katho-
liken teilten diese Überzeugung allerdings nicht, so dass sich
insbesondere nach dem Zweiten Weltkrieg eine ökumenische
Bewegung »von unten« entwickelte. Das Zweite Vatikanum gab
schließlich im Zuge seiner veränderten Sicht der getrennten
Kirchen die Initialzündung für den offiziellen Eintritt in die
ökumenische Bewegung.

Ökumene umfasst die persönliche Begegnung und den Dialog, gemeinsames Feiern und gemeinsame Liturgie, die Aufarbeitung von Lehrdifferenzen und die gemeinsame Artikulation und Bezeugung des Glaubens, bis hin zu den Bemühungen um eine auch äußerlich sichtbare Einheit der Kirche. Sie vollzieht sich seitdem auf verschiedenen Ebenen, nicht im Sinne einer Trennung, sondern im Sinne verschiedener Zuständigkeiten.

Die besondere Aufgabe der Theolog/inn/en ist die Aufarbeitung der trennenden Lehrfragen und die Formulierung eines Konsenses, einer Lehrübereinstimmung oder wenigstens einer Konvergenz, einer Annäherung. In dieser Hinsicht wurde im Dialog mit den evangelischen, insbesondere mit den lutherischen Kirchen Beachtliches erreicht. Ein Grundkonsens wurde in der Frage der Rechtfertigung formuliert; Annäherungen gibt es beim Abendmahl und bei den Sakramenten. Das entscheidende Hindernis für die Ökumene sind hier vor allem Fragen, die um das Amts- und Kirchenverständnis kreisen.

Die Kirchenleitungen haben die Aufgabe, zu überprüfen, ob der erarbeitete Konsens möglicherweise einen Bruch mit der eigenen Tradition darstellt und, wenn dies nicht der Fall ist, ihn offiziell zu bestätigen. Hier stellt sich das Problem, dass ein großer Teil des theologisch Erarbeiteten von den Kirchenleitungen offiziell noch nicht rezipiert wurde. Einen eigenen Beitrag leistet die sog. ökumenische »Basis«, insofern dies die breite Ebene der persönlichen Begegnung und Verständigung ist und sich die Zusammenarbeit hier im Konkreten zu bewähren hat.

Da viele Christen heute nicht mehr ernsthaft an der Kirchenspaltung leiden und im Zeitalter des Pluralismus eine Vielzahl von Kirchen als Normalität empfinden, gilt es, die Sorge um die Ökumene immer wieder von neuem wach zu halten. Ein zentrales Anliegen ist gegenwärtig das gemeinsame Abendmahl, weil hier die Trennung, nicht zuletzt von konfessionsverschiedenen Ehepaaren und Familien, am stärksten erfahren wird.

() | *Verweise*

Eucharistie; Evangelisch; Katholisch; Kirche; Kirchen; Konzil

Papst

DER PAPST ist der Inhaber des höchsten Leitungs- und Lehramtes in der katholischen Kirche. Dieses ist traditionell an den Sitz des Bischofs von Rom gebunden. Nicht die konkrete Gestalt des Papstamtes, die sich im Lauf der Geschichte der Kirche stark gewandelt hat, wohl aber die Existenz eines besonderen Leitungsamtes innerhalb der Kirche ist nach katholischer Auffassung biblisch begründet, nämlich in der besonderen Stellung des Simon Petrus. Er wird als Erst- berufener (*Lk 5,1–11; Joh 1,40–42*) und einer der Erstzeugen der Auferstehung (*Lk 24,34; 1 Kor 15,3–5*) mehrfach der »erste« unter den Zwölfen genannt, tritt als Wortführer der Jünger auf (*Joh 6,68; Apg 2,14–36; 3,11–26; 4,8–12; 11,1–18*), als Initiator der Heidenmission (*Apg 10,1–11,18*) und Leiter der Jerusalemer Gemeinde mit einer wichtige Rolle beim Apostelkonzil (*Apg 15,6–29*). Diese Sonderstellung wird bestätigt durch seinen symbolischen Beinamen: Petrus (Griech.: »petros« = »der Fels«) bezieht sich auf die Aufgabe, die er in der Kirche wahrnehmen soll.

178 179

Der entscheidende Text *Mt 16,17–19* umschreibt den Auf- trag des Petrus auf dreifache Weise: Mit dem sog. Felsenwort ist nach katholischer Auffassung nicht ein einmaliger Akt der Grundsteinlegung gemeint, sondern das bleibende Fundament der Kirche. Die Übergabe der Schlüssel ist gleichbedeutend mit der Übertragung der Vollmacht, das Gesetz auszulegen, um den Menschen so den Zugang zum Reich Gottes aufzuschließen. Die Worte vom »Binden und Lösen« beziehen sich auf die Vergebung der Sünden und damit indirekt auf die Zugehörigkeit zur oder den Ausschluss aus der Gemeinde. Hinzu treten Jesu Auftrag an Petrus, seine Brüder zu stärken (*Lk 22,31f*), und dessen Bestel- lung zum Hirten über die Kirche (*Joh 21,15–23*).

Dass der sog. Petrusprimat an die Stadt Rom geknüpft wurde, liegt an ihrer besonderen religiösen und politischen Stellung. Gründete sich diese in den ersten Jahrhunderten vor allem auf die Kirche von Rom, wurde sie vom 4. Jh. an immer stärker an der Person des Bischofs von Rom festgemacht. Die römischen Bischöfe verstanden sich als Nachfolger Petri und beriefen sich ausdrücklich auf *Mt 16,18* zur Begründung ihrer Stellung. Während diese zunächst mehr im Sinne eines Ehrenprimates aufgefasst wurde, beanspruchten erstmals 440 Leo der Große und seine Nachfolger den päpstlichen Primat auch im rechtlichen Sinne. Verschiedene Faktoren politischer und kultureller Art trugen in der Folgezeit zu seiner zunehmenden Stärkung bei.

Seinen Höhepunkt erreichte das Papsttum 1870 mit der Dogmatisierung der päpstlichen Unfehlbarkeit sowie des universalen Jurisdiktionsprimates, nach dem der Papst die höchste und umfassende Rechts- und Handlungsvollmacht in der katholischen Kirche innehat. Das Zweite Vatikanum bestätigte diese Lehre und stellte sie zugleich mit der Lehre vom Bischofsamt in den Zusammenhang der gesamten Kirche.

Ursprünglich als Amt der Einheit gewollt, stellt das Papsttum für die Ökumene ein nicht unbedeutendes Hindernis dar: Nicht nur die evangelischen Kirchen lehnen es als nicht biblisch begründet ab, sondern anlässlich der Dogmatisierung seiner Unfehlbarkeit spaltete sich im 19. Jh. die »altkatholische« Kirche von der römisch-katholischen ab.

Die römisch-katholische Kirche sieht im Papsttum ein konstitutives, d.h. zum Wesen der Kirche gehörendes Element ihrer Kirchenverfassung. Dabei bestreitet sie nicht, dass es seine konkrete Ausgestaltung erst im Lauf der Geschichte der Kirche gefunden und dabei auch verändert hat. In diesem Sinne ist auch die heutige Gestalt des Papsttums veränderbar. Für die Zukunft des Papsttums ist es wichtig, es als Dienst an der Einheit zu verstehen und zu gestalten, nicht im Sinne einer Uniformität, sondern im Sinne einer Einheit, die Vielfalt zulässt. Mittlerweile bestehen auch aufseiten der reformatorischen Kirchen vereinzelt Überlegungen, das Papstamt nicht im juridischen Sinne, aber als solches Amt der Einheit anzuerkennen.

( ) | *Verweise*

Apostolisch; Bischof; Kirche; Kirchen; Konzil; Lehramt; Unfehlbarkeit

Präexistenz

PRÄEXISTENZ meint die Existenz Jesu Christi als des ewigen Sohnes Gottes vor seiner Menschwerdung. Der Begriff bezieht sich also nicht auf die »vorirdische« Existenz Jesu von Nazaret, sondern auf den Sohn Gottes bzw. die zweite göttliche Person der Trinität. Präexistenz besagt, dass der Sohn schon vor seiner Menschwerdung, ja vor aller Zeit bei Gott war und darum ins ewige Wesen Gottes hineingehört. Dass er Mensch wird und in die Welt kommt, um ihr das Heil zu bringen, gründet einzig und allein in der Initiative Gottes.

Grundgelegt wurde der Präexistenzgedanke mit der jüdischen Weisheitsvorstellung: Die Weisheit existiert vor aller Zeit bei Gott (vgl. *Spr 8,22–36; Weish 9; Sir 24,1.22*). Im frühjüdischen Schrifttum wird auch der eschatologischen Gestalt des Menschensohnes Präexistenz zugeschrieben. Das NT umschreibt Präexistenz auf unterschiedliche Weise: Wenn Paulus und Johannes von der »Sendung« des Sohnes sprechen (z.B. *Gal 4,4f; Röm 8,3f; Joh 3,16f;* ebenso *1 Joh 4,9*), setzen sie damit voraus, dass der Sohn schon vor der Menschwerdung existiert. Deutlicher begegnet die Vorstellung von der Präexistenz in den ntl. Christushymnen *(Phil 2,6–11; Kol 1,15–20, bes. 17)*. Zu einer regelrechten geschichtstheologischen Konzeption wird sie im Johannesevangelium mit seiner Logostheologie (insbesondere *Joh 1,1–18*): Der in der Schöpfung und Menschheit wirkende Logos ist in Gott präexistent und nimmt in Jesus Christus »Fleisch« an. Auf diese Weise sollte den Glaubenden in schwieriger Zeit die Zuversicht vermittelt werden, dass die Geschichte von Anfang bis Ende unter Gottes Herrschaft steht.

Die Rede von der Präexistenz Jesu Christi ist weder ein theologisches Konstrukt noch eine abstrakte Spekulation über den »vorzeitlichen« Zustand Jesu Christi. Sie ist vielmehr Konsequenz des Bekenntnisses zu Jesus Christus als dem einzigartigen und deshalb letztgültigen Heilsbringer und Sohn Gottes. Wer sich von Gott selbst gesandt weiß und mit ihm so untrennbar verbunden ist, gehört zum ewigen Wesen Gottes.

() | *Verweise*

Christologie; Christus; Gott; Inkarnation; Sohn Gottes

Priester

IN DEN RELIGIONEN der Antike kommt dem Priester die Aufgabe der Vermittlung zwischen der jeweiligen religiösen Gemeinschaft und Gott zu. Er vollzieht den Kult und bringt Opfer dar, um die Götter versöhnlich zu stimmen. Nach christlicher Überzeugung ist dieses Priestertum durch Jesus Christus, den Mittler zwischen Gott und den Menschen schlechthin, überboten und an ein Ende geführt worden. Aus diesem Grund vermeiden nahezu alle neutestamentlichen Schriften den Priesterbegriff, ebensowenig hat sich der historische Jesus selbst so bezeichnet. Allein der Hebräerbrief (*Hebr 5,5; 7,1–8,3; 9,14; 10,11*) versteht Jesus und nur ihn als »Hohepriester«, insofern sein ganzes Leben »Gottesdienst« im eigentlichen Sinn des Wortes war. Weil das ganze neue Volk Gottes zu solchem Gottesdienst aufgerufen ist, nennen *1 Petr 2,5–9* sowie *Offb 1,6; 5,10; 20,6* alle Glaubenden bzw. die ganze Kirche in der Nachfolge Jesu Christi »priesterlich«.

Die Beschränkung des Priesterbegriffes auf Jesus Christus ist der Grund, warum die sich allmählich herausbildenden Ämter im NT an keiner Stelle priesterlich verstanden oder mit Hilfe priesterlicher Kategorien bezeichnet wurden. Dies gilt auch für das aus der jüdischen Gemeindeordnung übernommene Amt des Presbyters, von dem das deutsche Wort »Priester« sprachlich zwar abgeleitet ist, das inhaltlich aber keineswegs mit dem Priesteramt gleichgesetzt werden darf.

Dass dennoch ab dem 3./4. Jh. zunächst der Bischof, dann der Presbyter als Priester (Lat.: »sacerdos«) verstanden wurden, hatte mehrere Gründe. So wurden in dieser Zeit – nach einer ersten Phase der Abgrenzung von Judentum und AT – verstärkt alttestamentliche Kategorien in das Christentum übernommen. Eine wichtige davon war die des Priestertums, die man nun theologisch für die eigene Religion fruchtbar zu machen suchte; alttestamentliches und neutestamentliches Amtsverständnis wurden so in Parallele gesetzt. Diese Entwicklung wurde gefördert durch den Vorwurf der Römer und Griechen, die Christen betrieben ja keinen wirklichen Kult. Im Gegenzug betonten sie die kultische Bedeutung ihres Gottesdienstes – kultische Vollzüge aber erforderten den Priester. Theologisch war das Verständnis des Amtes als priesterliches Amt insofern stimmig, als das Amt als Repräsentation Jesu Christi gedeutet wurde. In diesem Sinne repräsentierte der Amtsträger auch das priesterliche Handeln Jesu Christi bzw. wurde selbst zum Priester. Eine entscheidende Rolle spielte in diesem Zusammenhang die nun immer wichtiger werdende Deutung der Eucharistie als Opfer – dieses bedurfte zwangsläufig des Priesters. Damit wollte die Theologie weder das alttestamentliche Priestertum einfach fortsetzen noch das einmalige Priestertum Jesu Christi in Frage stellen. Der Amtsträger ist Priester nur von Christus her und hat an ihm Anteil.

Schon bald bildete sich im Unterschied zu den Laien der eigene »Stand« des Klerus heraus (von Griech.: »kleroi« = »Los, Losanteil«; Kleriker ist also, wer von Gott ausgesondert wurde bzw. an dem Gott ganz Anteil hat). In der Folgezeit wurde, besonders durch das mittelalterliche Verständnis der Messe als höchstem kirchlichem Kult und Sühneopfer, das kultische Moment des priesterlichen Amtes weiter betont. Die ursprünglich nur auf Jesus Christus bezogene Aussage, Mittler zwischen Gott und den Menschen zu sein, wurde nunmehr auf den Priester übertragen. Dieses Amtsverständnis verfestigte sich in der Auseinandersetzung mit der Reformation, die darin eine Infragestellung des einzigen Priesters Jesus Christus sah und ein priesterliches Verständnis des Amtes ablehnte. Erst die Theologie des Zweiten Vatikanums sprengte diese Verengung auf, ohne das Priestertum deswegen zu relativieren. Es ordnete das priesterliche Amt als Dienst am Volk Gottes in den größeren Kontext der Kirche ein, rief neben der Feier der Eucharistie die Verkündigung und Leitung als seine genuinen Aufgaben in Erinnerung und unternahm die längst fällige Klärung, dass die »Fülle des Amtes« im theologisch lange Zeit vernachlässigten Bischofsamt gegeben ist.

Dem priesterlichen Amt ist eine ekklesiologische und eine christologische Dimension zu eigen. Es hat seinen Ort in der Kirche, weil sein Inhaber selbst Teil der Kirche ist, es wird durch die Kirche verliehen und es ist ein Dienst für die Kirche. Doch es ist nicht nur ein Amt der Kirche, sondern ebenso Amt Jesu Christi und von Christus her begründet. Der Priester hat teil an seinem dreifachen Amt als Lehrer bzw. Prophet, als Hirte bzw. König und als Priester. Daraus ergeben sich für ihn die Aufgaben der Verkündigung, der Leitung und der Heiligung, der Feier des Gottesdienstes und der Liturgie. Bei all dem ist der Priester Repräsentant Jesu Christi. Diese Christusrepräsentation ist nicht als juristische Vertretung und schon gar nicht als Fortsetzung oder Ergänzung seines Handelns zu verstehen, sondern als seine zeichenhafte Vergegenwärtigung (»re-präsentieren«) und sein wirksames In-Erscheinung-Treten: Im Priester wird Jesus Christus für die Gemeinde auf sakramentale Weise vergegenwärtigt, hörbar und sichtbar gemacht. Er hält ihr immer wieder neu Christus als ihr Gegenüber vor Augen; er macht darauf aufmerksam, dass sie nicht aus sich selbst heraus lebt, sondern aus Christus, dass sie nicht über das Wort und die Sakramente verfügen kann, sondern bleibend auf Christus verwiesen ist. In besonderer Weise geschieht diese Christusrepräsentation in der Eucharistie, in der die Selbsthingabe Jesu durch den Priester vergegenwärtigt und präsent gesetzt wird.

Der Priester kann seinen Auftrag nicht allein aufgrund seiner Leistung oder aus eigener Kraft erfüllen, sondern allein von Jesus Christus her. Eben dies bringt zeichenhaft die Weihe zum Ausdruck. Dass dies ein entsprechendes Leben in der Nachfolge Christi erfordert, ist keine Frage; der Priester ist aber deswegen nicht per se ein Heiliger. Denn zur Aufgabe der Christusrepräsentation ermächtigt ihn gerade nicht einfach seine persönliche Heiligkeit oder charismatische Begabung, sondern sein Amt.

Gegenwärtig ist das Priesteramt in mehrfacher Hinsicht in die Krise geraten. So ist die Anzahl der Bewerber für dieses Amt und damit auch die Zahl der in Zukunft zur Verfügung stehenden Priester stark rückläufig. Die Gründe dafür sind vielfältig; die gesamtkirchliche Situation spielt ebenso eine Rolle wie die Verpflichtung zum Zölibat oder die – berechtigte – Angst vor Überforderung angesichts der Notwendigkeit, mehrere Gemeinden zu leiten. Eine Rolle spielt auch die vielfach beklagte Unklarheit des Priesterbildes in der nachkonziliaren Zeit. In der gegenwärtigen Situation, in der Aufgaben im Bereich von Leitung und Seelsorge, die einst ausschließlich dem Priester vorbehalten waren, zunehmend durch Laien wahrgenommen werden, stellt sich mehr denn je die Frage, was denn dann noch für den Priester bleibt. Seine Reduzierung auf Eucharistie und Sakramentenspendung einerseits oder auf rein administrative Aufgaben andererseits wird nicht nur von den Betroffenen abgelehnt, sondern ist auch theologisch nicht stimmig.

Bei der Suche nach dem Spezifischen des priesterlichen Dienstes zeichnen sich verschiedene Richtungen ab: Die eine, mit ihr das kirchliche Lehramt, sucht sein Profil durch eine Beschränkung der Dienste der Laien zu profilieren. Eine andere Richtung plädiert dafür, dass die Inhaber/innen kirchlicher Ämter, wo sie typisch priesterliche Aufgaben wahrnehmen, konsequenterweise auch geweiht werden müssen. Dies erfordere die Veränderung der Zugangsbedingungen zum priesterlichen Amt – die Abschaffung des Pflichtzölibats und/oder die Zulassung von Frauen zum Priestertum, beides gegenwärtig vieldiskutierte und umstrittene Themen. Wieder andere sehen in einer Konzentration des Priesters auf die ureigene Aufgabe der Christusrepräsentation den entscheidenden Weg zur Profilierung. Auf jeden Fall ist die theologische Diskussion darüber noch längst nicht abgeschlossen.

() | *Verweise*

Amt; Bischof; Christus; Diakon; Gemeinsames Priestertum; Laie; Priestertum der Frau; Weihe(sakrament); Zölibat

Priestertum der Frau

Während nach der Tradition und dem Recht der katholischen Kirche das Priesteramt nur Männern offensteht, wird in den letzten Jahren verstärkt der Ruf nach dem Priestertum der Frau laut. Befürwortende Stimmen berufen sich auf die veränderte Stellung von Frauen in der Kirche, auf ihre theologische und seelsorgliche Arbeit, auf den gegenwärtigen Priestermangel und die positiven Erfahrungen anderer Konfessionen.

Allein vom exegetischen Befund her ist die Frage nicht zu entscheiden, da Jesus weder geweiht noch ein Amtspriestertum gekannt hat. Der Hinweis auf die Zwölf, die ausschließlich Männer waren, ist kein Argument, denn sie hatten keine priesterliche Funktion, sondern repräsentierten die 12 Stämme Israels. Auch der Begriff »Apostel«, auf den sich die späteren Amtsträger berufen, trägt angesichts seiner uneinheitlichen Verwendung im NT nicht zur Klärung bei. Unbefangen preisen die Kirchenväter Maria von Magdala als »Apostelin der Apostel«, weil sie Zeugnis ablegte von der Auferstehung.

Zum Jüngerkreis Jesu zählten auch Frauen (vgl. *Mt 27,55; Mk 15,42; Lk 8,1–3; Joh 20,11–18*). In der Zeit der frühen Gemeinden nahmen sie vielfältige Aufgaben wahr: in der Mission (vgl. *Röm 16,3–5; 1 Kor 16,19; Phil 4,2f; Apg 18.1–3.18.26; 2 Tim 4,19*), als Prophetinnen (*Apg 21,9; 1 Kor 11,5*) und als Leiterinnen von Hausgemeinden (*Apg 12,12; 16,14ff; Phlm 2; Kol 4,15; Röm 16,2*). Durch die Herausbildung einer festen Ämterstruktur wurden sie ab dem 2. Jh. in den Hintergrund gedrängt. Der Öffentlichkeitscharakter des Amtes, der sich mit der wachsenden Zahl von Christen verstärkte, schloss Frauen aus. Ihre Rolle war auf das Haus beschränkt, Funktionen in der Öffentlichkeit oder Ämter durften und konnten sie in der damaligen Gesellschaftsordnung nicht wahrnehmen. In diesem Sinne waren sie zwar als Leiterin einer Hausgemeinde, nicht aber einer Ortsgemeinde denkbar. Auch die Sorge, dass eine starke Präsenz von Frauen in den Gemeinden im heidnischen Umfeld Anstoß erregen könnte, spielte eine Rolle für ihre Zurückdrängung. Aus diesem Grund waren im 3./4. Jh., als sich das Priestertum herausbildete, in der Tat keine Frauen in diesem Amt vertreten. Die Frage, ob dies das entscheidende Kriterium darstellt oder das Wirken der Frauen in der Frühzeit der Kirche, wird von Gegnern und Befürwortern des Frauenpriestertums kontrovers beantwortet.

Das Gleiche gilt auch für die Frage, welche Bedeutung einer nahezu 2000-jährigen Tradition in der Kirche zukommt, nach der immer nur Männer geweiht wurden. Handelt es sich um eine unveränderliche, im Willen Gottes begründete Tradition? Oder ist sie geschichtlich bedingt und bedarf darum angesichts eines veränderten Kontextes der Reform? Hier liegt zweifelsohne der Kern der Auseinandersetzung.

Andere Argumente gegen das Frauenpriestertum sind weniger gewichtig. Dies gilt vor allem für den Einwand, Jesus Christus könne als Mann nur durch einen männlichen Priester repräsentiert werden. Ihm ist entgegenzuhalten, dass die Menschwerdung Gottes – nicht die Mannwerdung – die entscheidende Heilstat war. Öfters klingt das Argument an, Frauen hätten eine besondere, von Männern unterschiedene Berufung, die nicht weniger, aber anders als die zum Weiheamt sei. Befürworter/innen des Frauenpriestertums sehen darin eine überholte und nicht weiter begründbare Rollenzuschreibung. Dass durch die Einführung des Frauenpriestertums die Ökumene mit der orthodoxen Kirche gefährdet sei, wird durch den Hinweis auf Annäherungen mit der evangelischen, anglikanischen und altkatholischen Kirche entkräftet.

Der Papst hat die Forderung nach dem Frauenpriestertum in einem Apostolischen Schreiben von 1994 unter Berufung auf die Erklärung der Glaubenskongregation »Inter insigniores« von 1976 dezidiert zurückgewiesen, mit der Begründung, die Kirche habe keine Vollmacht, Frauen die Priesterweihe zu spenden; die weitere Diskussion darüber wurde untersagt. De facto wird sie freilich weitergeführt.

() | *Verweise*

Amt; Apostolisch; Christus; Priester; Tradition; Weihe(sakrament)

Realpräsenz

REALPRÄSENZ MEINT die »wirkliche« (= reale) Gegenwart (= Präsenz) Jesu Christi in der Eucharistiefeier unter den Gestalten von Brot und Wein. Der Begriff wurde im Mittelalter geprägt und hat seinen Ort innerhalb der katholischen und auch innerhalb der evangelisch-lutherischen Eucharistielehre. Mit seiner Hilfe will die Theologie deutlich machen, dass die Gegenwart Jesu Christi in der Eucharistie keine Einbildung oder bloße Vorstellung, sondern Wirklichkeit ist.

Die Rede von der Realpräsenz wurde und wird immer wieder im Sinne einer dinglichen oder räumlichen Gegenwart missverstanden, wenn etwa davor gewarnt wurde, die Hostie zu zerbeißen, weil auf diese Weise Jesus verletzt würde. Jesus Christus ist nach seinem Tod und seiner Auferstehung jedoch nicht wie ein Ding in einem Raum gegenwärtig. Seine Gegenwart ist vielmehr eine personale und diese ist keineswegs mit der räumlichen identisch. So schafft die räumliche Gegenwart von vielen Menschen, die in einer Straßenbahn dicht zusammengedrängt stehen, noch keineswegs personale Nähe. Umgekehrt kann ein geliebter Mensch als Person gegenwärtig sein, auch wenn er räumlich entfernt ist. In diesem Sinne meint die reale Gegenwart Jesu Christi personale Gegenwart. Sichtbar und zeichenhaft erfahrbar wird sie in Brot und Wein.

Weil Jesus Christus in der Eucharistie real gegenwärtig ist, erinnert sie nicht nur an Jesus Christus und verweist nicht nur auf ihn, sondern gibt wahrhaft Anteil an und vermittelt Gemeinschaft mit ihm. Anschaulich wird dies im Essen des Brotes bzw. Trinken des Weines: Hier nehmen ihn diejenigen, die an der Eucharistie teilhaben, ganz auf.

Nach katholischer Überzeugung ist die wirkliche Gegenwart Christi in Brot und Wein nicht zeitlich auf die Eucharistiefeier begrenzt, sondern dauert danach fort. Aus diesem Grund werden die beiden Elemente mit Respekt behandelt: Der Wein wird vom Priester ausgetrunken, die geweihten Hostien zu den Kranken gebracht oder im Tabernakel aufbewahrt. Anders die evangelisch-lutherische Lehre: Demnach erstreckt sich die wirkliche Gegenwart Christi nur auf die Dauer der Eucharistie. Die Folge ist ein anderer Umgang mit den übriggebliebenen Resten; im Extremfall führt dies dazu, dass sie einfach weggeworfen werden. Im Sinne der Ökumene fordern die offiziellen Dokumente und Dialogpapiere darum auf zur gegenseitigen Rücksicht und dem Verzicht auf eine Praxis, die den anderskonfessionellen Partner verletzt. Wo dies beachtet wird, müsste das unterschiedliche Verständnis der Dauer der Realpräsenz nicht zwangsläufig kirchentrennend sein.

In diesem Zusammenhang darf nicht aus dem Blick geraten, dass Jesus Christus auf vielfältige Art und Weise unter den Menschen gegenwärtig ist: nicht nur in der Eucharistie, sondern in allen Sakramenten, in den Amtsträgern (vgl. *2 Kor 5,20*), im Wort der Schrift, in Meditation und Gebet, in der versammelten Gemeinde (vgl. *Mt 18,20*). Demgegenüber unterstreicht die Rede von der »Realpräsenz«, dass seine Gegenwart in der Eucharistie eine besondere und einzigartige ist. Deutlich wird dies im Essen des Brotes bzw. Trinken des Weines: Jesus Christus ist in personal-leibhaftiger Weise so gegenwärtig, dass die Glaubenden ihn wirklich in sich aufnehmen.

188 189

Definieren, exakt beschreiben und theologisch erschöpfend erfassen lässt sich freilich die Realpräsenz letztlich nicht. Als theologische Kategorie verweist sie vielmehr darauf, dass die Anwesenheit Christi in der Eucharistie ein Geheimnis ist und bleibt. Hat die katholische Tradition des Mittelalters dieses Geheimnis mit Hilfe der Transsubstantiationslehre zu verstehen versucht, so ist die Lehre von der Realpräsenz nicht zwangsläufig daran gebunden, sondern kann auch auf andere Art und Weise zum Ausdruck gebracht werden

Verweise

Abendmahl; Christus; Eucharistie; Transsubstantiation

Sakrament

SAKRAMENTE sind »wirksame Zeichen der Gnade Gottes«: Sie machen Gottes Zuwendung zum Menschen sichtbar (»Zeichen«) und vermitteln sie zugleich (»wirksam«). Dies geschieht in Gestalt der sieben Sakramente Taufe, Firmung, Eucharistie, Buße, Ehe, Weihe und Krankensalbung.

Alle Sakramente haben symbolischen Charakter, insofern sie über sich selbst hinausweisen auf eine andere Dimension von Wirklichkeit. In ihnen werden Dinge des alltäglichen Lebens – Wasser, Öl, Brot, Wein – zum Ort und Zeichen der Begegnung mit Gott. In einem »Stück Welt« – die Theologie spricht von der »Materie« –, begegnet den Menschen Gottes Gnade, begleitet von entsprechenden deutenden Worten. Dahinter steht die Erfahrung, dass Gottes Handeln am Menschen niemals nur ein rein geistiger Vorgang ist, sondern sich verleiblicht bzw. sichtbar-konkret vollzieht. In diesem Sinne sind die Sakramente Liebesbezeugungen Gottes. Sowenig wie eine menschliche Liebesbeziehung darauf verzichten kann, kann es die Beziehung zwischen Gott und Mensch. Menschen brauchen aufgrund ihrer leib-seelischen Verfasstheit konkrete Zeichen, um ihren Glauben zum Ausdruck zu bringen. Umgekehrt bedient sich Gott der Sakramente, um sich dem Menschen auf konkret-leibhaftige Weise zuzuwenden. Damit sind die Sakramente einerseits notwendig; andererseits hat sich Gott, wie Thomas von Aquin (1225–74) prägnant formuliert hat, nicht so an die Sakramente gebunden, dass er nicht frei wäre, darüber hinaus seine Gnade mitzuteilen.

Weil die Zuwendung Gottes zu den Menschen in unvergleichlicher Weise in Jesus Christus sichtbar und greifbar wurde, bezeichnet ihn die Theologie auch als »Ursakrament«. Die sieben Einzelsakramente knüpfen an seinem Handeln an und führen es weiter. Jesus hat sie nicht im Sinne eines Rechtsaktes eingesetzt oder gestiftet, doch alle Sakramente lassen sich auf sein Tun zurückführen: Taufe und Firmung auf seinen Ruf zur Nachfolge, die Eucharistie auf das Abendmahl, die Buße auf seine Sündenvergebung, die Krankensalbung auf seine Heilungen, die Weihe auf die Aussendung der Jünger, die Ehe auf seine Deutung als Zeichen der Liebe Gottes. Die frühe Kirche setzte dieses Handeln im Geist Jesu fort, bis sich im 12. Jh. als Ergebnis einer langen Entwicklung und als Ausdruck der Fülle die Siebenzahl herauskristallisierte.

Die Sakramente haben ihren Sitz an Knotenpunkten, Grenz- und Umbruchssituationen des menschlichen Lebens: die Taufe am Beginn des neuen Lebens mit Jesus Christus, die Firmung am Übergang von der Kindheit zum Erwachsenwerden, Ehe und Weihe am Beginn einer neuen Lebensform, Krankensalbung und Buße in der Situation der Bedrohung des Lebens durch Krankheit und Schuld; die Mahlgemeinschaft in der Eucharistie steht schließlich für eine Grundsituation menschlicher Existenz. Alle Religionen und Kulturen, selbst atheistisch geprägte Gesellschaftsformen verbinden diese existentiellen Grundsituationen mit einer besonderen Feier, angefangen von den Initiationsriten der Naturvölker bis hin zur Jugendweihe. In den genannten Situationen erfahren Menschen ihr Leben in besonderer Weise als geschenkt oder bedroht, auf jeden Fall ihrer Verfügbarkeit und ihrem Zugriff entzogen. Sie verspüren das Bedürfnis, es vom Glauben her zu deuten und sich der Zuwendung Gottes zu vergewissern. In der Feier der Sakramente wird ein Stück der Wirklichkeit aus dem Alltag herausgehoben und in Beziehung zu Gott gebracht. Diese Feier ist kein bloß individuelles Geschehen, sondern die Betreffenden sind darin verbunden mit der Gemeinschaft der Kirche. Aus diesem Grund haben diese Feiern ihren Ort nicht einfach im privaten Raum, sondern in dem der Kirche. Damit haben sie verbindliche und zugleich verbindende Kraft.

Mit dem sakramentalen Geschehen ist die sichere und unverbrüchliche Zusage verbunden, dass Gott sich hier den Menschen zuwendet – auch dann, wenn die konkrete Feier wenig davon spüren lässt oder der Priester, der das Sakrament spendet, einen zweifelhaften Lebenswandel führt. Andernfalls blieben die Empfänger/innen der Sakramente ja ständig im Zweifel, ob die Gnade Gottes tatsächlich wirken kann. Die Theologie spricht deswegen vom Wirken der Sakramente »aus dem Vollzug des Werkes selbst« (Lat.: »opus operatum«). Damit ist, wie immer wieder missverstanden, nicht gemeint, dass die Sakramente ohne den Glauben der sie Empfangenden wirken. Wer ein Sakrament nur zum Schein oder gegen seinen Willen empfängt, schiebt ihm

»einen Riegel« vor. Ein Mindestmaß an Glauben muss gegeben sein, damit ein Sakrament zur Wirkung kommen kann.

Die Diskussion um die notwendige Voraussetzung an persönlichem Glauben wird gegenwärtig durchaus kontrovers geführt: Während die einen angesichts des zunehmenden Glaubensschwundes einen »Ausverkauf der Sakramente zum Billigtarif« befürchten, unterstreichen die anderen, dass der Empfang eines jeden Sakramentes für den betreffenden Menschen auch eine Chance hin zum Glauben bedeutet, die nicht verweigert werden darf. Argumentiert wird in diesem Zusammenhang bisweilen auch, daß es der Kirche nicht zustehe, über den Glauben bzw. Nichtglauben eines Menschen zu urteilen. Die Diskussion entzündet sich nicht zuletzt an kirchlichen Eheschließungen, bei denen eindeutig der Wunsch nach einer feierlichen Form den Wunsch nach dem Empfang des Sakramentes dominiert, ebenso auch an Taufen, wo eine christliche Erziehung durch die Familie nicht oder nur unzureichend gegeben scheint.

Die gegenwärtige Krise der Sakramente hat zu verstärkten Bemühungen in Theologie und Pastoral geführt. Die Sakramentenkatechese entwickelt neue Modelle, insbesondere für die Erstkommunion- und Firm-, aber auch für die Ehevorbereitung. Es werden Formen gesucht, wie einzelne Sakramente von der Gestaltung her lebensnäher gefeiert und erfahrbar gemacht werden können. Nicht zuletzt wird in diesem Zusammenhang versucht, der spezifischen Lebenswirklichkeit von Frauen besser Rechnung zu tragen.

( ) | *Verweise*

Beichte; Buße; Christus; Ehe; Eucharistie; Firmung; Glaube; Gnade; Gott; Krankensalbung; Taufe; Weihe(sakrament)

Sakramentalien

SAKRAMENTALIEN (Singular: das Sakramentale) heißen diejenigen Zeichen und Riten in der Kirche, die, ähnlich wie die Sakramente, die Zuwendung Gottes im Leben der Menschen leibhaftig-konkret erfahrbar werden lassen. Im Unterschied zu den Sakramenten sind sie nicht im Wirken Jesu Christi verankert, sondern wurden zu unterschiedlichen Zeiten von der Kirche eingesetzt.

Zu den Sakramentalien gehören zum einen die Weihen. Sie beziehen sich sowohl auf Dinge, die in den Dienst der Liturgie genommen werden, wie die Weihe des Weihwassers, die Kirch-, Altar- oder Glockenweihe, als auch auf Personen, die ihr Leben ganz in den Dienst Gottes stellen, wie die Mönchs-, Jungfrauen- oder Abtsweihe. Zu den Sakramentalien gehören weiter die Segnungen, die sich ebenfalls sowohl auf Gegenstände als auch auf Personen erstrecken können. Schließlich werden auch zeichenhafte Riten wie die Spendung des Aschenkreuzes am Aschermittwoch oder die Fußwaschung dazu gerechnet.

In keinem Fall handelt es sich um magische Vollzüge. Grundlegend für den Gebrauch der Sakramentalien ist zum einen der Gedanke, dass Gottes Zuwendung das ganze menschliche Leben umfasst und in besonderen Situationen oder in Verbindung mit bestimmten Gegenständen in besonderer Weise zum Ausdruck kommt, zum anderen das Bedürfnis der Menschen, in diesen Situationen Gottes Gnade, Schutz und Begleitung zeichenhaft-verdichtet und leibhaft zum Ausdruck zu bringen. Sakramentalien wirken daher aufgrund des Glaubens derer, die sie empfangen und kraft der Fürbitte und des Glaubens der Kirche.

Die Sakramentalien wollen Hilfen sein, die erlösende Kraft des Glaubens in allen Lebenssituationen erfahrbar zu machen. Ihr Gebrauch ist allerdings keine Verpflichtung, sondern dem Glauben des einzelnen Menschen überlassen.

() *Verweise*

Christus; Gnade; Sakrament; Segen; Weihe(sakrament)

Säkularisierung

Das Wort »Säkularisierung« leitet sich her von
Lat.: »saeculum«, das ursprünglich »Geschlecht, Generation«,
im übertragenen Sinne auch »(Welt)zeitalter« und schließlich
»Welt« bedeutet. Säkularisierung lässt sich demnach wieder-
geben mit »Weltlich-Werden, Verweltlichung«. Damit ist jener
geistesgeschichtliche Prozess gemeint, der beginnend mit dem
18. Jh. zur Trennung der verschiedenen Lebens- und Wirklich-
keitsbereiche von ihrer bisherigen Bestimmung und Deutung
durch den christlichen Glauben führte. Der geistesgeschichtliche Begriff »Säkularisierung« ist zu unterscheiden vom kirchen-
geschichtlichen Begriff »Säkularisation«, der am Beginn des
19. Jh. den Einzug der kirchlichen Besitztümer durch den Staat
bezeichnet.

Die Antike und das Mittelalter nahmen auf dem Hintergrund
einer als gottgegeben verstandenen Weltordnung Welt und
Mensch ganz selbstverständlich aus der Perspektive des christlichen Glaubens in den Blick und deuteten sie religiös: Politische
Herrschaft wurde legitimiert als »von Gottes Gnaden« gegeben,
der Einsatz für die Armen mit dem Gebot der Nächstenliebe
begründet, der siegreiche Ausgang einer Schlacht als Gottes
Eingreifen, ein unerwarteter Schicksalsschlag oder eine plötz-
lich auftretende Krankheit als Gottes Strafe verstanden. Diese
religiöse Weltdeutung geriet gegen Ende des Mittelalters und am
Beginn der Neuzeit mit dem wachsendem Wissen um die Eigengesetzlichkeit der Welt und der Naturabläufe in die Krise. Der
Mensch konnte sein Welt- und Selbstverständnis mehr und mehr
ohne den Rückgriff auf die religiös-christliche Deutung weltim-
manent zum Ausdruck bringen: So wurde politische Herrschaft
zunehmend demokratisch begründet und der Einsatz für die
Armen mit der Verpflichtung zur Humanität; die Welt wurde zum
Objekt der wissenschaftlichen Erforschung und der technischen
Gestaltung; die Wissenschaften gingen methodisch zwangsläufig
so vor, als ob es Gott nicht gäbe.

Dieser Vorgang der Säkularisierung hat, bezogen auf Glaube
und Religion, zwei Gesichter. Einerseits ist er im christlichen
Glauben selbst angelegt, insofern dieser klar zwischen Gott und

Welt bzw. Mensch unterscheidet. Die Welt ist, wenngleich nicht gottlos, eben nicht göttlich, umgekehrt ist Gott nicht einfach ein Stück Welt – mit diesem Grundprinzip des Glaubens machte die Säkularisierung Ernst. Die Entzauberung der Welt, die in diesem Kontext stattfand, erwies sich von daher als für das Christentum notwendiger und klärender Prozess.

Andererseits war mit der Säkularisierung die Selbstverständlichkeit des Gottesglaubens und einer christlichen Weltdeutung in Frage gestellt. Die Welt war nicht mehr selbstverständlich ein Ort der Gotteserfahrung. Man konnte als Mensch in ihr sinnvoll leben, handeln, sie deuten, ohne Christ und ohne religiös zu sein. Insofern hat die Säkularisierung der Ausprägung des Atheismus durchaus Vorschub geleistet. Glaube und Religion verloren ihren Öffentlichkeitscharakter und rückten in den Bereich der Privatangelegenheiten, die Kirche wurde zu einem segmentierten Bereich in der modernen Gesellschaft, der gegenüber der vormodernen Gesellschaft an öffentlicher Bedeutung verlor. Der Schritt von der Säkularisierung zum »Säkularismus« als ihrer radikalsten Form, zur endgültigen Loslösung von der Religion und Absage an Gott, erwies sich als klein. In dieser Ausprägung leistete die Säkularisierung der Entchristlichung und Entkirchlichung der Gesellschaft massiv Vorschub.

Sowohl in ihrer »legitimen«, als auch in ihrer radikalisierten Form hat die Säkularisierung das Verhältnis der heutigen Menschen zu sich selbst, zu Natur und Geschichte und zu Gott zutiefst geprägt. Der säkularisierte Mensch ist nicht zwangsläufig ungläubig, doch er glaubt anders als der in Antike und Mittelalter.

() | *Verweise*

Atheismus; Glaube; Gott; Schöpfung; Theologie

Schöpfung

Das Wort »Schöpfung« macht eine Aussage über das Verhältnis Gottes zur Welt und zum Menschen. Es besagt: Welt und Mensch sind nicht zufällig entstanden, sondern verdanken sich Gott. Sie sind von ihm gewollt, kommen von ihm her und erhalten von ihm her ihren Sinn. Diese Einsicht stand keineswegs am Beginn des Gottesglaubens des Volkes Israel, sondern war eine Folge der Erfahrung seiner Geschichtsmacht, die insbesondere in der Befreiung aus Ägypten erlebt wurde: Wenn Gott sich als machtvoller Herrscher in der Geschichte zeigte, dann musste er auch Herr über die ganze Welt sein. Eben dies bringen die beiden Schöpfungserzählungen in *Gen 1 und 2* in unterschiedlichen Kontexten und mit Hilfe unterschiedlicher Bilder zum Ausdruck. Sie sind keine »Berichte« vom Anfang der Welt, sondern »Urgeschichte«, Erzählungen von der Grundsituation von Mensch und Welt, wie sie immer und überall erfahrbar wird.

Die Rede von der Schöpfung antwortet auf die Frage nach dem »Woher« von Welt und Mensch, nicht jedoch auf die Frage nach dem »Wie«. Entsprechend verwendet das AT ganz unterschiedliche Begriffe und Metaphern – von der höchst anschaulichen Vorstellung des »Töpferns« (*Gen 2,7*) bis zum Gedanken von der Schöpfung »durch das Wort« (*Gen 1,3ff*), vom konkreten »machen« (*Gen 2,4*) bis hin zum Verb »bara« (vgl. *Gen 1,1ff*; auch *Jes 43,1*; *45,7*), was so viel wie »(neu) schaffen« bedeutet und nur in Bezug auf Gott Verwendung findet. Wenn die Theologie von einer »Schöpfung aus dem Nichts« (in Anlehnung an *2 Makk 7,28*) spricht, so grenzt sie sich damit von der platonischen Schöpfungslehre ab, nach der der Schöpfer die Welt aus vorgegebener gestaltloser Materie geschaffen habe.

Eben weil der Schöpfungsglaube über das »Wie« der Schöpfung keine Aussage treffen kann und will, tritt er nicht in Konkurrenz und damit auch nicht in Widerspruch zu naturwissenschaftlichen Aussagen. Dies gilt sowohl für die Urknalltheorie als auch für die Evolutionslehre, die vonseiten bestimmter fundamentalistischer Strömungen nach wie vor als mit dem Schöpfungsglauben unvereinbar dargestellt wird. Während die Rede von der Schöpfung

Gott als den letzten Grund von Welt und Mensch zur Sprache bringt, beschreiben die heute gängigen naturwissenschaftlichen Erklärungsmuster, durch welche Prozesse Materie und Welt entstanden sind und wie sich menschliches Leben allmählich entwickelt hat. Evolutionslehre und Schöpfungsglaube sind dann vereinbar, wenn die Evolution nicht als zufälliger Prozess mit einer zufälligen Entwicklung von höheren Lebensformen verstanden wird, sondern als zielgerichtetes Geschehen, das sich dem Wirken Gottes verdankt.

Die Rede vom Schöpfer und der Schöpfung bewegt sich zwischen zwei Polen: zwischen der Welttranszendenz Gottes, nach der er der Welt gegenüber der »ganz Andere« und »Jenseitige« ist, und seiner Weltimmanenz, nach der er in und durch die Welt begegnet. Die Kategorie »Schöpfung« besagt darum für das Verhältnis von Gott und Welt ein Zweifaches: Gott ist nicht Teil oder Ursache in dieser Welt. Er ist aber auch nicht einfach »außerhalb« oder »über« dieser Welt, so als habe er mit ihr nichts zu tun. Weder geht Gott in der Welt auf, noch ist er gänzlich von ihr getrennt. Gott als Schöpfer ist vielmehr der seinsschaffende Urgrund dieser Welt, der allem vorausgeht und auf den alles zurückgeführt werden kann.

Das Bekenntnis zur Schöpfung bezieht sich keineswegs nur auf die Erschaffung der Welt am Anfang. Dies ist zwar eine zentrale Aussage des Schöpfungsglaubens, doch es wäre eine Engführung – der die traditionelle Schöpfungstheologie in der Tat verfallen ist –, das Schöpfungshandeln Gottes ausschließlich auf den Anfang der Welt zu beschränken. Die Rede von der Schöpfung ist vielmehr im Blick auf alle drei Zeitdimensionen zu entfalten. Sie macht auch eine Aussage über die Gegenwart: Gott ist als Schöpfer zugleich »Erhalter«, der Welt und Mensch im Sein und am Leben erhält (vgl. *Ps 104*, insbesondere *V.29f*) und die gesamte Schöpfung trägt. In diesem Sinne ist die Welt ständiges Geschaffensein und Geschaffenwerden. Ohne dieses Gehalten-Werden durch Gott würde die Welt in das Nichts zurückfallen. Die Theologie spricht darum auch von der »creatio continua«, der ständig andauernden Schöpfung. Auch dieser Aspekt ist mit der Evolutionslehre nicht nur vereinbar, sondern kann durch sie geradezu neu zur Geltung gebracht werden.

Schließlich hat der Schöpfungsglaube auch eine zukunfts- gerichtete Dimension. Mit ihm ist die Verheißung verbunden, dass Gott seine Schöpfung vollenden wird. Was Gott geschaffen hat, läuft nicht ins Leere; am Ende steht weder eine kosmische Katastrophe noch die von Menschen verursachte Zerstörung der Schöpfung, sondern die Erschaffung eines neuen Himmels und einer neuen Erde (*Jes 65,17*).

Der Schöpfergott hält Welt und Mensch im Sein, doch zugleich lässt er sie frei. Er entlässt sie in ihr Selbstsein, indem er dem Menschen die Freiheit und der Welt geschöpfliche Eigenständig- keit schenkt. Die Theologie spricht in diesem Zusammenhang auch von der »Autonomie der Schöpfung«, nicht im Sinne einer Loslösung von Gott, sondern als Ausdruck ihrer Eigengesetzlich- keit und Eigendynamik, die ihr durch die Naturgesetze verliehen wurden. Diese sind im Kontext des Schöpfungsglaubens kein Zufall, sondern Folge von Gottes Schöpfungshandeln. Sie schaf- fen keine völlig determinierte Wirklichkeit, sondern bieten einen gewissen Spielraum, so dass auch unerwartete Entwicklungen mit ihnen vereinbar sind. Die Naturgesetze sorgen jedoch im Wesentlichen für bestimmte regelmäßige Abläufe in dieser Welt. Nur deshalb ist die Welt nicht ein einziges Chaos, gibt es Ord- nung und Berechenbarkeit, können sich dauerhafte physikali- sche und organische Strukturen entwickeln. Nur deshalb können Menschen die Folgen ihres Handelns überhaupt absehen. Gott hat sich in seinem Schöpfungshandeln an diese Gesetzlichkeiten gebunden. Er setzt sie nicht nach Belieben außer Kraft, sondern respektiert sie, nachdem er sie einmal in Gang gesetzt hat. Gott wirkt in der Schöpfung darum nicht gegen die Naturgesetze, sondern mit ihnen und durch sie hindurch.

( ) | *Verweise*

Erlösung; Fundamentalismus; Gott; Gotteslehre; Vollendung; Wirken Gottes

Seele

DIE THEOLOGIE versteht unter der Seele das nicht sichtbare und nicht stofflich greifbare »Ich« des Menschen. Die Seele ist der Ort, an dem Menschen zum Bewusstsein und zur Erkenntnis ihrer selbst kommen. Sie ist zugleich das identitätsstiftende Prinzip menschlichen Personseins. Die Seele ist der Grund dafür, dass eine Person im Lauf ihres Lebens in den unterschiedlichsten Situationen und angesichts verschiedenster Erfahrungen ein- und dieselbe bleibt. Die Seele gewährleistet diese Kontinuität auch über den Tod hinaus, weil ihr Unsterblichkeit zukommt.

Den Begriff und mit ihm das Verständnis von Seele (Griech.: »psyche«) hat die christliche Theologie aus der griechischen Tradition übernommen. Die alttestamentlich-jüdische Tradition spricht zwar vereinzelt auch von Seele, versteht sie jedoch, weil sie den Menschen immer in seiner Ganzheit betrachtet, nicht als Teil, sondern als eine Perspektive des Menschseins, als Sitz des Begehrens und der Gefühle. Dass der Mensch aus Leib und Seele »zusammengesetzt« und die Seele als das geistige Selbst der Gegenpol zum Leib ist, ist das spezifische Verständnis der platonischen Tradition. Die Seele ist im Körper wie in einem Grab gefangen. Im Tod trennt sie sich vom Leib; während dieser vergänglich ist, kommt ihr Unsterblichkeit zu.

Das Christentum hat im Zuge seiner Rezeption des griechischen Menschenbildes Elemente dieses Verständnisses übernommen. Es setzte sich einerseits davon ab, indem es betonte, dass nicht nur die Seele, sondern der ganze Mensch mit Leib und Seele nach dem Tod zu Gott kommt, aber übernahm doch gleichzeitig den Leib-Seele-Dualismus als Denkvoraussetzung. Damit stand zugleich ein Modell zur Verfügung, um das Problem des Zeitpunktes der Auferstehung zu lösen: Im Tod trennt sich die unsterbliche Seele vom Leib und geht in die Herrlichkeit Gottes ein. Der Leib hingegen wartet auf die Auferweckung am Jüngsten Tag; dann wird er wieder mit der Seele vereinigt. Mehr und mehr richtete sich die Aufmerksamkeit nun weg von der Auferweckung hin auf die Unsterblichkeit der Seele. Die Auferweckung des Leibes wurde zwar keineswegs geleugnet, doch verblasste mehr und mehr zu einem »Anhängsel«.

Einen grundlegenden Beitrag für die Überwindung der strengen Trennung von Leib und Seele leistete der Kirchenvater Thomas von Aquin (1225–1274). Er schuf eine Synthese von griechischem und biblischem Menschenbild, indem er die Seele als »Form« des Leibes bestimmte: Der Leib macht die Seele sichtbar, in ihm bringt sie sich zum Ausdruck, in ihm »verwirklicht« sie sich. Leib und Seele sind demnach aufeinander hin geordnet; erst in der Beziehung von beidem kommt der Mensch zu sich selbst. Thomas zog allerdings noch nicht die Konsequenz im Blick auf ein erneuertes Todesverständnis.

In Fortführung dieses Ansatzes weist die neuere Theologie das Modell des Leib-Seele-Dualismus, der in seiner Konsequenz zu einer großen Leibfeindlichkeit geführt hat, zurück. Weder ist er biblisch begründet, noch entspricht er den Erkenntnissen heutiger Philosophie, Anthropologie und Medizin, insbesondere der Psychosomatik. Der Mensch hat nicht Leib und Seele, sondern er ist Leib und Seele. Beide sind aufeinander verwiesen und können nicht voneinander getrennt werden. In der Folge erwies sich für eine breite Strömung innerhalb der Theologie auch die Vorstellung von einer Trennung der Seele vom Leib im Tod nicht mehr haltbar, zumal diese zahlreiche Fragen nach sich zog: Wird der Tod hier überhaupt ernst genommen, wenn von vornherein klar ist, dass ein »Teil« des Menschen ihm gar nicht unterworfen ist? Wie ist eine leibfreie Seele zu denken? Und kommt der Auferstehung überhaupt noch Bedeutung zu, wenn mit der Unsterblichkeit der Seele das Entscheidende bereits geschehen ist? Entsprechend sieht die neuere Theologie die spezifisch christliche Verheißung in der Auferweckung des »ganzen« Menschen mit Leib und Seele. Diesen Vorgang der Auferweckung verteilt sie nicht auf zeitlich verschiedene Phasen, sondern siedelt ihn im Augenblick des Todes an.

() | *Verweise*

Auferstehung; Eschatologie; Gott

Segen

» B E N E - D I C E R E « – wörtlich: »gut reden«, »gut-
heißen«, »loben«, auch »Gutes wünschen« ist das lateinische
Wort für Segen. Es macht deutlich, worum es bei Segenswün-
schen und -handlungen geht: Nicht um eine »Verzauberung«
der betreffenden Person oder des betreffenden Gegenstandes,
nicht um einen magischen Vorgang, wie vielfach missverstanden.
Der Sinn des Segens ist vielmehr ein Zusprechen der göttlichen
Lebenskraft, ein Hineinnehmen einer Person oder Sache in die
Kraft Gottes. Was gesegnet wird, wird mit heilvoller Kraft begabt
und in besonderer Weise Gott anvertraut. Das Gegenteil dazu ist
der Fluch. Segen wie Fluch sind sog. performative Sprechakte,
bei denen sich im Reden selbst die Handlung vollzieht: In dem
Moment, in dem der Segen über jemanden gesprochen wird, ist
er gesegnet. Der Segensspruch kann von Gesten, einer Handauflegung oder dem Kreuzzeichen begleitet sein.

Nach christlichem Verständnis ist der Ursprung und die Quelle
allen Segens Gott selbst (vgl. *Jak 1,17*). Sein Segen ruht auf
der ganzen Schöpfung (*Gen 1,22.28; 2,3; 5,2*). Eine besondere
Segenszusage erhält als erster Abraham (*Gen 12,2f*). Sie bleibt
jedoch nicht für ihn reserviert, sondern zielt hin auf »alle
Geschlechter der Erde«, die durch ihn Segen erlangen sollen.
Hier wird paradigmatisch deutlich: Gottes Segen ist niemals nur
auf die einzelne Person, sondern durch sie immer auch auf die
Gemeinschaft bezogen (vgl. *Gen 22,18; 26,24*). Dies gilt auch für
alle anderen Segenszusagen Gottes an die unterschiedlichsten
Personen. Sie umfassen, je nach persönlicher Situation, Wohl-
stand (*Spr 10,22*), Nachkommenschaft (*Ps 128,3; Jes 51,1f*),
einen »großen Namen« (*Gen 12,2*), persönlichen Schutz (*Ps
37,22ff; Ez 34,25f*) und ein langes Leben (*Jes 65,18–25*).

Segen ist Handlung und Gabe zugleich. Die Segensgabe verdankt sich in jedem Falle Gott. Aus diesem Grund stellt jeder
Segen zugleich einen Lobpreis der Güte Gottes dar. Die Segens-
handlung hingegen bleibt nicht allein Gott vorbehalten. In seinem Namen kann und darf jeder Mensch segnen bzw. den Segen
Gottes anrufen, und zwar für andere ebenso wie sich selbst (vgl.
Num 6,22–27). Keinesfalls ist der Segen nur auf die Liturgie

beschränkt, wenngleich er hier verständlicherweise seinen festen Ort hat – jede Eucharistiefeier endet mit dem Segen.

Der Segen kann sich sowohl auf Personen als auch auf Dinge beziehen. Im Blick auf Personen bedarf es nicht unbedingt eines außergewöhnlichen Anlasses dafür, wenngleich der Segen besonders in Umbruchssituationen gespendet wird. So ist in der Volksfrömmigkeit unter anderem der Kinder-, Kranken-, Pilger- und Reisesegen verbreitet. Gegenstände werden dann gesegnet, wenn sie für die betreffende Person eine wichtige Bedeutung haben oder in besonderer Verbindung mit Gott stehen: die Ringe bei der Trauung, die Kerze aus einem Wallfahrtsort, das neugebaute Haus, die Mahlzeit.

Der Zugang zu Segenshandlungen und -gebeten ist im Zuge der Aufklärung und eines rationalistischen Weltbildes vielfach verstellt worden und unter den Verdacht der Magie geraten. Dabei ist nicht zu vergessen, dass der Segen nur im Rahmen eines lebendigen Gottes- und Schöpfungsglaubens Sinn macht. Er ist Ausdruck der Immanenz Gottes in dieser Welt, seiner Begleitung und Fürsorge für seine Geschöpfe. Wo Gott nicht in einer lebendigen Beziehung zu dieser Welt gedacht wird, verliert die Rede vom Segen ihr Fundament.

Von daher könnte heute ein vertieftes Verständnis von Segen erwachsen. Denn alle christlichen Vollzüge leben vom Segen, vom Bejahen, vom Loben. Auf diesem Hintergrund könnten auch alte Segenshandlungen wieder entdeckt und neue kreiert werden, z.B. eine Segensfeier für ein neugeborenes Kind, wenn die Taufe von den Eltern nicht gewünscht oder die Voraussetzungen dafür nicht gegeben sind.

() | *Verweise*

Gott; Sakramentalien; Schöpfung

Sohn Gottes

»SOHN GOTTES« ist ein zentraler Begriff der Christologie. Aber auch die griechische Antike verehrte herausragende Menschen – Staatslenker, Herrscher, Philosophen, – als Gottessöhne; im alten Ägypten galt der König als Sohn Gottes. Im AT wurde das Volk Israel so bezeichnet, dann auch der König, an anderen Stellen jeder fromme und gerechte Jude (vgl. *Ps 2,7*). Während die ägyptische Religion die Gottessohnschaft im Sinne einer Zeugung verstand, brachte das AT damit keine biologische Abstammung, sondern vielmehr die besondere Erwählung durch Gott, gewissermaßen die Adoption und Annahme an Kindes Statt, zum Ausdruck. In diesem Sinne spricht auch das NT von den Glaubenden und Gerechtfertigten als »Söhnen« (*Röm 8,15; Gal 4,5*) bzw. »Kindern« (*Röm 8,16f*) Gottes.

Eine neue Bedeutung erhält die Rede vom »Sohn Gottes« in ihrer Anwendung auf Jesus Christus. Während er sich selbst so nicht bezeichnet hat, wurde sie nachösterlich zu einem der wichtigsten christologischen Hoheits- oder Würdetitel. Er bot sich an, um das außergewöhnliche Verhältnis Jesu zu seinem Vater – Jesus unterscheidet bezeichnenderweise zwischen »meinem Vater« (*Mt 11,27; Lk 22,29*) und »eurem Vater« (*Mk 11,25; Mt 23,9; Lk 6,36; 12,30*) – und ihre einzigartige Gemeinschaft zum Ausdruck zu bringen. Diese äußert sich in der vertraulich-intimen Anrede Gottes als »Abba«, die allein in den Evangelien 174 Mal bezeugt ist, in dem in seinem ganzen Leben und auch im Leiden durchgetragenen unerschütterlichen Vertrauen auf Gott sowie in seinem Bewusstsein, im Namen Gottes zu sprechen und zu handeln, die Gottesherrschaft zu verkünden, das Gesetz neu auszulegen und Sünden zu vergeben.

Für die junge Kirche war es keine Frage, dass Jesus in anderer Weise Sohn ist als wir Kinder Gottes sind. Er ist nicht einfach erwählt, sondern der Sohn schlechthin, der sich mit seinem Vater auf einmalige Weise verbunden wusste. Dabei wird die Gottessohnschaft Jesu nicht in einem geheimnisvollen biologischen Sinne verstanden, sondern als eine Wirklichkeit, die in der und durch die Geschichte Jesu zur Geltung kommt.

Für Paulus war Jesu Auferweckung vom Tod das Schlüssel-ereignis, das dieses einzigartige Gottesverhältnis und damit seine Gottessohnschaft endgültig offenbar machte (*Röm 1,3f*), ohne dass er damit bestreiten wollte, dass Jesus schon in seiner irdischen Existenzweise Sohn Gottes war. Um dies zu unter-streichen, verlagern Markus und Matthäus die Proklamation der Gottessohnschaft zeitlich nach vorne und verbinden sie mit seiner Taufe und dem Beginn seines öffentlichen Auftretens (*Mk 1,11–13*). Lukas schließlich macht die Gottessohnschaft Jesu bereits an seiner Empfängnis und Geburt in der Kraft des Heiligen Geistes fest (*Lk 1,32.35*). Wurde der Sohnestitel im judenchristlichen Raum zunächst noch rein funktional, als Aus-sage über die Bedeutung Jesu bzw. über sein Gottesverhältnis und noch nicht als Wesensaussage verwendet, änderte sich dies mit dem Übertritt des Christentums in den griechischen Kultur-raum. Im Johannesevangelium ist vom »Sohn« dann eindeutig im Sinne einer Wesensaussage die Rede: Weil der Sohn und der Vater »eins« sind (vgl. *Joh 14 und 15*), ist er von Ewigkeit her bei Gott und darum selbst Gott. Dabei verbindet Johannes den Sohn-Begriff zum einen mit der Vorstellung von der Präexistenz, zum anderen mit der Sendung in die Welt bzw. »ins Fleisch«.

Im Anschluss daran griff die Trinitätslehre den Begriff »Sohn Gottes« auf, um Jesu Wesenseinheit mit dem Vater zu umschrei-ben: Wenn Jesus wirklich der Sohn ist, dann muss er gleichen Wesens wie der Vater sein. Entsprechend ist nun davon die Rede, dass der Vater den Sohn »zeugt«, um auf diese Weise den wesentlichen Unterschied zu allen anderen Geschöpfen, die ja geschaffen sind, zu unterstreichen. Die neuere Theologie erwägt allerdings, ob »Sohn Gottes« nicht der Bezeichnung des Verhält-nisses des irdischen Jesus zu seinem Vater vorbehalten bleiben soll, um Missverständnisse zu vermeiden.

() | *Verweise*

Christologie; Christus; Gott; Trinität; Präexistenz

Stellvertretung

STELLVERTRETUNG im Kontext des christlichen Glaubens meint: Ein Mensch bewirkt für einen anderen etwas bei Gott. Diese Vorstellung ist in der heutigen Zeit, in der das Individuum mit seiner Eigenverantwortung im Mittelpunkt des Denkens steht, keineswegs von vornherein einsichtig und plausibel. Dagegen hat der Stellvertretungsgedanke im biblischen Denken seinen festen Platz. Weil sich im Volk Israel der einzelne Mensch mit seiner jeweiligen Gemeinschaft aufs engste solidarisch verbunden wusste, weil nicht das Individuum, sondern die Familie, die Sippe und das Volk die entscheidenden Bezugspunkte waren, war Stellvertretung eine gängige Erfahrungswirklichkeit. So standen und handelten der König oder der Hohepriester stellvertretend für das ganze Volk. Das AT kennt auch die Möglichkeit des stellvertretenden Leidens. Der Gedanke des stellvertretenden Todes blieb ihm allerdings fremd; *Jes 52,13–53,12* stellen hier eine Ausnahme dar. Das NT (vgl. *Mt 5,44; Lk 6,28; 23,34; Apg 7,60*) und dort insbesondere Paulus betont vor allem die Notwendigkeit des stellvertretenden Gebetes, auch für die Feinde.

Das ganze Leben Jesu – und nicht erst sein Tod – kann unter dem Gesichtspunkt der Stellvertretung verstanden werden. Er verwirklicht die Liebe, die die Menschen von sich her nicht aufbringen konnten. Er lebt die gelungene Beziehung zu Gott, die die Menschen immer wieder aufgekündigt haben. Er verwirklicht den Gehorsam gegenüber dem Willen Gottes, den die Menschen immer wieder verweigern. Weil alles das Jesus nicht einfach für sich tut, sondern für die Menschen bzw. »für uns«, ist er Stellvertreter der Menschen bei Gott. Er repräsentiert Menschsein, wie es im Verhältnis zu Gott sein soll.

Auf diesem Hintergrund ist es nur konsequent, wenn das NT auch seinen Tod als Tod »für alle« (*1 Kor 5,2*) bzw. »für die vielen« (im Aramäischen ein Synonym für »alle«) und damit als stellvertretenden Tod (*2 Kor 5,14; Gal 3,13f*) versteht. Diese Deutung legen vor allem die Worte und Zeichenhandlungen Jesu beim letzten Abendmahl nahe (vgl. *1 Kor 11,24f*). Jesus tritt mit seiner ganzen Existenz an die Stelle, an der der sündige Mensch steht. Er tritt ein in den Machtbereich der Sünde und der Gottesferne und nimmt sie für die Menschen und um der Menschen willen auf sich. Dieses Durchleiden der Sünde geschieht stellvertretend für alle Menschen. Allein um ihretwillen geht Jesus in den Tod; für sie soll ein neuer Anfang gesetzt werden. Jesus tut dies stellvertretend, weil wir Menschen aufgrund unserer Verstrickung in Schuld nicht dazu in der Lage sind, uns ganz auf Gott hin auszurichten.

Die grenzenlose Liebe Jesu macht unsere Liebe, seine Hingabe an Gott macht unsere Hingabe überhaupt erst möglich. Denn Jesus eröffnet durch sein Verhältnis zu Gott allen Menschen die Möglichkeit eines befreienden Gottesverhältnisses und einer gelingenden Gottesbeziehung. Keineswegs macht sein stellvertretendes Handeln unser Handeln überflüssig. Denn Stellvertretung ist keine Ersatzhandlung. Jesus ersetzt mit seinem Handeln nicht die Freiheit und Eigenverantwortung des sündigen Menschen, sondern fordert sie geradezu heraus bzw. setzt sie in Gang. Jesus ist nicht, wie im Sport, ein Ersatzmann, der keine Möglichkeit mehr gibt, selbst zum Zuge zu kommen. Jesus ist vielmehr »Platzhalter«: Er verdrängt nicht, sondern hält uns die »Stelle« frei, hält sie offen – damit wir in unserer Nachfolge an seine Stelle treten können.

Auf diesem Hintergrund kann trotz wachsender Individualisierung der Stellvertretungsgedanke für den christlichen Glauben und die christliche Spiritualität auch heute fruchtbar gemacht werden. Stellvertretendes Handeln ist eine Form der Christusnachfolge, ebenso wie das stellvertretende Gebet von Einzelnen oder von Ordensgemeinschaften für die Menschen, die dazu weder die Fähigkeit noch die Zeit aufbringen, oder der stellvertretende Glaube von Eltern und Taufpaten, bis das Kind selbst seine Glaubensentscheidung treffen kann.

() | *Verweise*

Abendmahl; Christus; Glaube; Gott; Sühne

Sühne

DAS NT und mit ihm die christliche Theologie
deutet den Tod Jesu als Sühne für die Sünden der Menschen (*Mk
14,23–26; Lk 22,20; Joh 2,2; 4,10; 1 Kor 11,23–26; Röm 3,25; Hebr
2,17; 1 Joh 1,7.9*). Demnach hat Jesus in seinem Tod die Sünden
der Menschen auf sich genommen, um sie zu sühnen und so ein
neues Verhältnis zu Gott möglich zu machen.

In der Alltagssprache, etwa wenn davon die Rede ist, dass
ein Verbrecher für seine Schuld im Gefängnis sühnt, meint
Sühne die Wiedergutmachung bzw. die Ausgleichsleistung für
eine begangene Schuld, und, wo das nicht (mehr) möglich ist,
das Auf-sich-Nehmen einer entsprechenden Strafe. Wird dieser
Sühnebegriff, der durch den forensischen Kontext bzw. das
Gerichtswesen geprägt wurde, auf den Tod Jesu übertragen, wird
er missverständlich: Es entsteht der Eindruck – und ist de facto
entstanden – Jesus leiste mit seinem Tod die Wiedergutmachung
für menschliche Schuld bzw. nehme die Strafe auf sich, die Gott
eigentlich den Menschen zugedacht hatte. In diesem Sinne
wurde lange Zeit auch die sog. »Satisfaktionstheorie« (von
Lat.: »satisfactio« = »Genugtuung«) des Anselm von Canterbu-
ry (1033–1109) missverstanden, die das Verständnis des Todes
Jesu über Jahrhunderte bis in die Gegenwart hinein bestimmt
hat. Problematisch an einem solchen Sühneverständnis ist zum
einen das dahinter stehende Gottesbild, das Gott als grausamen,
ja rachsüchtigen Gott sieht, der ein blutiges Menschenopfer fordert, zum anderen die Idee von einem Ausgleich, den eigentlich
der Mensch zu leisten hätte und den Jesus Christus übernimmt.

Das biblische Sühneverständnis weist in eine ganz andere
Richtung. Der Kontext, in dem es angesiedelt ist, ist das Verständnis von Sünde als einer Wirklichkeit, die unheilvolle Folgen
nach sich zieht und auf den sündigen Menschen zurückschlägt,
auch dann, wenn Gott sie vergibt. Sühne ist die Aufhebung
dieses Sünde-Unheil-Zusammenhangs. Sühne heißt, die Sünde
mit all ihren Folgen zu durchleiden, um den genannten Unheilszusammenhang aufzubrechen und in der Hingabe an Gott einen
neuen Anfang möglich zu machen. Dies ist der Sinn der kulti-
schen Sühnehandlungen im AT. Besonders deutlich wird dies im

Sündenbock-Ritus. Dabei wurden in einer Zeichenhandlung dem Tier die Sünden des ganzen Volkes Israel aufgeladen, um es dann im wahrsten Sinne des Wortes »in die Wüste« zu schicken, aus der es nicht mehr zurückkehren konnte. Indem der Sündenbock die Sünden auf sich und mit sich fort nimmt, wird ein neuer Anfang geschaffen. Ebenso ist auch die Rede vom Lösegeld ein Bild für die Herauslösung und Freisetzung des Menschen aus seiner Schuld- und Todesverfallenheit (*Mk 10,45; 1 Tim 2,6; 1 Petr 1,18f*). Solche Sühne ist kein vom Menschen ausgehender Akt der Beschwichtigung Gottes oder gar der Selbsterlösung, sondern die Möglichkeit, die Gott dem Menschen einräumt, dem Teufelskreis der Sünde zu entgehen.

In eben diesem Sinne ist der Tod Jesu als Sühnetod zu verstehen. Sein Tod ist Folge und Ausdruck menschlicher Sünde und Verfehlung, weil sich darin der Hass und die Feindschaft gegen ihn entlud, der doch kein anderes Ziel verfolgte, als die Menschen mit seiner Botschaft vom Reich Gottes zum Heil zu führen. Indem Jesus diesen Tod bewusst auf sich nimmt, begibt er sich freiwillig in die Situation des Sünders. Er nimmt die Sünden der Menschen auf sich und wird »für uns zur Sünde gemacht« (vgl. *1 Joh 2,2; 4,10*)

Entscheidend ist nun die Art und Weise, wie Jesus an die Stelle der Sünder tritt: Er schlägt nicht zurück, vergilt nicht Gewalt mit Gegengewalt und Hass mit neuem Hass, sondern antwortet darauf mit Liebe. Was Jesus in seinem Leben vertreten hat – nicht zurückzuschlagen und die Feinde zu lieben (*Mt 5,38–47; Lk 6,27–36*) – verwirklicht er bis in den Tod hinein. Eben darin, im Durchhalten dieser Liebe unter den Bedingungen der Sünde bis hin zur Selbsthingabe, geschieht Sühne. Denn durch die Antwort der Liebe wird das Böse verwandelt. Auf diese Weise sprengt Jesus den Kreislauf des Unheils und des Bösen auf, der immer nur neues Unheil schafft. Er durchbricht die Spirale von Gewalt und Gegengewalt und macht so in der Beziehung von Gott und Mensch einen neuen Anfang möglich. Das durch die Sünde gestörte Verhältnis zwischen Gott und Mensch wird so wiederhergestellt. Auf diese Weise stiftet Jesus Versöhnung zwischen Gott und Mensch (*Kol 1,22; Eph 2,16; Röm 5,10; 2 Kor 5,18*).

Das Sühnehandeln Jesu bezieht sich nicht nur auf die Sünden des Volkes Israel oder derer, die sich damals feindlich gegen ihn stellten, nicht nur auf jene, die seinen Tod wollten, weil sie ihn für einen politischen Aufrührer oder Gotteslästerer hielten. Die Sühne betrifft die zu allen Zeiten bestehende Abwendung der Menschen von Gott, von der auch wir hier und heute nicht frei sind. Das damalige Todesurteil über Jesus ist nur der Kristallisationspunkt des grundlegenden Widerspruches der Menschen gegen Gott, von dem auch wir infiziert sind. In diesem Sinne trägt Jesus nicht nur die Sünden der damals Beteiligten, sondern wahrhaft »die Sünde der Welt« (*Joh 2,2*). In diesem Sinne kann das NT mit Recht sagen: »Christus ist für unsere Sünden gestorben« (*1 Kor 15,3; vgl. auch Röm 5,8–10; 8,3; Gal 1,4; Röm 4,25*).

Wir sind es, denen durch den neuen Anfang die Ausrichtung und Hingabe an Gott, ein Leben und Handeln in Liebe und damit die gelingende Beziehung zwischen Gott und Mensch möglich gemacht werden soll. Deshalb ist der Sühnetod Jesu nicht einfach nur ein vergangenes oder »objektives« Datum des christlichen Glaubens. Er hat eine zutiefst existenzielle Dimension, die es im eigenen Leben und Glauben einzuholen gilt.

Verweise

Christus; Erbsünde; Erlösung; Heil; Stellvertretung; Sünde

Sünde

WÄHREND VON »Schuld« auch außerhalb eines religiösen Kontextes gesprochen werden kann, ist »Sünde« ein explizit theologischer Begriff. Darin steckt das Wort »sondern« bzw »absondern«. Sünde ist nicht einfach identisch mit verbotswidrigem oder unmoralischem Verhalten, sondern meint die wissentliche und willentliche Abkehr von Gott und seinem Willen. Wer sündigt, trifft frei und bewusst eine Entscheidung gegen Gott, sondert sich von ihm ab, verweigert die Beziehung zu ihm. Sünde bedeutet darum Trennung, Entfremdung von Gott, Gottesferne.

Die Voraussetzung für die Möglichkeit zur Sünde ist die Freiheit des Menschen. Als Geschöpfe bleiben die Menschen ihr Leben lang auf Gott ausgerichtet. Die Freiheit, die ebenfalls zu ihrer Geschöpflichkeit gehört, lässt jedoch die Möglichkeit zu, dass Menschen, statt sich auf Gott hin auszurichten, sich von ihm wegbewegen, sich gegen ihn entscheiden. In diesem Sinne ist die Sünde die Kehrseite, der Preis der Freiheit. Wäre der Mensch allerdings ein Wesen ohne Freiheit, so wäre er letztlich nur wie eine Marionette in der Hand Gottes.

Den Schritt von der engen Gemeinschaft mit Gott zur Gottesentfremdung zeichnet die biblische Erzählung vom Sündenfall (*Gen 3*) nach. Sie spiegelt nicht ein historisches Geschehen, sondern eine grundlegende Situation des Menschen wider. Sie gibt auch Auskunft über das Motiv, das zur Sünde verführt: Misstrauen gegenüber Gott, mangelndes Vertrauen, dass er es mit den Menschen gut meint und sie zum Heil führen will. Statt dessen setzt sich der Mensch selbst an die Stelle Gottes, möchte selbst »sein wie Gott« – und eignet sich damit eine Selbstmacht an, die seiner Geschöpflichkeit und Endlichkeit widerspricht. An die Stelle Gottes treten das eigene Ich oder Größen dieser Welt – Lebensgenuss, Macht über andere, persönlicher Besitz, Erfolg, die eigene Karriere. Keineswegs will das Christentum diese Wirklichkeiten verteufeln. In der Sünde werden sie jedoch verabsolutiert, zur Sinnerfüllung und zum Lebensziel schlechthin erhoben und so an die Stelle Gottes gesetzt.

Der Kirchenvater Augustinus (354–430) bestimmt auf diesem Hintergrund Sünde als das »Herz, das in sich selbst verkrümmt ist«, weil es, statt sich auf Gott hin auszurichten, sich auf sich selbst zurückzieht. Sünde entspringt dem Willen, nur aus den eigenen Möglichkeiten zu leben, das eigene Heil selbst zu schaffen, sich selbst Sinn zu stiften. Sünde tritt so vielfach in Erscheinung als Egozentrismus, als Sich-Zurückziehen und Einengung auf sich selbst, die Gott und seinen Willen aus dem Blick verliert, als grenzenlose Selbstverwirklichung in Abkehr von Gott und unter Missbrauch des von ihm Geschaffenen.

Die Abkehr von Gott kann aber auch gerade gegenteilig in Erscheinung treten: als Selbstverneinung, als Weigerung, das eigene, von Gott geschenkte Leben zu gestalten, als Verzicht auf Selbstbehauptung bis hin zum Selbstverlust. Darin liegt, wie insbesondere feministische Theologinnen aufgezeigt haben, die spezifisch weibliche Versuchung zur Sünde, die allerdings oft gar nicht als solche erkannt wird, weil Selbsthingabe und Opfer zugleich für Frauen in hohem Maß akzeptierte Haltungen sind, die durch die christliche Frömmigkeitsgeschichte verstärkt werden. Nimmt man jedoch ernst, dass das Leben als Gottes Geschenk jedem und jeder Einzelnen zur Gestaltung aufgegeben ist, dann kann in der Tat ihre Verweigerung Ausdruck der Abkehr von Gott sein.

Als Abkehr von Gott ist Sünde in ihrem Kern eine innere Gesinnung bzw. Haltung. Diese Haltung findet dann freilich in konkreten Taten ihren äußeren Ausdruck. Die Tradition legt ihr Augenmerk vor allem auf die Tatsünden und unterscheidet zwischen den sog. lässlichen Sünden, die die Grundentscheidung für Gott nicht in Frage stellen und darum nicht zwangsläufig der sakramentalen Buße bedürfen, und den schweren bzw. Todsünden (*nach 1 Joh 5,16*), durch die die Gottesbeziehung aufgekündigt wird und die nur durch die Beichte vergeben werden können. Da zwischen beiden oft nicht klar unterschieden werden kann, ruft die neuere Theologie wieder stärker die Sünde als Haltung ins Bewusstsein. Darüber hinaus macht sie aufmerksam auf die Dimension der strukturellen Sünde: Sünde hat nicht nur eine individuelle, sondern auch eine soziale Dimension. Sie manifestiert sich nicht nur in den Taten von einzelnen, sondern ebenso in den Strukturen von Gesellschaft und Wirtschaft – wobei nicht die Strukturen als solche sündigen, sondern ihre Träger/innen und Vertreter/innen. In diesem Sinne sind die ungerechte Verteilung der Güter, die Unterdrückung und Ausbeutung ganzer Völker, gesellschaftlich institutionalisierte Gewalt, Gesetze, die eine verbrecherische soziale Praxis legitimieren etc. Ausdruck struktureller Sünde. Auch wenn Menschen dafür persönlich keine unmittelbare Verantwortung tragen, machen sie sie sich zunutze und unterstützen bzw. verstärken sie auf diese Weise.

Der sündhafte Abbruch der Gottesbeziehung bleibt nicht ohne Konsequenzen, sondern hat Auswirkungen auf das Verhältnis zu den Mitmenschen und zur Mitwelt. Dies bringen die biblischen Erzählungen von Kain und Abel (*Gen 4*) und vom Turmbau zu Babel (*Gen 11*), die auf ihre Weise ebenfalls »Sündenfallerzählungen« sind, zum Ausdruck: Die Entfremdung von Gott mündet in den Brudermord und schließlich in die Entfremdung der Menschheit untereinander, die sich im wahrsten Sinne des Wortes nicht mehr versteht. Ebenso erfasst die Sünde das Verhältnis zur Schöpfung. So deutet Gen 3 die Mühsal der Arbeit für den Mann sowie die Schmerzen bei der Geburt für die Frau und ihre Unterordnung unter den Mann ebenfalls als Folge und Ausdruck der Sünde – und gerade nicht als Wille Gottes. Was hier in einem alten Mythos seinen Ausdruck findet, ist auch heute reale Erfahrung: Wo Raubbau an der Natur getrieben wird, wo Wälder rücksichtslos abgeholzt und Flüsse ohne Bedenken der Konsequenzen begradigt werden, schlägt die Umwelt in Gestalt von Naturkatastrophen zurück. In diesem Sinne erfasst die Sünde die ganze Welt und wird zur universalen Größe.

Die Sünde betrifft aber nicht nur die anderen, sondern fällt auf den Menschen selbst zurück. Diese Folgen der Sünde bezeichnet die Theologie missverständlich als »Sündenstrafen«. Damit ist gerade nicht eine von Gott in der Weise eines weltlichen Gerichts zusätzlich verhängte oder aufoktroyierte Strafe gemeint, sondern die immanente Folge und Konsequenz der Sünde, die der Mensch auszuhalten hat (vgl. *Röm 1,24–28*). Auch diese Einsicht deckt sich mit heutigen Erfahrungen: Wer anderen Menschen unmenschlich begegnet, sie ausbeutet, für seine Zwecke missbraucht oder manipuliert, muss damit rechnen, dass die Beziehung gestört ist und die Betreffenden sich zur Wehr setzen. Wer seine Grenzen ignoriert, bekommt dies am eigenen

Leibe zu spüren. Wer Schuld auf sich geladen hat, muss mit der psychischen Belastung leben. Alles das können Erfahrungen von Sündenfolgen sein.

In der Theologie kann nicht von der Sünde gesprochen werden, ohne gleichzeitig von der Vergebung zu sprechen. Die Erfahrung, dass Gott immer wieder von neuem Sünden vergibt, ist konstitutiv für das Alte wie für das Neue Testament, vorausgesetzt, dass der betreffende Mensch sein Handeln bereut und zur Umkehr bereit ist. Im Neuen Testament ist diese Erfahrung eng mit dem vergebenden Handeln Jesu verbunden. Es kennt nur eine einzige Einschränkung – die Sünde »wider den heiligen Geist«: »Wer aber den Heiligen Geist lästert, dem wird nicht vergeben.« (*Lk 12,10;* vgl. auch *Mk 3,29*) Damit ist die Abkehr von Gott gemeint, die so radikal und unwiderruflich ist, dass ein Mensch sich gar nicht vergeben lassen will. Gegen den menschlichen Willen aber ist Vergebung nicht möglich. Ob und welche Menschen eine solche unwiderrufliche Abkehr vollzogen haben, hat die Kirche mit gutem Grund immer offen gelassen. Sie kann zwar die sündigen Taten eines Menschen zur Kenntnis nehmen, doch das »Sich-Absondern«, das sich unsichtbar, im Herzen des Menschen vollzieht, entzieht sich jeglicher Beurteilung.

() | *Verweise*

Beichte; Buße; Christus; Erbsünde; Erlösung; Gnade; Gott; Hölle; Sühne

Taufe

DER ZEICHENHAFTE UMGANG mit Wasser ist nichts spezifisch Christliches, sondern ein Element in vielen Religionen. Wasser steht für die Reinigung von Schuld ebenso wie für neues Leben. So kannte das Judentum verschiedene rituelle Waschungen und Reinigungsbäder. Die Johannestaufe war sichtbares Zeichen der Umkehr und Hinwendung zu Gott. Weil Jesus sich mit seiner Botschaft vom Reich Gottes diesem Aufruf anschloss, ließ er sich ebenfalls taufen, hat selbst aber nicht getauft.

Für die urchristliche Gemeinde lag es nahe, die Taufe zu ihrem Zeichen schlechthin zu machen (*Apg 2,38; 8,12; Mt 28,18* ist nachösterlich formuliert). Die Taufe »im Namen Jesu« ist nun nicht mehr nur Ausdruck der Umkehr, sondern steht für ein neues Leben mit Jesus Christus. Der »alte Mensch wird abgelegt«: Die Taufe reinigt und befreit von Sünde und Schuld, dort wo von persönlicher Schuld gesprochen werden kann. In der alten Kirche galt sie darum als die erste und entscheidende Form der Sündenvergebung. Sie »befreit von der Erbsünde«: Sie reißt heraus aus dem allgemeinen Unheilszusammenhang und der Verstrickung in Schuld und ermöglicht einen neuen Anfang in der Nachfolge Jesu. Sie ist »Wiedergeburt«, weil sie den Beginn eines neuen Lebens im Geist Jesu Christi markiert.

Die Zeichen und Symbole bei der Taufe geben eine Ahnung von diesem Geschehen: Das Wasser reinigt, erneuert und belebt – und lässt den »alten Menschen« im wahrsten Sinne des Wortes untergehen. Noch eindringlicher war der Taufritus in der alten Kirche, nach dem die Täuflinge in fließendem Wasser unter- und auf der anderen Seite wieder auftauchten, wo sie der Priester zusammen mit der ganzen Gemeinde in Empfang nahm. Das weiße Gewand bzw. Taufkleid ist ein Zeichen für die Neuschöpfung in Christus, die Kerze für die Gegenwart Christi selbst. Auch die Salbung mit Chrisam, einem Gemisch aus Balsam und Olivenöl, hat einen hohen Symbolgehalt: Ölsalbungen dienten im Altertum der Stärkung, Heilung und Schönheit; zugleich waren sie Ausdruck der Königswürde.

Über diese individuelle Dimension hinaus ist der Taufe eine zutiefst kirchliche Dimension zu eigen: Das neue Leben mit Christus verwirklicht sich nicht isoliert von anderen Menschen, sondern im Rahmen einer neuen Gemeinschaft – der Kirche. Taufe ist darum zugleich auch Eingliederung in die Kirche. Darum ist die Taufe auch keine »private« Feier, sondern hat ihren Ort in der Kirche bzw. in der jeweiligen Gemeinde.

Weil die Taufe am Beginn des neuen Lebens in und mit Jesus Christus steht, ist sie das Sakrament der »Initiation«, der »Aufnahme« oder »Einführung« – und damit zugleich die Voraussetzung für den Empfang der anderen Sakramente. Ursprünglich hatte die Taufe ihren Ort keineswegs automatisch am Beginn des Lebens. Vielmehr war es üblich, sich als Erwachsener – nach einer bewussten Glaubensentscheidung – taufen zu lassen. Dies belegen auch die Tauferzählungen in der Apostelgeschichte. Kindertaufen sind vom NT her nicht ausdrücklich bezeugt, allerdings auch nicht ausgeschlossen. Wenn beschrieben wird, wie sich jemand »mit seinem ganzen Haus« (*1 Kor 16,15*) taufen ließ, ist durchaus vorstellbar, dass Kinder mit dabei waren. Als das Christentum im 4. Jh. mehr und mehr den Charakter einer Volksreligion annahm, wurde die Kindertaufe in zunehmendem Maße üblicher.

Damit veränderte sich zugleich die Art und Weise der Tauffeier: Weil ein Kind seinen Glauben noch nicht selbst bekennen kann, tritt das stellvertretende Glaubenszeugnis vor allem der Eltern, aber auch der Paten in den Vordergrund, verbunden mit der Zusage, das Kind im christlichen Glauben zu erziehen. Wo diese Bereitschaft gänzlich fehlt, stellt sich die Frage, inwieweit Taufe dann überhaupt sinnvoll ist. Wenn umgekehrt Eltern bewusst auf die Taufe ihres Kindes verzichten mit der Begründung, sie wollten es nicht von vornherein auf einen Glaubensweg festlegen, sondern ihm die Freiheit lassen, sich als Erwachsener dafür oder dagegen zu entscheiden, so übersehen sie dabei, dass die Freiheit eines Kindes niemals von Vorgaben unberührt bleiben kann. Auch der Entschluss, auf die Taufe zu verzichten, ist eine Entscheidung, die eine Richtung festlegt und das Kind prägt. Zudem kommt kein Mensch zur persönlichen Glaubensentscheidung allein aus eigener Kraft, sondern immer nur durch das Zeugnis anderer.

Die Taufe eines Kindes bietet freilich keine Garantie, dass es später tatsächlich zu einer eigenen Glaubensentscheidung gelangt. Dies wäre im Grunde ein magisches Missverständnis, das den Anteil des Menschen völlig ausklammert. Ebenso missverständlich wäre es, in der Taufe ein einmaliges, punktuelles Ereignis zu sehen, das mit dem Akt in der Kirche abgeschlossen ist. Die Taufe steht nicht am Ende, sondern am Anfang des christlichen Weges. Insofern ist sie kein punktuelles Geschehen, sondern vielmehr ein Prozess. Es gilt, das einmalige Geschehen am Anfang im Lauf des Lebens- und Glaubensprozesses einzuholen, sich immer wieder neu mit Christus auf den Weg zu machen und so eine persönliche Glaubensantwort zu geben. Erst, wo das geschieht, da kommt die Taufe wirklich zu sich, da kann sie ihre Wirkung entfalten, da wird sie – im Unterschied zum bloßen »Taufscheinchristentum« – fruchtbar.

Ein solches »Wiederaufleben« der Taufe ist zu jeder Zeit möglich und nötig, auch und gerade nach »Durst- und Dürrezeiten«, in denen wir vom Glauben weit entfernt waren. Denn Gottes Zuwendung ist bleibend und unauslöschlich. Eben das meint die Theologie, wenn sie von der Taufe als »Siegel« oder »unauslöschlichem Prägemal« spricht. Gott nimmt seine Zusage nicht zurück – und umgekehrt sind wir Menschen zur Antwort immer wieder neu eingeladen. In diesem Sinne ist die Taufe nicht nur eine unauslöschliche und lebenslange Gabe Gottes an den Menschen – sie wird je neu zur Aufgabe.

( ) | *Verweise*

Christus; Erbsünde; Firmung; Glaube; Gott; Heiliger Geist; Sakrament

Teufel

D I E   B I B E L stellt den Teufel als Gegenspieler zu Gott dar. Sie nennt ihn den »Bösen« (*Mt 13,19.38; Eph 6,16*), den »Feind« (*Lk 10,19*), »Satan« (wörtlich: »Widersacher«, *1 Petr 5,8*) sowie Hebr.: »baal zebub« (»Beelzebub«, wörtlich: »Herr der Fliegen« oder auch »Herr des Mistes«), eine Verballhornung des Gottes Baal, im AT der Konkurrent zu Gott Jahwe. Er ist der »Vater der Lüge« (*Joh 8,44*), weil er die Wahrheit des Menschen über sich selbst und über Gott umdeutet und gut zu böse macht. Im Griechischen wird er darum »diabolos« – »Durcheinanderwerfer« oder »Verwirrer« genannt. Seine besondere Rolle ist die des »Versuchers«, der den Menschen immer wieder neu zum Bösen verführt (vgl. *Ijob 1f; 1 Chr 21,1; Sach 3,1ff; Mt 4,3; Mk 1,13ff; 1 Kor 7,5; 2 Kor 2,11; Apg 5,3; 1 Thess 3,5*). Auf diesem Hintergrund deutete die frühchristliche Tradition auch die Schlange in *Gen 3* als »Teufel« (vgl. *Offb 12,9; 20,2*), obgleich dies keineswegs die Intention dieser Erzählung war.

216 217

Der Teufel ist freilich kein Gegengott, sondern er ist und bleibt Geschöpf. Eben dies bringt die mythologische Erzählung vom Engelssturz zum Ausdruck, die sowohl in *Jud 6* und *2 Petr 2,4* als auch in außerbiblischen Quellen begegnet. Demnach war der Teufel ursprünglich ein Engel und damit Teil der geschöpflichen Welt – der Name »Luzifer« = »Lichtträger« erinnert daran – der sich gegen Gott auflehnte und von ihm in die Unterwelt verbannt wurde. Der Teufel ist somit Inbegriff der völligen Abwendung und Loslösung von Gott. Die Erzählung vom Engelssturz macht auch deutlich, dass die Frage nach dem Teufel allein im Kontext der Gottesfrage ihren Ort und ihren Sinn hat.

Während im AT der Teufel eher am Rand in den Blick kommt, erhält er im NT, vor allem in den Evangelien, deutliches Gewicht als Gegenspieler Jesu. Dessen Güte und Entschiedenheit für Gott machen das Böse offenbar; er ist gekommen, »um die Werke des Teufels zu zerstören« (*1 Joh 3,8*) und gegen ihn zu kämpfen (*Mk 3,20–30; Lk 10,18; Joh 12,31; 14,30; 16,11 Kol 2,15*). Die Herrschaft des Bösen wird durch Jesus Christus gebrochen und durch das Wirken des Geistes immer wieder neu überwunden.

In der gegenwärtigen Theologie ist unumstritten, dass die biblische Rede vom Teufel zeit- und weltbildbedingt ist. Deutlich spiegelt sich in ihr der Einfluss dualistischer und apokalyptischer Anschauungen. Umstritten ist jedoch, ob auf die Rede vom Teufel verzichtet werden kann, ja um der Verständlichkeit willen muss, oder ob an ihr festzuhalten ist, weil sie zum bleibenden Inhalt der Glaubensaussagen zählt, die unabhängig von verschiedenen Weltbildern ihre Bedeutung haben. Entsprechend begegnen in der Interpretation des Teufels zwei verschiedene Positionen.

Die eine hält den Teufel für eine vorwissenschaftliche Form der Welterklärung und darum für mit dem modernen Weltverständnis unvereinbar. Sie sieht darin eine rein bildhafte Rede, die jeglicher Wirklichkeit entbehrt, und fordert darum den Abschied vom Teufel. Statt dessen solle der Mensch konsequent selbst die Verantwortung für das von ihm angerichtete Unheil übernehmen. Die andere Position – und mit ihr das kirchliche Lehramt – versucht, im Zuge der Unterscheidung zwischen bleibender theologischer Aussage und zeitbedingter mythologisch-bildhafter Aussageform den bleibenden Gehalt der Rede vom Teufel freizulegen: Es gibt eine Macht des Bösen, die über das menschliche böse Tun und auch über die erbsündliche Verstrickung in das Unheil hinausgeht. Sie treibt den Menschen dazu, Böses zu tun, bis hin zu unvorstellbar grauenhaften Taten. In ihrem Bann ist der Mensch nicht nur Täter, sondern auch Opfer, weil er nicht mehr er selbst ist. Diese Macht des Bösen stellt für den Menschen ein Geheimnis dar, das der rationalen Logik und der empirischen Erfahrung nicht zugänglich, aber dennoch höchst real ist. Nur wenn die Erinnerung daran durch die Rede vom Teufel wachgehalten werde, werde weder die furchtbare Realität des Bösen verharmlost, noch das Böse Gott selbst angelastet, noch der Mensch verteufelt.

Dabei existieren unterschiedliche Meinungen, ob diese Wirklichkeit als »das Böse« gedacht werden muss oder personal als »der Böse«. Wer im Teufel eine Personifikation der Macht des Bösen sieht, kann sich darauf berufen, dass die Bibel auch andere Mächte und Kräfte personifiziert. Diejenigen, die am Teufel als Person festhalten, betonen, dass das Tun des Bösen Willensfreiheit und Erkenntnisfähigkeit voraussetzt – in der philosophischen Tradition Kriterien für Personalität. Das Verständnis des Teufels als Person birgt allerdings das Missverständnis in sich, in ihm ein konkretes Individuum zu sehen, da die heutige Umgangssprache mit »Person« weniger Erkenntnis und freien Willen, sondern viel stärker Individualität verbindet. Der Teufel ist aber nicht Person in der Weise eines Individuums. Zudem ist das menschliche Verständnis von Person stark von der mitmenschlichen Erfahrung her geprägt. Der Teufel kann aber nicht analog zu den Mitmenschen oder auch zu Gott als »Du« angesprochen werden. Schließlich hat der Personbegriff einen durchweg positiven Gehalt, wie etwa die Rede von der »Personwürde« zeigt; in diesem positiven Sinne kann er aber gerade nicht auf den Teufel angewendet werden. Auf diesem Hintergrund charakterisieren manche Theologen den Teufel als »Unperson«, als die Negation, die Verkehrung von Personsein.

Weil die Rede vom Teufel, ähnlich wie auch jede Aussage über das Jenseits, auf ein Geheimnis hinweist, kann von ihm nicht in der herkömmlichen begrifflichen Sprache gesprochen werden, sondern eben nur in der Weise des Symbols. Der Teufel als Symbol ist etwas grundlegend anderes als nur ein »Bild«.

Dem Symbol ist Wirklichkeit zu eigen. Es verweist auf eine Wirklichkeit, die nicht einfach als empirisch erfahrbare »Tatsache« gegeben und die dennoch mächtig, ja übermächtig wirksam ist. Von dieser Einsicht her fällt Licht auf die vielgestellte Frage, ob es denn den Teufel »gibt«. Es »gibt« ihn sowenig wie es Gott »gibt« – nämlich in der Weise von empirisch wahrnehmbaren und beweisbaren Dingen. Doch es »gibt« ihn, insofern er seine Wirksamkeit bzw. Wirklichkeit erweist, indem er Menschen von Gott und Jesus Christus wegführt.

Symbole geben »zu denken« – so sagt es der klassische Leitsatz zum Symbolverständnis von Paul Ricœur. In diesem Sinne ist die adäquate Rede vom Teufel nicht die begriffliche Definition, sondern eine Sprache, die »zu denken« gibt. Die teilweise höchst konkreten Vorstellungen vom Teufel in der Tradition sind durchaus berechtigte Versuche, die Macht des Bösen in die menschliche Vorstellungswelt einzuordnen. Doch sie stehen allesamt unter dem Vorbehalt, dass das Geheimnis des Bösen größer ist als alle menschlichen Vorstellungen und unauflösbar bleibt.

( ) | *Verweise*

Christus; Engel; Erbsünde; Gott; Hölle; Schöpfung

Theodizee

Das griechische Wort »Theodizee«, das vom Philosophen Wilhelm Leibniz (1646–1716) geprägt wurde, heißt wörtlich »Rechtfertigung Gottes«. Gemeint ist die Rechtfertigung Gottes angesichts des Leides in der Welt: Wie ist das Leid mit dem Glauben an einen gütigen und liebenden Gott zu vereinbaren? Die Theodizee stellt die Frage nach dem Leid nicht »neutral«, sondern als Anklage gegen Gott. Damit steht der Gottesglaube selbst auf dem Spiel.

Die Frage nach dem Leid mündet in den Religionen nicht zwangsläufig in die Theodizeefrage. So ist nach der Vorstellung von Hinduismus und Buddhismus alles Leiden Auswirkung der Schuld, die der oder die Leidende in einem früheren Leben als Karma angehäuft hat. Leid wird zum Problem für den Gottesglauben nur unter der Voraussetzung, dass der Mensch Freiheit im Handeln hat und nicht festgelegt ist, dass von einem einzigen Gott ausgegangen wird und nicht ein böser Gegengott für das Leiden verantwortlich gemacht werden kann, und dass dieser Gott vollkommen mächtig und gütig gedacht wird.

Die Theodizee*frage*, die existentiell aus der konkreten Leiderfahrung entspringt, ist uralt. In der Heiligen Schrift begegnet sie exemplarisch im Buch Ijob und in vielen Psalmen (*Ps 10,1; 13,2; 22,1; 34,20; 35,22f; 77,9*) als Klage, Anklage und Protest, auch bei Jesus selbst (*Mk 15,34*); verschärft stellt sie sich in der Neuzeit. Davon zu unterscheiden sind die theoretischen Theodizee*versuche,* die das Leid gewissermaßen »von außen« betrachten. Kennzeichnend für sie ist zum einen die Umwandlung der Leiderfahrung in einen logisch oder spekulativ zu lösenden Gedankenkonflikt, zum anderen die Ausblendung der Frage nach der praktischen Leid-Bewältigung.

Die Theodizeeentwürfe der Neuzeit stellen Gott vor das Forum der menschlichen Vernunft; sie ist Anklägerin und Richterin zugleich. Angesichts dessen erhebt sich die grundsätzliche Frage: Kann der Mensch mit seiner endlichen Vernunft überhaupt Gott rechtfertigen? Ist dies nicht eine Grenzüberschreitung, Anmaßung, der Zugriff auf eine Wirklichkeit, auf die der Mensch überhaupt keinen Zugriff haben kann? Genau aus diesem Grund erklärte Immanuel Kant (1724–1804) alle theoretischen Theodizeeversuche für gescheitert.

Es gibt keine christliche Lösung des Theodizeeproblems im Sinne einer Rechtfertigung Gottes. Der Glaube vermag nicht den Gang der Geschichte zu erklären und die Rätsel dieser Welt zu lösen. Er vermag nur Hinweise zu geben, dass die Erfahrung des Leids in der Welt dem Glauben an Gott nicht zwangsläufig widerspricht und dass umgekehrt der Gottesglaube angesichts des Leides in der Welt nicht einfach irrational ist. Eine Rolle spielen in diesem Zusammenhang ein angemessenes Verständnis der Allmacht Gottes, das Ernstnehmen der menschlichen Freiheit und der Autonomie der Schöpfung, der Blick auf den mitleidenden Gott und das Kreuz, schließlich die Hoffnung auf Auferstehung und Vollendung.

Die Theodizeefrage führte gerade in der Neuzeit für viele zur definitiven Absage an Gott und erwies sich so als »Fels des Atheismus«, nämlich eines Protest-Atheismus. Wenn Menschen im Namen des Leides den Glauben an Gott aufkündigen, ist dem mit Respekt zu begegnen. Der Atheismus bietet jedoch auch keine Lösung des Theodizeeproblems. Weder vermag er das Leid in der Welt zu erklären, zu mindern oder zu beheben, noch das Sinnverlangen des Menschen zu stillen. Umgekehrt wird der Gottesglaube durch das Theodizeeproblem nicht einfach ad absurdum geführt. Er ist auch trotz und entgegen der Erfahrung von Leid möglich – im Wissen, dass Gott selbst ein Mit-Leidender ist, und im Wissen, dass Menschen vor Gott klagen, ja mit ihm hadern dürfen. Das Christentum vermag die Theodizeefrage nicht zu beantworten. Doch gegen die Option des Atheismus stellt es die Option, an Gott festzuhalten – und sie ist nicht weniger überzeugend. Wo der Atheist sagt: »Weil es Auschwitz gegeben hat, ist mir der Gedanke an Gott unerträglich«, kann der Glaubende antworten: »Nur weil es Gott gibt, ist mir der Gedanke an Auschwitz überhaupt erträglich.«

Verweise

Allmacht; Atheismus; Gott; Leid; Schöpfung; Wirken Gottes

Theologie

THEOLOGIE (von Griech.: »theos« = »Gott« und »logos« = »Wort, Rede«) ist Rede über Gott. Ihr Gegenstand ist die Offenbarung Gottes in der Geschichte sowie das Leben und Handeln der Kirche, das diese Offenbarung weiter bezeugt.

Theologie ist dabei keine beliebige, sondern wissenschaftliche Rede von Gott. Sie begnügt sich nicht damit, auf das Wort Gottes bzw. die in der Geschichte ergangene Offenbarung Gottes zu hören, sondern ihr Anliegen ist es, sie wissenschaftlich-methodisch zu reflektierten und zu entfalten. Ihr Zugang ist ein vernunftgeleiteter, rationaler. Sie will damit keineswegs den christlichen Glauben auf Vernunft reduzieren, wohl aber die Offenbarung im Licht der Vernunft erfassen. Sie fragt, ob das, was der Glaube glaubt, nicht schlechterdings widervernünftig ist, und wie die Glaubensbotschaft verantwortet angenommen, als Bekenntnis formuliert und ins Leben umgesetzt werden kann. Auf diesem Hintergrund ist es zugleich ihre ureigene Aufgabe, die Glaubensbotschaft kritisch zu hinterfragen. Theolog/inn/en sind deswegen keineswegs »ungläubiger« oder »misstrauischer« als andere Glaubende, sondern nehmen nur ihren Auftrag wahr. Wenn sich die Theologie Gott auf dem Weg der Wissenschaft zuwendet, bestreitet sie keineswegs, dass es darüber hinaus noch andere legitime und für den Glauben wichtige Wege gibt, wie die Liturgie, das Gebet, das geistliche Leben oder die Meditation. Die wissenschaftliche Zugangsweise bleibt für sie jedoch unverzichtbar. Sie erfordert ein eigenes theologisches Studium und vermittelt eine besondere Kompetenz.

Die Wissenschaftlichkeit der Theologie hat die Verwendung bestimmter Methoden zur Folge. Im Blick auf die Bibel und die Glaubenszeugnisse der Vergangenheit arbeitet sie historisch-kritisch: historisch, weil sie die genannten Texte wie andere historische Texte bearbeitet; kritisch, weil sie sie wie andere von Menschen geschriebene Texte untersucht und Autoren/innen, Entstehungsgeschichte, Absicht, Textgattung, Überarbeitung und Motive erforscht. Die Theologie arbeitet des weiteren analytisch: Sie analysiert Texte und Inhalte, weist Zusammenhänge nach, zeigt ihre innere Logik oder Unstimmigkeiten auf, untersucht ihre Vorgeschichte und ihr Vorverständnis. Schließlich arbeitet sie hermeneutisch, insofern sie eine Übersetzungsarbeit leistet: Sie zeigt nicht nur die Bedeutung der Glaubensinhalte für die Gegenwart und Zukunft von Kirche und Welt auf, sondern übersetzt die Glaubensinhalte in die heutige Zeit und in den jeweiligen kulturellen Kontext hinein. Darum begnügt sie sich nicht mit der Wiederholung alter Glaubensformeln, sondern begibt sich auf die Suche nach neuen Auslegungen. Die verschiedenen theologischen Disziplinen entfalten die Gottesoffenbarung unter verschiedener Perspektive: als biblische Theologie, als historische Theologie, als systematische Theologie, die Fundamentaltheologie, Dogmatik und Moraltheologie umfasst, sowie als praktische Theologie.

Bei all ihrem Tun ist die Theologie Glaubenswissenschaft: Sie bleibt an die Offenbarung Gottes gebunden und setzt den Glauben daran voraus. Dies steht keineswegs im Widerspruch zu ihrer Wissenschaftlichkeit. Dass sich die Reflexion auf Gott und seine Offenbarung glaubend und mit existenziellem Engagement vollzieht, schließt eine vernunftgeleitet-kritische Reflexion nicht aus. Da der Glaube niemals nur den Intellekt, sondern immer den ganzen Menschen betrifft, ist die Theologie niemals nur reine Theorie, sondern immer auch praktische bzw. auf die Praxis hin ausgerichtete Wissenschaft.

Schließlich ist die Theologie auch kirchliche Wissenschaft, insofern sie an den Glauben der Kirche gebunden ist. Zugleich nimmt sie freilich gegenüber der Kirche auch eine kritische Funktion ein, weil sie ihren Glauben und ihre Praxis auf die Botschaft des Evangeliums hin je neu zu hinterfragen hat. Im Gefüge der Lehrinstanzen kommt ihr damit eine spezifische, nicht einfach vom Lehramt abgeleitete Aufgabe zu.

() | *Verweise*

Befreiungstheologie; Fundamentaltheologie; Gott; Gotteslehre; Inkulturation; Kirche; Lehramt; Negative Theologie; Offenbarung

Tradition

TRADITION (von Lat.: »traditio«) heißt Überlieferung und umfasst die Erkenntnisse, Lehren und Handlungsweisen, die in Theologie und Kirche weitergegeben wurden. Dazu gehören die Theologie, Riten und Bräuche, Liturgie und Musik, Geschichten und Gebete, Feiern und Feste. Die Tradition hat einen unverzichtbaren Stellenwert für den Glauben und die Kirche, denn die Glaubensbotschaft lebt davon, dass sie überliefert, bezeugt und an nachfolgende Epochen weitergegeben wird. So bildet Tradition Identität, stiftet Gemeinschaft, wirkt orientierend und handlungsleitend; sie sichert einerseits die Kontinuität und liefert andererseits Kriterien zur Beurteilung von Neuem. Traditionen bilden, formen und verändern sich mit der Veränderung von Lebenswelten, gesellschaftlichen Strukturen und historischen Selbstverständnissen.

Freilich haben in der Kirche nicht alle Traditionen gleiches Gewicht. Dem Glaubensbekenntnis kommt ein anderes zu als etwa dem Brauch, an Weihnachten einen Weihnachtsbaum aufzustellen, die Tradition des Leitungsamtes ist in der Kirche in anderer Weise verwurzelt als das Ablasswesen. Entsprechend wurden bestimmte Traditionen innerhalb der Kirche verändert, z.B. das Verbot des Zinsnehmens, oder abgeschafft, wie z.B. das Nüchternheitsgebot, während andere als unveränderlich gelten. In diesem Zusammenhang ist grundlegend zu unterscheiden zwischen jenen Traditionen, die apostolischen Ursprungs sind, wie etwa die Tatsache, dass es in der Kirche ein Leitungsamt gibt, und den vielen kirchlichen Traditionen, die diese apostolische Tradition auslegen und vermitteln. Während die apostolische Tradition Verbindlichkeit beansprucht, sind die anderen Traditionen der Kirche grundsätzlich veränderlich und damit auch aufgebbar. Eine Tradition wird also nicht dadurch verbindlich, dass sie schon lange gilt, sondern dass sie in Einklang steht mit dem apostolischen Zeugnis.

Die Theologie hat für den Nachweis der Apostolizität eine Reihe von Kriterien entwickelt: Apostolische Tradition hat sich auszuweisen an der heiligen Schrift, zu der sie zumindest nicht im Widerspruch stehen darf. Sie muss heilsbedeutsam sein;

dieses Kriterium verhindert, dass unbedeutende Bräuche Ver-
bindlichkeitscharakter erhalten. Sie muss zum Glaubensgut der
Vergangenheit gehören und darf nicht nur von einem Teil der
Kirche geglaubt werden. Schließlich hat sie sich im christlichen
Leben zu bewähren.

Die apostolische Tradition ist nach katholischem Verständnis
zusammen mit der Heiligen Schrift Glaubensquelle. Wenngleich
sich die Tradition an der Schrift messen lassen muss, können
beide nicht völlig voneinander getrennt oder gar einander
entgegengesetzt werden, wie es die Reformatoren versuchten
(»sola scriptura« – »die Schrift allein«). Denn die Schrift ist
selbst Ergebnis eines Überlieferungsprozesses und damit Teil
der Tradition der Kirche. Umgekehrt ist die Schrift nach katholischer Lehre nur im Rahmen der Tradition der Kirche zu lesen
und auszulegen. Das Zweite Vatikanum betont die enge Verbindung und die Notwendigkeit von beiden: Die Kirche bezieht ihre
Gewissheit über die Offenbarung nicht nur allein aus der Schrift,
sondern auch aus der Tradition. Allerdings trifft es implizit eine
Aussage über den Vorrang der Schrift: Diese ist das Wort Gottes,
die Tradition hingegen gibt es weiter und vermittelt es. (DV 9)

Treue zur Tradition bedeutet nicht, einfach das fortzuführen,
was immer schon gesagt oder getan worden ist, sondern Treue
zu Jesus Christus. Darum gilt es jeweils neu angesichts der Zeichen der Zeit zu fragen, ob die bestehenden Traditionen diese
Treue widerspiegeln, oder ob sie um Jesu Christi willen verändert werden müssen. Die Treue zu Jesus Christus fordert von der
Kirche nicht nur die Orientierung an der Vergangenheit, sondern
gleichermaßen die Prüfung, welche Veränderungen angesichts
der konkreten geschichtlichen Situation und der jeweiligen Zeichen der Zeit auf Zukunft hin nötig sind. In diesem Sinne sind
Tradition und Reform keine Alternativen, sondern Spannungs-
pole. Reform in der Kirche bedeutet gerade immer wieder die
Besinnung auf den Ursprung. Wo dieser Bezug aufgegeben wird,
mündet die Beachtung der Tradition in den Traditionalismus und
damit letztlich in die Erstarrung.

() | *Verweise*

Apostolisch; Christus; Glaube; Kirche; Offenbarung; Theologie

Transsubstantiation

»TRANSSUBSTANTIATION« heißt aus dem Lateinischen übersetzt »Wesensverwandlung«. Mit Hilfe dieses Begriffes versuchte die Theologie ab dem 12. Jh. die eucharistische Wandlung von Brot und Wein in Leib und Blut Christi der menschlichen Vorstellungskraft zugänglich zu machen.

Zugrunde liegt dieser Lehre die Denk- und Sprachwelt der griechischen Philosophie, die uns heute fremd geworden ist und darum Missverständnisse geradezu provoziert. Nach dem Verständnis der griechischen Philosophie ist jedes Ding dieser Welt gekennzeichnet durch zwei Kategorien: Substanz und Akzidentien. Die Substanz ist unsichtbar und macht das Wesen eines Seienden aus. Damit bezeichnet sie das innere Identitätsprinzip, das ein Ding zu dem macht, was es ist. Das konkrete Aussehen bzw. die jeweilige Gestalt kommen als Akzidentien zur Substanz hinzu. Sie machen nicht das Wesen der betreffenden Sache aus, sondern sind nur seine äußere Erscheinungsform. Transsubstantiation in der Eucharistie bedeutet demnach: Die Substanz und damit die Wirklichkeit von Brot und Wein wandelt sich infolge der neuen Deutung, die Jesus Christus beiden gibt; sie sind nun Leib und Blut Jesu Christi. Demgegenüber bleiben die Akzidentien – Gestalt, Aussehen, Zusammensetzung, Geschmack – von Brot und Wein erhalten. Transsubstantiation meint also gerade nicht eine Veränderung der Materie, der chemischen Substanz von Brot und Wein. Die in der Eucharistiefeier sich ereignende Wesensverwandlung kann gerade nicht durch eine chemische Analyse festgestellt werden.

Mit der Unterscheidung von Substanz und Akzidens stand der Theologie eine Möglichkeit zur Verfügung, das Geschehen in der Eucharistie mit Hilfe philosophischer Kategorien ein Stück weit nachvollziehbar zu machen. Sobald diese Kategorien allerdings nicht mehr verstanden werden – und genau dies ist in der Gegenwart der Fall – geben sie Anlass zu Missverständnissen. So wird der Begriff Substanz in der heutigen Umgangssprache nicht mehr im Sinne von »Wesen« verwendet, sondern bezeichnet die chemisch-materielle Zusammensetzung einer Sache (vgl. »lösliche Substanzen«). Damit hat sich seine ursprüngliche

Bedeutung im Grunde genau ins Gegenteil verkehrt. In der Folge wurde und wird nach wie vor die eucharistische Wandlung als eine materielle Verwandlung von Brot und Wein missverstanden – und damit unglaubwürdig.

Von daher ist es nötig, das, was in der eucharistischen Wandlung geschieht, heute auf andere Weise und mit Hilfe von anderen Worten auszusagen, ohne freilich den Grundgedanken der »Wesensverwandlung« preiszugeben. Dies ist insofern legitim, als die Transsubstantiationslehre den Charakter eines Denkmodells hat. Ein Denkmodell aber darf, ja muss durch ein anderes ersetzt werden, wenn es nicht mehr verstanden wird. Der von der Theologie vorgeschlagene Begriff »Transsignifikation« – Verwandlung der Bedeutung – wurde vom Lehramt nicht als falsch, aber als missverständlich eingestuft, insofern Bedeutungen immer abhängig sind von der menschlichen Verstehens- und Deutungsleistung. Gerade das ist mit der Rede von der Transsubstantiation jedoch nicht gemeint: Die Wirklichkeitsveränderung von Brot und Wein hängt nicht vom Verstehen der Menschen ab, sondern gründet im Handeln Gottes selbst; sie kommt nicht durch menschliche Deutung zustande, sondern gründet in der neuen Bedeutung, die Jesus selbst Brot und Wein beim letzten Mahl zuspricht. Richtig verstanden kann also durchaus von einem Wandel der »Bedeutung« gesprochen werden.

Die neueren Versuche, die Wesensverwandlung anders zu umschreiben, bieten zugleich Ansätze für eine ökumenische Verständigung. Die Reformatoren hatten die Transsubstantiation als Zugriff auf das göttliche Geheimnis zurückgewiesen und an ihre Stelle die Vorstellung von der Konsubstantiation gesetzt, nach der die Substanzen von Brot und Wein neben und mit denen von Fleisch und Blut fortbestehen. Die verschiedenen Denkmodelle müssen jedoch nicht kirchentrennend sein.

( ) *Verweise*

Abendmahl; Christus; Eucharistie; Theologie

Trinität

IM MITTELPUNKT des christlichen Glaubens steht der Glaube an den trinitarischen oder dreifaltigen Gott. Er verdankt sich der Erfahrung der Offenbarung Gottes in der Geschichte, wo er sich als Vater, Sohn und Geist offenbart.

Im AT begegnet die Vorstellung, dass der eine Gott in seiner Offenbarung aus sich selbst heraustritt: durch sein Wort, seinen Engel, die Weisheit, den Geist (vgl. *Jes 9,7; Ex 14,19*). Der eigentliche Ort der Selbstoffenbarung Gottes als dreifaltiger ist das NT, der eigentliche Anstoß für das trinitarische Bekenntnis das Christusereignis. Jesus Christus erscheint hier als der »Sohn« als die unüberbietbare Selbstmitteilung des Vaters und darum selbst als göttlich. Das Wirken des Geistes, der schon seit der Schöpfung zugegen ist, wird auf diesem Hintergrund präzisiert: Er gibt sowohl Anteil am Sohn als auch am Vater (vgl. besonders *Joh 7* sowie *14–16*). Die weitgehendste Verarbeitung des Trinitätsgedankens findet sich hier im Johannesevangelium; ansonsten begegnen vereinzelt trinitarische Formeln *(Mt 28,19; 2 Kor 13,13)*.

Im NT ist das trinitarische Bekenntnis grundgelegt, doch es bietet noch keine Trinitätslehre. Vater, Sohn und Geist werden nebeneinander genannt, ohne ihr Verhältnis zueinander und zu dem einen Gott zu klären. Formulierungen wie *Joh 5,19.30* und *10,29* zeigen, dass diese Zuordnung durchaus als Problem gesehen, aber noch nicht gelöst wurde. Trinitätslehre liegt erst dort vor, wo das Verhältnis von Vater, Sohn und Geist ebenso wie das Verhältnis des dreifaltigen Gottes zum Monotheismus philosophisch reflektiert und mit Hilfe einer adäquaten Begrifflichkeit erfasst wurde. Dabei stand zunächst die Frage nach Vater und Sohn im Vordergrund, die 325 auf dem Konzil von Nizäa mit dem Bekenntnis zu Jesus Christus als wahrem Gott beantwortet wurde. Tendenzen, den Geist Vater und Sohn unterzuordnen, wurden auf dem Konzil von Konstantinopel (381) abgewehrt und die Göttlichkeit des Geistes ausdrücklich festgehalten.

Im Lauf der ersten drei Jahrhunderte wurden drei trinitarische Erklärungsmodelle als unzureichend zurückgewiesen: der Subordinatianismus, der die Trinität als Stufenordnung verstand und

Sohn und Geist dem Vater unterordnete; der Modalismus, der in den dreien nur Erscheinungsweisen (Lat.: »modi«) Gottes in der Heilsgeschichte sah, daraus aber keinen Rückschluss auf das Wesen Gottes selbst zog; der Tritheismus, der das Wesen Gottes durch drei verschiedene Götter verwirklicht sah.

Das Konzil von Konstantinopel fand schließlich mit der Rede von dem »einen göttlichen Wesen in drei Hypostasen« eine geeignete Formel. Das Bekenntnis zum einen Gott wurde durch den Begriff »Wesen« (Griech.: »ousia«) festgehalten. Träger und Verwirklichungsformen (Griech.: »hypostasis«) des einen göttlichen Wesens sind Vater, Sohn und Geist. Ihnen kommt in gleicher Weise Göttlichkeit zu, doch sind sie in ihrem Ursprung und in ihrer Sendung voneinander unterschieden. Auf diese Weise konnte von Gott unter verschiedener Hinsicht Einheit und Dreiheit zugleich ausgesagt werden, ohne dass dies einen logischen Widerspruch darstellte.

Im Lateinischen wurde »Wesen« mit »substantia« wiedergegeben, »Hypostase« mit »persona«: ein göttliches Wesen in drei Personen. Ansatzweise mit Augustinus (354–430), verstärkt dann in der Theologie des Mittelalters wurde als besonderes Merkmal von Personsein die Relationalität, das In-Beziehung-Sein herausgearbeitet. Die drei göttlichen Personen sind demnach Offenbarungs- und Verwirklichungsformen des einen göttlichen Wesens nur und ausschließlich als Beziehungsgeflecht. Die Einheit Gottes existiert darum nur als Personengemeinschaft, als Dreiheit in Beziehung.

Während für das theologische Personenverständnis der Gedanke der Beziehung konstitutiv ist, stehen für die neuzeitliche Rede von der Person ganz andere Aspekte im Vordergrund: Sie verbindet damit in erster Linie Freiheit, Selbstbesitz und Individualität. Dieser Bedeutungswandel schafft gerade im Blick auf die Trinitätslehre ein gefährliches Missverständnis, insofern der Eindruck entstehen kann, als handle es sich bei den drei Personen um drei verschiedene Individuen mit je eigenem Willen und damit letztlich um drei Götter. Gerade dies will das trinitarische Bekenntnis nicht aussagen, sondern engste Gemeinschaft und Relation. Eine endgültige Vermittlung des klassisch-theologischen mit dem modernen Personverständnis steht immer noch aus. Vorschläge, im Kontext der Trinität den Begriff »Person«

aufzugeben und statt dessen etwa von drei »distinkten Subsistenzweisen« (Karl Rahner) in Gott zu sprechen, haben sich nicht durchgesetzt.

Wenn die Entfaltung der Trinitätslehre heute nicht den Eindruck erwecken möchte, als handele es sich dabei um abstrakte Spekulation, darf sie ihren Ausgangspunkt nicht beim innergöttlichen Leben Gottes nehmen, sondern bei der Offenbarung der Trinität in der Heilsgeschichte. Gott erschließt sich im Verlauf der Heilsgeschichte als dreifaltiger Gott: im AT als Vater, im NT als Sohn, durch die ganze Geschichte hindurch als Geist. Als Vater offenbart sich Gott als der unsichtbare Gott »über mir«, als Ursprung der Welt, Schöpfer und Erhalter. Als Sohn offenbart sich Gott als der menschgewordene Gott »neben und mit mir«, der mir im anderen Menschen begegnet und der mir gelungenes Menschsein nach dem Willen Gottes vor Augen hält. Als Geist offenbart sich Gott als der Gott »in mir«, der in mir wirkt, mich erfüllt und mich lebendig macht. Der trinitarischen Offenbarung Gottes in der Heilsgeschichte trägt die Theologie durch ihr unterschiedliches Sprechen von Gott Rechnung: So sagt sie etwa nur vom Sohn, dass er Mensch geworden ist, nur vom Vater, dass er die Welt erschaffen hat, nur vom Geist, dass er in uns wirkt. Ebenso schlägt sich die Dreifaltigkeit Gottes in unterschiedlichen Gebetsformulierungen nieder.

Aus der heilsgeschichtlichen Offenbarung der Dreifaltigkeit, der sog. »ökonomischen Trinität« (von Griech.: »oikonomia« = »Heilsgeschichte«) lassen sich Rückschlüsse auf das innergöttliche trinitarische Leben Gottes, die sog. immanente Trinität ziehen. Weil sich Gott in der Geschichte als Vater, Sohn und Geist erweist, ist er auch in sich selbst Vater, Sohn und Geist; weil er sich in der Geschichte selbst mitteilt, ist er auch in seinem innersten Wesen Selbstmitteilung. Umgekehrt: Nur weil Gott in sich Beziehung ist, kann er auch zu den Menschen in Beziehung treten; nur weil in sich dreifaltig ist, kann er sich als dreifaltiger Gott offenbaren.

Der Kern des trinitarischen Bekenntnisses lautet in der Sprache unserer Zeit: Gott ist in sich Beziehung, Relation. Auf diese Weise wird die biblische Aussage, dass Gott die Liebe ist (vgl. *Joh 1,4*) präzisiert: Gott ist nicht nur einer, der die Menschen liebt, sondern er ist in sich Liebe. Vater, Sohn und Geist stehen nicht nur Beziehung zueinander, sondern sie sind Beziehung. Gott ist darum nicht eine in sich abgeschlossene und verschlossene Größe, nicht ein monolithischer »Block«, sondern in sich Austausch und dynamische Gemeinschaft. Die Problematik der Theologie besteht vielfach darin, dass sie zuerst Gott als einen denkt und dann gewissermaßen erst nachträglich die Trinität. Demgegenüber muss die Richtung des Denkens umgekehrt sein: Gott ist Gott nur als Gemeinschaft von dreien; umgekehrt gibt es nicht Vater, Sohn und Geist für sich, sondern immer nur in der Beziehung zueinander.

Wenn Gott in sich Beziehung ist, so hat dies nicht nur Konsequenzen für das Gottesbild und die Gottesrede, sondern auch für andere Bereiche der Wirklichkeit: für das Verständnis von Personsein, das nur in der Weise der Relation verwirklicht wird, für das Verständnis von Menschsein, das nicht in der Individualität, sondern erst in der Beziehung zu anderen zu sich selbst kommt, nicht zuletzt für das Verständnis von Amt und Kirche, das stärker vom Prinzip der Gemeinschaft von Personen geprägt sein müsste.

() | *Verweise*

Gott; Heiliger Geist; Offenbarung; Sohn Gottes

Unbefleckte Empfängnis

DIE GLAUBENSAUSSAGE von der Unbefleckten Empfängnis Marias, 1854 von Papst Pius IX. auf Interventionen von Bischöfen und Glaubenden vor allem aus den Mittelmeerländern hin als Dogma erlassen, wird von vielen fälschlicherweise mit der Jungfrauengeburt in Verbindung gebracht. Tatsächlich bezieht sie sich jedoch nicht auf die Empfängnis Jesu, sondern passiv auf das Empfangenwerden Marias. Sie besagt, dass Maria vom Beginn ihres Lebens, ja vom ersten Augenblick ihrer Empfängnis an vor jener universalen Verstrickung in Schuld, die die Theologie Erbsünde nennt, bewahrt blieb. Der offizielle Wortlaut des Dogmas verwendet den missverständlichen Begriff »unbefleckte Empfängnis« nicht, sondern spricht von der »Bewahrung Marias von der Erbsünde«. Das entsprechende Fest, das alljährlich am 8. Dezember gefeiert wird, trägt auch den Namen »Hochfest Mariä Erwählung«.

Die Bewahrung von der Erbsünde gründet nicht in einem besonderen Verdienst Marias, sondern allein in der Gnade Gottes. Ihren biblischen Anhaltspunkt hat diese Glaubensaussage in *Lk 1,28*, wo Maria als »die voll der Gnaden« erscheint. Die Befreiung von der Erbsünde, die in Jesus Christus all jenen Menschen zugesagt ist, die ihm nachfolgen, vollzieht Gott an Maria im voraus. Auf diesem Hintergrund kann sie das Ja des Glaubens sprechen, sich unter den Willen Gottes stellen und seinen Heilsplan mittragen. Maria wird dadurch keineswegs zu einem willenlosen Werkzeug in Gottes Hand. Vielmehr wird sie dazu befreit, ganz zu Gott ja sagen zu können. Maria erscheint damit als Mensch, wie Gott ihn ursprünglich gewollt hat: ein Mensch, der mit seiner ganzen Existenz auf ihn vertrauen und sich auf ihn einlassen kann, weil er bzw. sie frei ist von der Verstrickung in Schuld und Sünde. In diesem Sinne wird Maria zum Inbegriff und zur Vertreterin des neuen Menschen bzw. der neuen Menschheit.

◯ *Verweise*

Christus; Dogma; Erbsünde; Erlösung; Gnade; Jungfrauengeburt; Maria; Mariologie

Unfehlbarkeit

»Unfehlbarkeit« meint so viel wie »Irrtumslosigkeit«, »Bleiben in der Wahrheit« und bezieht sich zunächst
auf die Kirche als ganze und dann abgeleitet auf die verschiedenen Formen des unfehlbaren Lehrens in der Kirche. Nicht
dem Begriff, aber der Sache nach begegnet sie bereits im NT.
So erheben verschiedene Bekenntnisse zu Jesus Christus den
Anspruch, absolut wahr und gültig zu sein (vgl. *Röm 10,9; 1 Kor
15,3ff; Phil 2,6–11*). Die Pastoralbriefe (vgl. besonders *1 Tim
3,15*) spiegeln die Überzeugung wider, dass das Evangelium und
damit die Wahrheit in der Kirche nicht gänzlich verlorengehen
kann. Begründet wird dies einzig und allein mit dem Wirken des
Geistes Gottes und der Anwesenheit Jesu Christi in seiner Kirche
(vgl. *Mt 26,20; Joh 14,16; 16,13*). Das In-der-Wahrheit-Bleiben
ist somit kein Verdienst und keine Leistung der Kirche, sondern
Gottes Gabe und Zusage Jesu Christi. Zugleich wird diese Gabe
für die Kirche zur Aufgabe: Sie kann nicht nur irrtumslos lehren,
sie muss es auch tun, wenn die Wahrheit des Evangeliums auf
dem Spiel steht.

Auf diesem Hintergrund ist die ganze Kirche Trägerin und
Garantin der Wahrheit; Unfehlbarkeit ist eine Qualität der
Gesamtkirche. Allerdings ist diese Unfehlbarkeit nicht unmittelbar feststellbar, in Konfliktfällen nachweisbar oder statistisch
erhebbar. Darum bedarf es ihrer Konkretion: Es bedarf fest
umschriebener Orte und Institutionen, die diese Unfehlbarkeit
realisieren. Bereits früh in der alten Kirche kristallisierten sich
die Ökumenischen Konzilien als solcher »Ort« unfehlbaren Lehrens heraus. Darüber hinaus war man davon überzeugt, dass die
Bischöfe – gemeinsam mit dem Papst – auch dann unfehlbar
lehren, wenn sie nicht an einem Ort versammelt, aber in Gemeinschaft als Kollegium miteinander verbunden sind.

Im Lauf des Mittelalters zeichnete sich ab, dass grundsätzliche – keineswegs alle – Entscheidungen des Papstes als irrtumslos angesehen wurden. Davon setzten sich die Reformatoren ab:
Sie hielten zwar an der Irrtumslosigkeit der Kirche fest, lehnten
es aber ab, diese an irgendwelchen Institutionen festzumachen.
Vielmehr wollten sie darauf vertrauen, dass sich die Wahrheit

des Evangeliums von selbst durchsetzt. 1870 erhob das Erste Vatikanum schließlich die Unfehlbarkeit des Papstes, die in der Tradition seit langer Zeit verkündet worden war, zum Dogma. Nicht der Papst als Person ist damit unfehlbar, wie das Prinzip der Unfehlbarkeit oft missverstanden wird, auch nicht alles, was er sagt oder lehrt, sondern bestimmte Lehrakte, die sog. Ex-cathedra-Entscheidungen, die drei Kriterien erfüllen müssen: 1. Der Papst spricht in höchster Amtsgewalt als Papst für die ganze Kirche, also nicht in anderer Eigenschaft, etwa als Bischof von Rom. 2. Die Entscheidung hat endgültigen Charakter. 3. Es handelt sich um eine Entscheidung in Sachen des Glaubens oder der Sitte – damit ist der gelebte und in die Praxis umgesetzte Glaube gemeint. Die Unfehlbarkeit erstreckt sich also nicht auf politische, naturwissenschaftliche oder kulturelle Fragen. Bei all dem ist vorausgesetzt, dass sich die betreffende Entscheidung im Rahmen der gesamtkirchlichen Unfehlbarkeit bewegt: in der Entscheidung des Papstes realisiert und aktualisiert sich die Entscheidung der Gesamtkirche. Der Papst kann demnach keine Entscheidungen über die Kirche hinweg treffen, sondern fungiert gewissermaßen als Sprachrohr seiner Kirche.

Es ist das Verdienst des Zweiten Vatikanums, dass es die Unfehlbarkeit der Gesamtkirche stärker akzentuiert und die Unfehlbarkeit des Papstes sowie auch die des Bischofskollegiums deutlicher in sie integriert hat (vgl. LG 25). Es betont, dass die Gesamtheit der Gläubigen im Glauben nicht irren kann und schreibt diese Irrtumslosigkeit dem Glaubenssinn der Gläubigen zu, der sich dem Wirken des Geistes Gottes selbst verdankt und dafür Sorge trägt, dass die Kirche als Ganze in der Wahrheit bleibt (LG 12). Damit wurde die im NT zum Ausdruck gebrachte Einsicht von der ganzen Kirche als Trägerin der Wahrheit aufgenommen, ohne dadurch der Unfehlbarkeit von Konzils- oder Ex-cathedra-Entscheidungen Abbruch zu tun.

Verweise

Bischof; Christus; Dogma; Glaubenssinn; Heiliger Geist; Kirche; Konzil; Lehramt; Papst

Vollendung

BESCHWÖREN verschiedene religiöse Gruppierungen den Untergang dieser Welt als Schreckensszenario, verheißt die christliche Botschaft im Blick auf die Zukunft die »Vollendung«. Nicht nur der oder die einzelne erfährt nach Tod und Auferstehung die Vollendung bei Gott, sondern die ganze Welt hat daran Anteil; sie wird nicht einfach irgendwann aufhören oder untergehen, sondern ein gutes Ende bei Gott und in Gott nehmen. Damit hat die christliche Hoffnung eine universale Dimension: Wenn zum Menschsein untrennbar das jeweilige Lebensgefüge, die Beziehungen zu den Mitmenschen wie der Bezug zur Welt gehören, muss dies konsequenterweise in das endgültige Schicksal mit einbezogen sein.

Zwar ist für das Alte wie für das Neue Testament die Erwartung der Vollendung gekoppelt mit der Erwartung des Gerichts (vgl. *Lk 12,8f; 17,24.30; Mt 16,27; 25,31ff*), insofern sich damit die Hoffnung auf die Aufdeckung und endgültige Überwindung des Bösen sowie auf universale Gerechtigkeit verbindet. Doch nicht das Gericht steht im Zentrum der christlichen Zukunftserwartung, sondern das Heil. Nicht ein unheilvolles und auch nicht ein beliebiges Ende wird diese Welt und ihre Geschichte nehmen, sondern ein Ende in »Fülle«. Vollendung heißt: Die Geschichte wird im Sinne Gottes bzw. im Sinne Jesu Christi entschieden. Gott setzt sich endgültig durch und kommt ans Ziel (*Jes 41,4; 44,6; 48,12; 1 Kor 15,28; Offb 1,17; 2,8; 21,6; 22,13*). Die ganze Schöpfung wird dann so von ihm erfüllt sein (vgl. *Röm 8,21f*), dass ein neuer Himmel und eine neue Erde entsteht (*Jes 43,18; 65,17; Offb 21,1*).

Altes wie Neues Testament haben diese Hoffnung in ausdrucksstarke Bilder gekleidet. Eine Reihe von ihnen knüpfen an die Schöpfungs- und Paradiesesvorstellungen an (*Jes 11,6–9; Offb 7,17; 22,1f*). Besondere Bedeutung erhält das Bild von der neuen Stadt, bzw. vom neuen Jerusalem (*Offb 21,2f.23–26*). Schließlich ist auch davon die Rede, was alles nicht mehr sein wird – kein Hunger und kein Durst (*Offb 7,16*), keine Klage und keine Tränen, kein Tod und keine Trauer (*Offb 21,4*).

Unwillkürlich stellt sich in diesem Zusammenhang die Frage nach dem Wie dieser Vollendung. Sie hat die Menschen immer wieder beschäftigt. Zweifellos können die Materie, Pflanzen und Tiere nicht in der Weise vollendet werden wie die Menschen selbst, da sie sich ja nicht in Freiheit auf Gott hin öffnen und seine Selbstmitteilung annehmen können. Ihre Vollendung geschieht vielmehr in ihrer Bezogenheit auf den Menschen: Überall, wo die Dinge dieser Schöpfung oder auch Tiere für das Leben eines Menschen eine entscheidende Rolle spielen, wo sie zu seiner Identität gehören und zu wirklichem Menschsein verhelfen – zu Lebensfreude, zu Liebesfähigkeit oder zu einem verantwortungsvollen Umgang mit dieser Schöpfung – da haben sie auf ihre Weise teil an der Vollendung, ohne dass sich im einzelnen bestimmen ließe, auf welche Art und Weise das geschieht. Letztlich ist gerade das Geschehen der Vollendung ein Geheimnis, wie *1 Kor 2,9* es formuliert: »Was kein Auge gesehen und kein Ohr gehört hat, was keinem Menschen in den Sinn gekommen ist: das hat Gott denen bereitet, die ihn lieben.«

() *Verweise*

Auferstehung; Eschatologie; Gericht; Gott; Heil; Himmel

Weihe (sakrament)

IM UNTERSCHIED ZU jenen Weihen, die zu den Sakramentalien zählen, bilden die Bischofs-, Priester- und Diakonweihe das dreifach gestufte Weihesakrament. Ab dem 5. Jh. wurde die Einsetzung in die genannten Ämter mit einer Weihe verbunden. In ihr übereignet sich der zukünftige Amtsinhaber ganz und gar Jesus Christus. Er lässt sich geradezu »in Beschlag« nehmen von ihm, damit er ihn mit seinem Geist und seiner Gnade erfüllen und ihn für seine besondere Sendung bereit machen kann. Die Weihe ist somit kein magischer Vorgang, sondern ein Sich-Hineinstellen in den Dienst Jesu Christi.

Mit der Weihe ist die Aufgabe verbunden, das Wirken Jesu Christi in der Kirche zu repräsentieren, d.h. gegenwärtig werden zu lassen. Dies geschieht gerade nicht durch menschliches Vermögen, sondern allein von Jesus Christus her. Wenn also der geweihte Diakon, Priester, Bischof spricht und handelt, agiert nicht ein Mensch aus eigener Tüchtigkeit heraus, sondern Christus wirkt in ihm. Zugleich verleiht die Weihe die Vollmacht, im Namen Jesu Christi zu handeln und Entscheidungen zu treffen. Während der Priester das Gegenüber Jesu Christi zur Kirche und der Bischof seine Leitungstätigkeit ihr gegenüber repräsentiert, verkörpert der Diakon den Dienst Jesu Christi an den Kranken, Armen und Notleidenden.

Insofern durch die Weihe zum Diakon, Priester oder Bischof ein Mensch zum sichtbaren Zeichen und Werkzeug Jesu Christi wird, wird sie mit gutem Grund zu den Sakramenten gerechnet. Wie bei den anderen Sakramenten auch wird hier eine konkret fassbare Wirklichkeit – in diesem Fall ein konkreter Mensch – durch das Wirken Gottes zum Zeichen Jesu Christi. Darin liegt zugleich das Anstößige des Weihesakramentes, denn der Geweihte repräsentiert Jesus Christus und ist zugleich Mensch mit Grenzen, Fehlern und Schwächen.

Die evangelischen Kirchen kennen kein Weihesakrament, sondern nur die Ordination als Einsetzung ins Amt. Dies ist von ihrem Amtsverständnis her insofern konsequent, als sie das Amt in der Kirche in erster Linie funktional und darum von der Kirche her und nicht christologisch bzw. von der Aufgabe der Christus-repräsentation her begründen.

Weil die Weihe stets über die Person des Geweihten weg hin auf Jesus Christus verweist, bedeutet sie weder eine individuelle Überhöhung noch eine besondere theologische Vorzugsstellung; schon gar nicht vermag sie menschliche oder fachliche Defizite zu kompensieren. Wohl aber bringt sie die Verpflichtung mit sich, ein Leben in der Nachfolge Christi zu führen. Die persönliche Lebensführung des Geweihten soll seinem Auftrag und seiner Sendung entsprechen; er soll in seinem Leben und Handeln transparent, durchsichtig auf Christus hin sein. Andererseits hängt das Diakonen-, Priester- oder Bischofsamt nicht nur an der Persönlichkeit, am Können und am authentischen Leben des Betreffenden. Nicht die Person des Geweihten, sondern sein Auftrag und seine Sendung ist das letztlich Entscheidende. Von daher müsste die Verknüpfung von Weihe und Geschlecht neu überdacht werden. Weil Jesus Christus seine Gnade und Zusage niemals zurücknimmt, hat die Weihe bzw. die damit verbundene Mitteilung des Geistes den Charakter eines »unauslöschlichen Prägemals« oder eines bleibenden Siegels.

Während die Priesterweihe im allgemeinen als die eigentlich entscheidende Weihe angesehen wird, ist theologisch die Fülle des Weihesakramentes mit der Bischofsweihe gegeben. Diese Klärung verdankt sich dem Zweiten Vatikanischen Konzil, das sich vor die Frage gestellt sah, ob die Bischofsweihe lediglich jurisdiktionelle Vollmacht vermittelt oder ob mit ihr eine zusätz-liche priesterliche Vollmacht verbunden ist. Entsprechend wird im Weihegebet bei der Bischofsweihe neben der Bevollmäch-tigung zur Führung und Leitung die Übertragung priesterlicher Vollmacht betont.

( ) | *Verweise*

Amt; Bischof; Christus; Diakon; Kirche; Priester; Sakrament; Sakramentalien; Zölibat

Wirken Gottes

D AS A LTE wie das Neue Testament zeugen an vielen Stellen von der Geschichtsmacht Gottes, von seinem Handeln in der Welt und Eingreifen in die Geschichte, bis hin zu der Überzeugung Jesu, dass kein Sperling vom Dach fällt ohne den Vater (*Mt 10,19f*). Entsprechend deuten sie konkrete Ereignisse als Gottes Tat und Wirken – exemplarisch dafür steht der Auszug aus Ägypten. In der heutigen Welt hingegen scheint Gott schlichtweg nicht mehr vorzukommen. Weder ist er für die Deutung der Welt vonnöten, noch wird er unmittelbar in ihr erfahrbar. Zudem besteht mit gutem Grund Zurückhaltung, bestimmte Ereignisse allzu schnell und allzu vordergründig als Tat Gottes zu identifizieren. Die Frage nach seinem Wirken stellt sich somit auf einem anderen Hintergrund und zugleich mit größerer Dringlichkeit. Dabei geht es um mehr als um ein abstrakt-spekulatives Problem. Damit verbunden ist die Frage nach der Möglichkeit, Gott zu erfahren, nach der rechten Weise des Bittens, aber auch die Frage nach dem Leid und nach der Theodizee.

Eine angemessene Theologie des Wirkens Gottes in der Welt hat sich von zwei Extremen abzugrenzen: zum einen von der Vorstellung, Gott wirke unmittelbar bzw. durch unmittelbaren Eingriff in diese Welt hinein; zum anderen von der Vorstellung, Gott ziehe sich völlig aus ihr zurück und wirke überhaupt nicht in ihr. Beide Auffassungen stehen im Widerspruch zum Schöpfungsglauben, nach dem Gott einerseits nicht ein Stück Welt bzw. eine Ursache in dieser Welt unter anderen innerweltlichen Ursachen ist, andererseits sich als Erhalter der Welt gerade nicht aus ihr zurückzieht. Ein Gott, der – möglichst noch auf Abruf – unmittelbar in die Welt eingreift, wäre ein Deus ex machina und damit seiner Transzendenz und letztlich seines Gottseins entkleidet. Umgekehrt wäre ein Gott, den diese Welt überhaupt nicht interessierte, nicht der »Ich-bin-da«, als den ihn das Volk Israel und nach ihm viele Menschen erfahren haben.

Wenn Gott in dieser Welt wirkt, geschieht dies nicht unmittelbar, gewissermaßen durch einen Eingriff »von oben«, sondern vermittelt durch die Schöpfung und durch die Menschen. Gott bedient sich der Möglichkeiten und Kräfte dieser Schöpfung, um in der Welt zu wirken. Die Theologie nennt dies das Wirken durch die »Zweitursachen«. Damit ist gemeint, dass Gott als »erste Ursache« die Menschen und Dinge dieser Welt in seinen Dienst nimmt. Was in der Welt geschieht, geschieht darum nicht ohne geschöpfliche Voraussetzung und geschöpfliches Mitwirken.

Gott bedient sich der Schöpfung, nicht indem er seine einmal gesetzte Ordnung aufhebt, sondern indem er die von ihm geschaffenen Bedingungen der Schöpfung benutzt. Gott setzt dafür gerade nicht die Naturgesetze außer Kraft, sondern er wirkt mit ihnen und durch sie hindurch. Auf diesem Hintergrund erschließt sich theologisch auch der Begriff des Wunders. Ein Wunder im theologischen Sinne setzt gerade nicht die Durchbrechung der Naturgesetze voraus. Von Wunder kann vielmehr dort gesprochen werden, wo Gottes Ruf zu Glaube, Hoffnung und Liebe von einem Menschen so radikal angenommen und bejaht wird, dass sich dadurch alles verändert – sei es, dass ein Kranker auf nicht erklärbare Weise wieder gesund wird, sei es, dass er auf »wunderbare« Weise sein Leiden annehmen und ertragen kann.

So wie sich Gott der Naturabläufe bedient, bedient er sich auch des Handelns von Menschen. Dabei hebt er ihre Freiheit nicht auf; vielmehr ist sein Wirken nur mit ihrer freiheitlichen Zustimmung und durch sie hindurch möglich. Sowenig wie er die Schöpfungsordnung oder die Naturgesetze außer Kraft setzt, sowenig setzt er die menschliche Freiheit außer Kraft. Darum kann Gott niemals zwingen, sondern immer nur in Liebe um ihr Handeln werben. Und wenn davon die Rede ist, dass Gott durch einen Menschen Besonderes wirkt, dann ist dies nur dadurch möglich, dass der oder die Betreffende sich für den Ruf und Auftrag ganz öffnet. Wenn also beispielsweise davon die Rede ist, dass Gott einen Krieg beendet hat, dann kann dies nur in dem Sinne geschehen, dass er auf die Herzen der Kriegführenden einwirkt und sie zur Einsicht führt. Dabei ist nicht nötig, dass sich die Betreffenden ihrer Rolle als »Werkzeug Gottes« unmittelbar bewusst sind.

Exemplarisch deutlich wird diese Art des Wirkens Gottes beim Auszug aus Ägypten: Gott befreit nicht durch einen wundersamen »Eingriff von oben« aus der Hand des Pharao, sondern er beauftragt Mose, sein Volk aus Ägypten herauszuführen und macht sich das Wasser und den Wind zu Diensten, damit die

Flucht gelingt. Gottes Handeln macht die menschliche Eigeninitiative nicht unnötig, sondern fordert sie geradezu heraus.

Grundsätzlich bedeutet dies für das Wirken Gottes: Gott als »Erstursache« schaltet innerweltliche Ursächlichkeiten nicht aus, sondern bedient sich ihrer als »Zweitursache«. Göttliche Ursächlichkeit ist also keine Alternative und schon gar keine Konkurrenz zu innerweltlicher bzw. menschlicher Ursächlichkeit. Denn sie ist selbst gerade nicht nach Art einer irdischen oder innerweltlichen Ursache zu verstehen. Sie steht nicht über oder neben den geschöpflichen Ursachen, sondern liegt qualitativ auf einer anderen Ebene. Als Erstursache setzt Gott die Zweitursachen überhaupt erst frei. Und darum sind göttliches und menschliches Handeln keine Konkurrenten in dem Sinne, dass das Handeln Gottes das des Menschen ausschaltet oder überflüssig macht.

Die Alternative »Gottes Tat« oder »menschliches Handeln« existiert darum nicht. Ein geschichtliches Ereignis ist darum ganz Gottes Tat und zugleich ganz von Menschen verursacht und gewirkt. Deswegen hängt in dieser Welt und Geschichte alles ganz von Gott und zugleich ganz vom Menschen ab. Das Geschehen in der Welt erweist sich so als ein Wechselspiel zwischen Gott und Mensch.

( ) Verweise

Allmacht; Bittgebet; Engel; Gott; Gotteslehre; Leid; Säkularisierung; Schöpfung

Zölibat

Der Zölibat ist die mit dem Amt des Priesters und des Bischofs verbundene ehelose Lebensform. Das NT weiß um die Bedeutung und die Zeichenhaftigkeit ehelosen Lebens: als Ausdruck der völligen Ausrichtung an Jesus Christus und dem Evangelium »um des Himmelreiches willen« (vgl. *1 Kor 7, 29–34*); als Vorwegnahme des Lebens nach der Auferstehung (vgl. *Mk 12, 18–27; Mt 22, 23 ff*); als besondere Form der Christusnachfolge. Jedoch bezieht es diese Ehelosigkeit nicht auf die Lebensform der Amtsträger. Sie waren in neutestamentlicher Zeit verheiratet (vgl. *1 Tim 3,12; Tit 1,6*); die Bewährung in Ehe und Familie war zudem ein Ausweis für die Übernahme von Gemeindeleitung.

In der Folgezeit wurde Ehelosigkeit verstärkt zum besonderen Wert erhoben und zugleich die Ehe abqualifiziert. Neben dem Einfluss von asketisch-ehekritischen Irrlehren war vor allem die aus der zeitgenössischen griechischen Philosophie stammende negative Bewertung der Sexualität und der Frau dafür verantwortlich. Zu Beginn des 4. Jh. verbot erstmals eine Synode Amtsträgern den ehelichen Verkehr. Den Hintergrund dafür bildete das nunmehr ausgebildete Verständnis der Amtsträger als Priester, das ihnen gebot, im Zusammenhang mit der Eucharistiefeier auf kultische Reinheit zu achten und sich darum des Geschlechtsverkehrs zu enthalten. Im Anschluss wurde daraus die Forderung nach grundsätzlicher Ehelosigkeit, die freilich über Jahrhunderte hinweg auf Widerstand stieß.

Erst im 12. Jh. wurde der Pflichtzölibat eingeführt und auch kontrolliert. Dabei wurden weitere Motive zu seiner Begründung angeführt, wie die völlige Verfügbarkeit für die Kirche. Gegenwärtig wird verstärkt der Ruf nach seiner Abschaffung im Sinne einer »Pflicht« laut, da viele der einstigen Gründe sich als nicht (mehr) plausibel erweisen und er ein Hindernis für den Zugang zum Priesteramt darstellt. Da er kein Dogma ist, sondern eine »angemessene« Regelung (vgl. PO 16), könnte diese in der Tat auch geändert werden.

() | *Verweise*

Amt; Bischof; Diakon; Dogma; Priester; Weihe(sakrament)

Zwei-Naturen-Lehre

DASS JESUS CHRISTUS ganz Mensch und ganz Gott, wahrer Mensch und wahrer Gott zugleich ist, brachte die alte Kirche auf dem Konzil von Chalcedon (451) mit Hilfe der sog. Zwei-Naturen-Lehre zum Ausdruck. Sie besagt, dass in Jesus Christus zwei Naturen (Griech.: »physis«, Lat.: »natura« = »das Entstandene, Gewachsene«), eine menschliche und eine göttliche, in einer Person zusammenkommen. Diese Einigung bzw. Einheit von Gottheit und Menschheit wird auch als »hypostatische Union« bezeichnet (Lat.: »unio« = »Vereinigung«, Griech:. »hypostasis« = »Person«).

Das Konzil hält fest, wie Gottheit und Menschheit in Christus zusammenkommen: »unvermischt und unverwandelt«, »ungetrennt und ungeteilt«. Mit Hilfe dieser beiden negativen Formulierungen grenzten sich die Konzilsväter von den christologischen Irrlehren der damaligen Zeit ab: Der sog. Trennungschristologie, vertreten durch den antiochenischen Patriarchen Nestorius (381–451), gelang es nicht, Gottheit und Menschheit in Jesus Christus von vornherein als Einheit zusammen zu denken, sondern sie ging von einer nachträglichen Einigung aus; entsprechend stellte sie sich vor, dass beides in ihm »wie in einem Tempel« wohnt. Umgekehrt verstand die sog. Einigungschristologie, vertreten durch den Mönch Eutyches (um 450), die Einheit von Gott und Mensch in Christus in dem Sinne, dass das Menschliche durch das Göttliche völlig aufgesogen werde. Demnach gäbe es in Christus nur noch eine, nämlich die göttliche Natur (sog. Monophysitismus) – Christus wäre also nicht wirklich Mensch gewesen.

Demgegenüber betonte das Konzil von Chalzedon, dass die Unterschiedenheit von Gottheit und Menschheit in Jesus Christus nicht aufgehoben werde (»unvermischt und unverwandelt«), beide jedoch zu einer Einheit (»ungetrennt und ungeteilt«) zusammenkommen.

Schwierigkeiten bereitet heute die Begrifflichkeit dieser Lehre. Die Rede von der einen »Person« war durch die Trinitätslehre vorgegeben. Da der Begriff »Natur« heute gegenüber der Antike einen grundsätzlichen Bedeutungswandel erfahren hat, läuft er Gefahr, auf dem Hintergrund des heutigen Sprachgebrauchs missverstanden zu werden. Wird der Naturbegriff heute überaus vielschichtig und uneinheitlich verwendet, versteht die antike Philosophie darunter das Wesen bzw. die Beschaffenheit einer Sache oder des Menschen. Im Unterschied zum heutigen biologischen Naturbegriff ist die menschliche Natur in der christlichen Philosophie nicht etwas in sich Abgeschlossenes und Fertiges, sondern zeichnet sich gerade durch ihre Offenheit und Ausrichtung auf Gott hin aus. Menschliche und göttliche Natur sind darum füreinander offen und auf Gemeinschaft angelegt. Was für jeden Menschen gilt, aber durch Menschen niemals ganz verwirklicht wird, kommt in Jesus Christus auf einmalige Weise zur Vollendung: Die Offenheit seiner menschlichen Natur lässt sich ganz erfüllen von Gott; umgekehrt teilt sich Gott hier ganz und gar einer menschlichen Natur mit. Darum ist Jesus menschgewordener Gott, Gott-Mensch.

Angesichts der Missverständlichkeit des Naturbegriffes heute bedarf die Zwei-Naturen-Lehre, gerade weil ihr Inhalt unaufgebbar ist, der Neuinterpretation. Die neuere Theologie gibt ihr Anliegen durch eine »Relationschristologie« wieder: Sie geht aus von der einzigartigen Beziehung (Relation) des Menschen Jesus zum Vatergott, der ganz aus dem und auf den Vater hin existiert. Seine Identität hat er nicht aus sich selbst, sondern nur in der Relation zum Vater bzw. darin, dass er Sohn des Vaters ist. Im Verhältnis Jesu zu Gott hat das ewige Verhältnis des Gottessohnes zum Vater geschichtliche Gestalt angenommen.

Eine andere Neudeutung der Zwei-Naturen-Lehre greift zu einem Bild: Menschliche und göttliche Natur stehen sich nicht wie zwei verschiedene »Blöcke« gegenüber, die gewissermaßen von außen »zusammengeschmiedet« werden müssten. Die menschliche Natur gleicht vielmehr einer offenen Schale, die sich ganz von Gott erfüllen lässt. Beide sind aufeinander ausgerichtet und angewiesen: die Schale darauf, dass sie ausgefüllt wird, die »Flüssigkeit« auf die Schale, die sie erfüllt. Beide bleiben voneinander unterschieden, das eine löst sich nicht in das andere auf. Und doch bilden beide eine untrennbare Einheit.

Weder die alte Zwei-Naturen-Lehre noch ihre relationale Neuinterpretation noch das Bild von der Schale vermögen das Geheimnis der Menschwerdung und damit das Geheimnis Jesu

Christi zu lüften. Beide können nicht »technisch« beschreiben oder definieren, wie Gott und Mensch in Jesus Christus zusammenkommen. Beide machen aber, jedes in den Kategorien seiner Zeit, deutlich, dass Gott und Mensch aufeinander ausgerichtet und bezogen sind: Menschsein ist auf Gott hin offen – und Gott will sich dem Menschen mitteilen. Was beim Menschen aufgrund der Sünde immer nur ansatzweise und fragmentarisch gelingt, kommt in Jesus Christus – und nur in ihm – zur Vollendung. Karl Rahner hat dies mit Hilfe gängiger theologischer Kategorien auf die Formel gebracht: Menschsein bedeutet unvollkommenes, defizitäres Sein wie Christus (»Anthropologie ist defiziente Christologie«); umgekehrt realisiert Jesus Christus vollkommenes Menschsein (»Christologie ist vollendete bzw. sich selbst überbietende Anthropologie«). Auf diese Weise wird die Besonderheit Jesu Christi ebenso gewahrt wie seine Verbindung mit dem Menschen.

Die Grundaussage der Zwei-Naturen-Lehre lautet: In Jesus Christus kommt der Mensch ganz bei Gott und kommt Gott ganz beim Menschen an. Die Hinordnung des Menschen auf Gott und die Selbstmitteilung Gottes an den Menschen kommen in der Person Jesu Christi überein. Jegliche Differenz zwischen Gott und Mensch ist in ihm aufgehoben.

() | *Verweise*

Christologie; Christus; Gott; Inkarnation; Sohn Gottes; Trinität

Abkürzungen

Folgende Dokumente des Zweiten Vatikanischen Konzils werden in Abkürzung angeführt:

AA: Apostolicam actuositatem:
Dekret über das Laienapostolat

AG: Ad gentes:
Dekret über die Missionstätigkeit der Kirche

CD: Christus Dominus:
Dekret über die Hirtenaufgabe der Bischöfe in der Kirche

DV: Dei Verbum:
Dogmatische Konstitution über die göttliche Offenbarung

GS: Gaudium et spes:
Pastorale Konstitution über die Kirche in der Welt von heute

LG: Lumen Gentium:
Dogmatische Konstitution über die Kirche

PO: Presbyterorum Ordinis:
Dekret über Dienst und Leben der Priester

UR: Unitatis redintegratio:
Dekret über den Ökumenismus

Biblische Bücher:

Gen	Genesis (1. Buch Mose)
Ex	Exodus (2. Buch Mose)
Lev	Levitikus (3. Buch Mose)
Num	Numeri (4. Buch Mose)
Dtn	Deuteronomium (5. Buch Mose)
Jos	Das Buch Josua
Ri	Das Buch der Richter
Rut	Das Buch Rut
1 Sam	Das 1. Buch Samuel
2 Sam	Das 2. Buch Samuel
1 Kön	Das 1. Buch der Könige
2 Kön	Das 2. Buch der Könige
1 Chr	Das 1. Buch der Chronik
2 Chr	Das 2. Buch der Chronik
Esra	Das Buch Esra
Neh	Das Buch Nehemia
Tob	Das Buch Tobias
Jdt	Das Buch Judit
Est	Das Buch Ester
1 Makk	Das 1.Buch der Makkabäer
2 Makk	Das 2.Buch der Makkabäer
Ijob	Das Buch Ijob
Ps	Die Psalmen
Spr	Das Buch der Sprichwörter

Koh	Kohelet
Hld	Das Hohelied
Weish	Das Buch der Weisheit
Sir	Das Buch Sirach
Jes	Das Buch Jesaja
Jer	Das Buch Jeremia
Klgl	Die Klagelieder des Jeremia
Bar	Das Buch Baruch
Ez	Das Buch Ezechiel
Dan	Das Buch Daniel
Hos	Das Buch Hosea
Joël	Das Buch Joël
Am	Das Buch Amos
Obd	Das Buch Obadja
Jona	Das Buch Jona
Mi	Das Buch Micha
Nah	Das Buch Nahum
Hab	Das Buch Habakuk
Zef	Das Buch Zefanja
Hag	Das Buch Haggai
Sach	Das Buch Sacharja
Mal	Das Buch Maleachi
Mt	Das Evangelium nach Matthäus

Mk	Das Evangelium nach Markus	Phlm	Der Brief an Philemon
Lk	Das Evangelium nach Lukas	Hebr	Der Brief an die Hebräer
Joh	Das Evangelium nach Johannes	Jak	Der Brief des Jakobus
Apg	Die Apostelgeschichte	1 Petr	Der 1. Brief des Petrus
Röm	Der Brief an die Römer	2 Petr	Der 2. Brief des Petrus
1 Kor	Der 1. Brief an die Korinther	1 Joh	Der 1. Brief des Johannes
2 Kor	Der 2. Brief an die Korinther	2 Joh	Der 2. Brief des Johannes
Gal	Der Brief an die Galater	3 Joh	Der 3. Brief des Johannes
Eph	Der Brief an die Epheser	Jud	Der Brief des Judas
Phil	Der Brief an die Philiper	Offb	Die Offenbarung des Johannes
Kol	Der Brief an die Kolosser		
1 Thess	Der 1. Brief an die Thessalo- nicher	**Weitere Abkürzungen:**	
		AT	Altes Testament
2 Thess	Der 2. Brief an die Thessalo- nicher	NT	Neues Testament
		Jh.	Jahrhundert
1 Tim	Der 1. Brief an Timotheus	Lat.	Lateinisch
2 Tim	Der 2. Brief an Timotheus	Griech.	Griechisch
Tit	Der Brief an Titus	Hebr.	Hebräisch

Literaturhinweise

QUELLEN:
Die Dokumente des Zweiten Vatikanischen Konzils sind gesammelt in:
Karl Rahner/Herbert Vorgrimler: Kleines Konzilskompendium. Sämtliche Texte des Zweiten Vatikanums, Herder Verlag, Freiburg 2002.

Glaubensbekenntnisse und alle wichtigen kirchlichen Lehrentscheidungen sind gesammelt in:
Peter Hünermann (Hg.): Heinrich Denzinger. Kompendium der Glaubensbekenntnisse und Lehrentscheidungen, Herder Verlag, Freiburg 1999.

HANDBÜCHER UND LEXIKA DER DOGMATIK:
Wolfgang Beinert (Hg.): Lexikon der katholischen Dogmatik, Herder Verlag, Freiburg 1997
Ders. (Hg.): Glaubenszugänge. Lehrbuch der katholischen Dogmatik, 3 Bände, Ferdinand Schöningh Verlag, Paderborn 1995
Michael Kunzler: Amen, wir glauben. Eine Laiendogmatik nach dem Leitfaden des Apostolischen Glaubensbekenntnisses, Bonifatius Verlag, Paderborn 1998.
Theodor Schneider (Hg.): Handbuch der Dogmatik, 2 Bände, Patmos Verlag, Düsseldorf 2000
Herbert Vorgrimler: Neues Theologisches Wörterbuch, Herder Verlag, Freiburg 2000.

ERLÄUTERUNGEN DES GLAUBENSBEKENNTNISSES:
Rainer Anselm/Franz-Josef Nocke (Hg.): Was bekennt, wer heute das Credo spricht? Verlag Pustet, Regensburg 2000.
Günther Biemer: Das Glaubensbekenntnis. Eine Auslegung des Credo für heute, Vier-Türme-Verlag, Münsterschwarzach 2000.
Hans Küng: Credo. Das Apostolische Glaubensbekenntnis – Zeitgenossen erklärt, Piper Verlag, Zürich 2000.
Norbert Scholl: Das Glaubensbekenntnis. Satz für Satz erklärt, Kösel Verlag, München 2000.
Joachim Müller (Hg.): Das ABC des Glaubens. Den Glauben neu buchstabieren, Paulusverlag, Freiburg (Schweiz) 1999.

ZUM THEMA: GOTT/HEILIGER GEIST/TRINITÄT:
Gisbert Greshake: An den drei-einen Gott glauben. Ein Schlüssel zum Verstehen, Herder Verlag, Freiburg 1998.
Annie Imbens-Fransen: Befreiende Gottesbilder für Frauen. Damit frühe Wunden heilen, Kösel Verlag, München 1997.
Elizabeth A. Johnson: Ich bin, die ich bin. Wenn Frauen Gott sagen, Patmos Verlag, Düsseldorf 1994.
Elisabeth Moltmann-Wendel (Hg.): Die Weiblichkeit des Heiligen Geistes. Studien zur Feministischen Theologie, Gütersloher Verlagshaus, Gütersloh 1995.
Bertram Stubenrauch: Dreifaltigkeit, Pustet Verlag, Regensburg 2002.
Herbert Vorgrimler: Theologische Gotteslehre, Patmos Verlag, Düsseldorf 2002.

ZUM THEMA: SCHÖPFUNG/WIRKEN GOTTES IN DER WELT:
Franz Gruber: Im Haus des Lebens. Eine Theologie der Schöpfung, Pustet Verlag, Regensburg 2001.
Hans-Joachim Höhn: Zustimmen. Der zwiespältige Grund des Daseins, Echter Verlag, Würzburg 2001.
Hans Kessler: Gott und das Leid seiner Schöpfung. Nachdenkliches zur Theodizee-frage, Echter Verlag, Würzburg 2000.
Karl-Heinz Menke: Handelt Gott, wenn ich ihn bitte? Pustet Verlag, Regensburg 2000.
Dorothea Sattler/Theodor Schneider: Schöpfungslehre, in: Theodor Schneider (Hg.): Handbuch der Dogmatik. Bd. 1, Patmos Verlag, Düsseldorf 2000, 120–238.

ZUM THEMA: JESUS CHRISTUS:
Eduard Christen/Walter Kirchschläger (Hg.): Erlöst durch Jesus Christus. Soteriologie im Kontext, Paulusverlag, Freiburg (Schweiz) 2000.
Jon Sobrino: Christologie der Befreiung, Grünewald Verlag, Mainz 1998.
Walter Kasper: Jesus der Christus, Grünewald Verlag, Mainz 1992.
Hans Kessler: Sucht den Lebenden nicht bei den Toten. Die Auferstehung Jesu Christi in biblischer, fundamentaltheologischer und systematischer Sicht, Echter Verlag, Würzburg 1995.
Siegfried Wiedenhofer (Hg.): Erbsünde – was ist das? Pustet Verlag, Regensburg 1999.

ZUM THEMA: MARIA:
Wolfgang Beinert/Heinrich Petri (Hg.): Handbuch der Marienkunde, 2 Bände, Pustet Verlag, Regensburg 1996.
Wolfgang Beinert: Maria. Spiegel der Erwartungen Gottes und der Menschen, Verlag Pustet, Regensburg 2001.
Karl-Heinz Menke: Fleisch geworden aus Maria. Die Geschichte Israels und der Marienglaube der Kirche, Verlag Pustet, Regensburg 1999.
Stefanie Aurelia Spendel/Marion Wagner (Hg.): Maria zu lieben. Moderne Rede über eine biblische Frau, Verlag Pustet, Regensburg 1999.

ZUM THEMA: KIRCHE:
Wolfgang Beinert: Amt – Tradition – Gehorsam. Spannungsfelder kirchlichen Lebens, Pustet Verlag, Regensburg 1998.
Sabine Demel: Mehr als nur Nichtkleriker: Laien in der katholischen Kirche, Pustet Verlag, Regensburg 2001.
Bernd Jochen Hilberath: Zwischen Vision und Wirklichkeit. Fragen nach dem Weg der Kirche, Echter Verlag, Würzburg 1999.
Judith Müller: Dienst im Namen Jesu Christi, Pustet Verlag, Regensburg 2001.
Otto Hermann Pesch: Das Zweite Vatikanische Konzil. Vorgeschichte, Verlauf, Ergebnisse, Nachgeschichte, Echter Verlag, Würzburg 2001.

ZUM THEMA: SAKRAMENTE:
Eva-Maria Faber: Einführung in die katholische Sakramentenlehre, Wissenschaftliche Buchgesellschaft, Darmstadt 2002.

Hans-Joachim Höhn: Spüren: Die ästhetische Kraft der Sakramente, Echter Verlag, Würzburg 2002.
Franz-Josef Nocke: Sakramententheologie. Ein Handbuch, Patmos Verlag, Düsseldorf 1997.
Theodor Schneider: Zeichen der Nähe Gottes. Grundriss der Sakramententheologie, Matthias-Grünewald-Verlag, Mainz 1998.

ZUM THEMA: ESCHATOLOGIE:
Wolfgang Beinert: Tod und jenseits des Todes, Pustet Verlag, Regensburg 2000.
Medard Kehl: Und was kommt nach dem Ende? Von Weltuntergang und Vollendung, Wiedergeburt und Auferstehung, Herder Verlag, Freiburg 1999.
Franz-Josef Nocke: Eschatologie, Patmos Verlag, Düsseldorf 1995.
Sabine Pemsel-Maier: Der Traum vom ewigen Leben. Die christliche Hoffnung auf die Überwindung des Todes, Verlag Katholisches Bibelwerk, Stuttgart 2000.
Dies.: Himmel, Hölle, Fegefeuer, Verlag Katholisches Bibelwerk, Stuttgart 2001.

ZUM THEMA: ÖKUMENE:
Bernd Jochen Hilberath/Jürgen Moltmann (Hg.): Ökumene – wohin? Bischöfe und Theologen entwickeln Perspektiven, Francke Verlag, Tübingen 2000.
Konfessionskundliches Institut (Hg.): Was eint? – Was trennt? Ökumenisches Basiswissen, Verlag Vandenhoeck und Ruprecht, Göttingen 2002.
Peter Lüning: Ökumene an der Schwelle zum dritten Jahrtausend, Friedrich Pustet Verlag, Regensburg 2000.
Peter Neuner/Birgitta Kleinschwärzer-Meister: Kleines Handbuch der Ökumene, Patmos Verlag, Düsseldorf 2002.
Wolfgang Thönissen: Stichwörter zur Ökumene. Ein kleines Nachschlagewerk zu den Grundbegriffen der Ökumene, Bonifatius Verlag, Paderborn 2003.
Hans Jörg Urban/Wolfgang Wieland: Zum Thema »Was ist evangelisch, was katholisch?«, Bonifatius Verlag, Paderborn 1995.